Schriften der Philosophisch-historischen Klasse
der Heidelberger Akademie der Wissenschaften

Band 1 (1997)

Die Horazvilla im Licenzatal heute (Foto von Sabine Krasser 1991)

ERNST A. SCHMIDT

Sabinum

Horaz und sein Landgut im Licenzatal

Vorgetragen am 27. November 1993

UNIVERSITÄTSVERLAG C. WINTER
HEIDELBERG

Die Deutsche Bibliothek - CIP-Einheitsaufnahme

Schmidt, Ernst A.:

Sabinum: vorgetragen am 27. November 1993 / Ernst A. Schmidt. [Heidelberger Akademie der Wissenschaften]. - Heidelberg: Winter, 1997

(Schriften der Philosophisch-historischen Klasse der Heidelberger Akademie der Wissenschaften; Jg. 1997, Bd. 1)
ISBN 3-8253-0383-7

NE: Heidelberger Akademie der Wissenschaften / Philosophisch-historische Klasse: Schriften der Philosophisch-historischen ...

ISBN 3-8253-0383-7

Imprimé en Allemagne. Printed in Germany
Satz: Klaus Brecht GmbH, Heidelberg · Druck: Strauss Offsetdruck GmbH, Mörlenbach

FÜR MEINE SCHWESTER

CHRISTIANE

ZUM 10. MÄRZ 1996

Inhaltsverzeichnis

Vorwort

Am 2000. Todestag des Horaz, am 27. November 1993, habe ich eine Kurzfassung dieser Studie, begleitet von Lichtbildern, auf einer Gesamtsitzung der Heidelberger Akademie der Wissenschaften vorgetragen. In verschiedenen Bearbeitungsstadien und Variationen ist der Vortrag auch sonst noch mehrfach gehalten worden, nachdem ich das Programm zuerst für eine Lehrerfortbildungstagung in der Staatlichen Akademie Comburg (29. 6. - 1. 7. 1992) im Zusammenhang mit dem Baden-Württembergischen Abitur-Sternchenthema „Horaz, Oden und Briefe" für Lateinleistungskurse entwickelt hatte: nämlich in Blaubeuren, Büdingen, Erlangen-Nürnberg, Heidelberg (Seminar für Klassische Philologie), Krakau, Marburg, Marktoberdorf, Minneapolis, Providence, Rostock, Stuttgart, Szeged, Warschau.

Für Hilfe, Rat und Kritik danke ich insbesondere Aleida Assmann, Monika Balzert, Tonio Hölscher, Wolfgang Iser, Richard Kannicht, Glenn W. Most, Harald Zimmermann.

Philipp Hackerts Vedutenzyklus „Zehn Aussichten von dem Landhause des Horaz" und zwei Kupferstiche aus der von ihm selbst verlegten Ausgabe dazu werden hier mit Erlaubnis des Goethe-Museums in Düsseldorf Anton-und-Katharina-Kippenberg-Stiftung reproduziert, wofür ich dem Direktor Prof. Dr. Volkmar Hansen zu großem Dank verpflichtet bin. Aus einer späteren veränderten Kupferstichserie wird die Ansicht Nr. 7 mit Genehmigung des Freien Deutschen Hochstifts - Frankfurter Goethe-Museum abgebildet; dem Direktor Prof. Dr. Christoph Perels sage ich dafür meinen herzlichen Dank.

Hemhof im Chiemgau an den Märzkalenden 1995 E. A. S.

Programm

Horazens Landgut in den Sabinerbergen ist in der Antike eine unbezweifelbare Realität gewesen, und es war dies insbesondere für das Leben des Dichters. Diese Realität ist bis zu einem gewissen Grad dadurch zu überprüfen, daß man die Horazvilla im sabinischen Tal besuchen und besichtigen, malen, stechen und fotografieren kann. Der Sabiner Landsitz ist darüber hinaus ein zentrales Element in der persönlichen, Fragen der Lebensführung gestaltenden Dichtung des Horaz durch knapp anderthalb Jahrzehnte und läßt sich geradezu als eine Mitte horazischen Dichtens betrachten. Das Sabinum ist jedenfalls geeignet, das Prinzip einer Gedichtauswahl abzugeben, an der sich exemplarisch Einheit und Variation poetischer Intentionen des Dichters ablesen lassen.

Die folgenden Berichte, Analysen und Interpretationen verstehen sich als Beitrag zum Thema 'Dichtung und Realität'. Mit 'Realität' ist im konkreten Fall nur das sabinische Landgut gemeint. Der Begriff 'Wirklichkeit' ist in diesem Zusammenhang bewußt vermieden, weil auch terminologisch deutlich werden soll, daß die poetische Verarbeitung und Deutung dieser Realität, d. h. ihre Belehnung mit Bedeutung und ihre Ausstattung mit Sinn, Wirklichkeiten und zwar ungleich höherer Bedeutung ins Spiel bringt, verarbeitet und erarbeitet.

Während in einem ersten kürzeren Teil der Weg von der Dichtung zur Realität führt – die Rekonstruktion und Identifikation des Landguts durch die Nachwelt – (ohne dabei begegnende Einsichten zur Dichtung abzuweisen), verfolgt der zweite Teil den Weg von der Realität zur Dichtung – die poetische Konstruktion des Sabinums durch den Dichter aus konkreten Realitätselementen – (wobei wieder auch einzelne Realitätsspuren sich erhellen werden). Ein abschließender dritter Teil problematisiert den Zusammenhang der beiden vorangegangenen Wege: Gibt es für den Horazinterpreten ein legitimes, d. h. hermeneutisches Interesse an der Realität des Sabinergutes und an der Autopsie seiner Landschaft?

I Horazens Landgut in den Sabiner Bergen

Programm

Bevor Horazens Troja seinen Schliemann fand - in Angelo Pasqui, der am 8. Mai 1911 den ersten Spatenstich tat[1] -, mußte seine Ilias auf alle Angaben und relevanten Daten hin analysiert werden. Diese Arbeit von dreieinhalb Jahrhunderten fasse ich hier zusammen, jedoch in zwei verschiedenen Schritten: zunächst systematisch zur Beschreibung und Rekonstruktion des Landguts, dann historisch, nämlich entdeckungsgeschichtlich, zur Lokalisierung, Identifikation, Vedutenmalerei und Ausgrabung.

Nachdem der knapp dreißigjährige Dichter im Jahre 35 v. Chr. seinen ersten Gedichtband publiziert hatte, zehn moralische Essays in Versform, die sog. Satiren, schenkte ihm, wohl im folgenden Jahr[2], Maecenas[3], der

1 Vgl. Lugli, Villa Sabina, col. 457.

2 In den meisten Handbüchern, Literaturgeschichten und Horazbiographien ist 33 v. Chr. angegeben. Eine Ausnahme macht Pierre Grimal, Horace. (Ecrivains de toujours 42), Paris 1958, S. 47; er datiert das Geschenk auf 31 v. Chr., weil das Dankgedicht, sat. 2,6, 31/30 v. Chr. verfaßt, nur in zeitlicher Nähe mit der Gabe zu denken sei. Abgesehen von den Argumenten, die sich aus anderen Dichtungen gegen diesen zeitlichen Ansatz ergeben (vgl. u.), ist von sat. 2,6 her dieses einzuwenden. 1. Sat. 2,6 ist weder ein „remerciement officiel" noch überhaupt ein eigentliches Dankgedicht an Maecenas; dieser ist nicht angeredet, und die Geber sind die Götter. 2. Sat. 2,6,65ff. zeigt den Besitzer in längst vertrautem Umgang mit den Sklaven, Bauern und Nachbarn und liebgewordenen Gewohnheiten; keine Anspielung auf Überraschungen findet sich, aller Neuheitscharakter fehlt. Als Leser setzt man mehrere längere Aufenthalte selbstverständlich voraus; Horaz ist seit einigen Jahren Herr seines Landgutes. Vgl. Becker, Spätwerk, S. 17 (implizit); Seel, Sabinisches Glück, S. 79f.: in Satire 2,6 sei Horaz bereits „zu wiederholten Malen dort" gewesen, und „eine Mehrzahl von Abschieden und Ankünften" sei „in das Gedicht eingegangen"; v. Albrecht, Horaz. In: Adamietz (ed.), Satire, S. 146: „auch das Landgut dürfte Horaz bereits einige Jahre besitzen, da er sich dort ganz heimisch fühlt und sich nach jener vertrauten Umgebung sehnt." - Der ungefähre Zeitansatz (auf 34 v. Chr.) ergibt sich zunächst daraus, daß das Sabinum in dem 35 v. Chr. publizierten

Freund des Augustus und Förderer der Poesie, dessen Tischgemeinschaft Horaz schon einige Jahre angehörte, ein Landgut in den Sabiner Bergen. Es machte den Empfänger endgültig materiell unabhängig und bildete eine Zuflucht, der August-September-Hitze in Rom und der Hektik

ersten Satirenbuch noch nicht, dagegen in den 30 v. Chr. veröffentlichten Gedichtsammlungen, dem Epodenbuch und dem zweiten Satirenbuch, präsent ist. Die Erwähnungen in den 31/30 v. Chr. verfaßten Dichtungen Epode 1 (v. 25–34) und sat. 2,6 (v. 1ff.) und die Überlegung, daß das Landgut der Dank Maecens für das erste Satirenbuch gewesen sein wird, grenzen kaum enger ein, wenn man die Reaktion des reichen Patrons auch gewiß näher an das Publikationsdatum des ersten horazischen Werkes heranrücken würde. Die Satire 2,3, deren terminus post quem die Saturnalien, also der Dezember (v. 4f.), des Jahres 33 v. Chr. (v. 185: die Aedilität des Agrippa) sind und die also Anfang 32 verfaßt sein dürfte, gibt insofern einen terminus ante, als sie Horaz als Bauherrn vorführt (v. 307f.), also wohl mit Umbauten auf dem noch nicht lange in seinen Besitz gekommenen Landgut beschäftigt. Die weitere Präzisierung ergibt sich aus den beiden chronologischen Studien „Alter Wein" (1980) und "Date of c. 2,13" (1988): in ihnen habe ich aus c. 3,8 und 2,13 für den Sturz des Baumes auf den Kopf seines Herrn (c. 2,13,11f.), also im Bereich von dessen eigenem Landgut, das Jahr 33 v. Chr. ermittelt. Da der Jahrestag dieses Ereignisses der 1. März ist (c. 3,8,1: „Martiis ... kalendis"), Horaz am 1.3.33 v. Chr. also schon im Besitz des Sabinergutes war, wird 34 v. Chr. das wahrscheinlichste Datum für das Geschenk. Da auch Ende 35 und Anfang 33 nicht auszuschließen sind, sollte in den Handbüchern stehen: 'um das Jahr 34 v. Chr.' – Paradoxerweise erschließt Lugli, Villa Sabina, col. 480f. aus dem ebenfalls erschlossenen Jahrgang 33 v. Chr. des Weines in der Ode 3,8 das Jahr 32 für das Geschenk des Sabinergutes. Durch den Hinweis auf einen Jahrgang vor der ersten Weinernte im sabinischen Tal beruhige Horaz den Maecenas, daß er nicht schlechten Sabiner werde trinken müssen (sic!) – was der Dichter in c.1,20 dem verwöhnten Ritter ausdrücklich und herzlich zumutet.

[3] Schanz-Hosius, Geschichte der röm. Lit. 2, S. 116 bemerken richtig: „Von wem (Horaz) dies Landgut erhalten, sagt er zwar nirgends ausdrücklich", aber die Verse c. 2,18,11–14: „nihil supra / deos lacesso nec potentem amicum / largiora flagito,/ satis beatus unicis Sabinis" legten „es doch sehr nahe, an Maecenas zu denken", ebenso c. 3,16,25–38 und epod. 1,31f. im Zusammenhang der Verse 23–34. Auch c. 3,8, die Einladung des Maecenas zur Feier des Jahrestages der Errettung vor dem stürzenden Baum, und epist. 1,7 führen auf Maecenas als Geber. In der Tat hieße an Maecenas zweifeln einen unwahrscheinlichen Unbekannten in der Rolle des 'potens amicus' und zweiten Patrons zum Schenker des Sabinums und Maecenas zum Spender eines anonymen und unidentifizierba-

der Großstadt zu entkommen. Es spielt in den Dichtungen bis 20 v. Chr. eine zentrale Rolle: 26 Gedichte verweisen mehr oder weniger ausführlich auf dieses Sabinum[4].

Sammelt man alle verstreuten Hinweise und kombiniert sie unter der hypothetischen Voraussetzung, man könne diese Aussagen, die jeweils ganz verschiedenen Funktionen dienen und nur selten unmittelbar informierend gemeint sind und auch dann in einer bestimmten Demonstrationsabsicht gemacht werden, als objektiv-richtige Einzelzeugnisse zu einer einzigen einheitlichen Realität betrachten - ein Häftling, der fünfzehn Jahre hindurch von verschiedenen Besuchern in verschiedenartige Gespräche verwickelt wird und dessen Aussagen zu einem bestimmten Komplex anschließend zusammengestellt werden -, so ergibt sich in der Tat eine einheitliche, konsistente und plausible Realität, die jene Voraussetzung zu bewahrheiten scheint.

ren zweiten Landgutes zu machen, dessen Charakteristika (reiner Bach, Wald, Ackerboden) und Zeitpunkt der Übergabe mit denen der Sabinerfarm übereinstimmen. Vgl. u. S. 77-79 zur relativen Anordnung der Maecenas- und der Sabinumgedichte in den Odenbüchern I-III, die unverkennbar auf Maecenas als den Schenker des Landguts weist.

4 epod. 1,23-34; sat. 2,3,1-16. 307-320; sat. 2,6; sat. 2,7,117f.; c. 1,9,7f.; c. 1,17; c. 1,20; c. 1,22; c. 2,13; c. 2,16,37; c. 2,17,27-32; c. 2,18; c. 3,1,41-48; c. 3,4,21f.; c. 3,8; c. 3,13; c. 3,16,18-44; c. 3,18; c. 3,22; c. 3,29, bes. v. 21-24; epist. 1,7; epist. 1,10; epist. 1,14; epist. 1,15,17; epist. 1,16; epist. 1,18,104-112. Zum Fehlen des Sabinums im vierten Odenbuch vgl. u.S. 54f.

A Beschreibung und Rekonstruktion des Landguts nach Horazens Gedichten

Das Landgut liegt in einem von kontinuierlichen Bergzügen[5] beidseitig, nach Westen und Osten, begrenzten, sich von Norden nach Süden erstreckenden[6] Tal[7], das der Lyriker ‚zurückgezogen' („reducta")[8] nennt, offenbar weil es ein von größeren Verbindungsstraßen (in einem größeren Tal) abzweigendes Seitental ist. Das Auftreffen von Morgen- und Abendsonne auf den Talwänden beschreibt Horaz mit rechts und links aus einer unausgesprochenen Südorientierung[9]. Das Landhaus steht leicht erhöht in Talgrundnähe oder jedenfalls nicht auf einer Kuppe und nicht zu hoch am Hang. Denn einerseits erhebt sich über ihm ein kleiner Wald[10] und entspringt in der Nähe des Hauses eine Quelle[11], und andererseits legt die Beschreibung der Echowirkung horazischen Liedes und Schalmeienspiels

[5] Epist. 1,16,5f.: „continui montes si dissocientur opaca / valle" verstehe ich als Trennung zweier Bergzüge (die je für sich zusammenhängend sind und bleiben), nicht als Unterbrechung der Kontinuität eines Berglandes. So z. B. auch Coarelli, Lazio, S. 111. Vgl. u. S. 167f.

[6] Epist. 1,16,5–8.

[7] C. 1,17,17; c. 3,1,47; epist. 1,16,6.

[8] C. 1,17,17. Vgl. epist. 1,16,15: „latebrae".

[9] Epist. 1,16,5–8.

[10] Sat. 2,6,3: „super his". Im Streit zwischen additiver (='darüber hinaus', 'moreover') und räumlicher Bedeutung von „super" hier schließe ich mich Seel, Sabinisches Glück, S. 63–75 (mit Dokumentation der Kontroverse) an: Horaz gibt in sat. 2,6,1–3 ein Wunsch*bild*, das verwirklicht wurde, nicht einen Wunsch*zettel*, dessen Einzelposten er zur Kontrolle der Wunscherfüllung aufruft. Eines der besten Argumente zur lokalen Auffassung ist das von Seel (S. 74) abschließend gegebene Zitat aus einer Anmerkung von Villeneuve, ed. Horace, Satires, das auf die räumliche Anordnung schon von „tecto vicinus ... fons" (v. 2) verweist. Auch wird die Reflexion über Glückssicherung durch Abwehr von Pleonexie, womit sat. 2,6 einsetzt, kaum von einer additiv reihenden Wunschliste exponiert worden sein.

[11] Sat. 2,6,2.

eine Position in der Talmitte nahe[12]. Die Quelle sprudelt beständig das ganze Jahr hindurch[13] und zwar so kräftig, daß sie, Nebenbach oder einer der Quellarme des Hauptbaches, diesem eigentlich ihren Namen hätte geben können[14]. Bei Regen tritt der Bach über seine Ufer und muß mit Dämmen von den Wiesen ferngehalten werden[15]. Das Wasser von Quelle und Hauptbach ist rein[16], kühl bis eisig[17] und bekömmlich[18], das Tal, wenigstens im Sommer, temperiert, weil Berg- und Waldschatten[19], auch kühle Brisen[20] die Sonnenglut[21] mindern, andererseits die Talflanken im

12 C. 1,17,10–12. Vgl. u. S. 87–89 zur Begründung der Auffassung, daß die „musa" von Flötenspiel und Gesang, die das Tal erfüllt, die des Liebesdichters Horaz und nicht die des herbeieilenden Gottes Faunus ist.

13 Sat. 2,6,2.

14 Vgl. epist. 1,16,12: „fons etiam rivo dare nomen idoneus". Dies fasse ich auf wie K.-H., zu St.: der Bach heißt Digentia trotz der Bandusiaquelle. Das Attribut „idoneus" steht für „qui idoneus est" (mit „Nachdruck auf der Wirklichkeit des ausgesprochenen Werturteils"; H.-Sz., S. 327) in der Bedeutung 'wäre berufen gewesen' (ohne daß also der Eignung entsprechende faktische Wirklichkeit folgt). Auch 'dignus' kann so als Prädikatsnomen stehen und ausdrücken, was jemand verdient (hätte), auch wenn es tatsächlich nicht zu dieser Würdigung gekommen ist. Das Wasser der Bandusia war entweder ein Quellarm der Digentia – wenn der Hauptbach nämlich diesen Namen erst vom Zufluß mehrerer Gewässer an (unterhalb des heutigen Städtchens Licenza) führte, wie es in der Neuzeit der Fall ist (vgl. Boissier, Nouvelles Promenades, S. 30, Anm. 1: nach M. Pietro Rosa). Oder es war ein Zufluß. Für diesen Fall vgl. das auffällige Insistieren Lucans darauf, daß Nebenflüsse ihren Namen verlieren; Bell. Civ. 1,399–401; (2,418–420); 3,256–259; 4,20–23; 6,371–377. Deutlich auch Ovid, fast. 4,337f.: „est locus, in Tiberim qua lubricus influit Almo / et nomen magno perdit ab amne minor."

15 Epist. 1,14,29f.

16 C. 3,13,1f.; c. 3,16,29; epist. 1,10,20f.; epist. 1,16,13f.

17 C. 3,13,6.9–12; epist. 1,16,12f.; epist. 1,18,104.

18 Epist. 1,16,14.

19 Bergschatten: epist. 1,16,5–8 (wo der Zusammenhang – „sed ut ..." – den 'opaken' Charakter des Bergtals auf den Schatten von den Talwänden zurückführt); Wald- und Baumschatten: c. 1,17,22; epist. 1,16,10.

20 Epist. 1,10,15–17.

21 C. 1,17,17f.; c. 3,13,9f.; epist. 1,10,15–17.

Sonnenlicht liegen und die Ostseite sich in der Abendsonne aufheizt (vgl. Anm. 9). Andererseits scheint es im Winter doch schneidend kalt zu werden, weil Horaz die Bewohner eines Dorfes, das sein Wasser vom Hauptbach holt, „von Kälte verrunzelt“ oder „frostverhutzelt“ nennt[22].

Soweit der Grund nicht wirtschaftlich genutzt wird - im Bereich der Weidewirtschaft sind die Grenzen fließend -, ist er bewachsen mit Kornelkirschen und Schlehen[23], Erdbeerbaum und Thymiangesträuch[24]. Der Gutsherr geht spazieren, auf eigenem Grund[25] und über ihn hinaus[26]; er legt sich im Ufergras des Baches zum Schlummer nieder[27] oder diktiert einen Brief, hinter einem verfallenen Tempel sitzend[28].

Der wirtschaftlich genutzte Teil umfaßt:
Wald, von einigen wenigen Morgen[29], vor allem Sommer- und Steineiche[30], der als Viehweide[31], für Futter[32] und zur Brennholzversorgung[33] genutzt wird.

22 Epist. 1,18,105: „rugosus frigore pagus“. Vgl. auch sat. 2,3,4–10 (Villa im Dezember - Saturnalien - geheizt). Andererseits spricht Horaz in epist. 1,10,15 von ‘lauen Wintern’.

23 Epist. 1,16,8f.

24 C. 1,17,5-7.

25 Epist. 1,16,10.

26 C. 1,22,9–11.

27 Epist. 1,14,35.

28 Epist. 1,10,49: „post fanum putre“. Lugli, Villa Sabina, col. 489 betrachtet diesen Vers allerdings nicht als Angabe des spezifischen Aufenthaltsorts des Briefabsenders zur Zeit der Abfassung des Briefes, sondern als eine Umschreibung für die Lage seiner Villa, als im Tal, für den Anreisenden, jenseits dieses Tempels gelegen. Vgl. u.S. 41 mit Anm. 129.

29 silva: c. 3,16,29f. („iugerum / paucorum“); sat. 2,6,3; epist. 1,14,1; nemus: c. 1,17,5; epist. 1,10,7. Wald auch generell für das Tal charakteristisch: c. 1,22,9–11; c. 3,18,14.

30 „quercus“ und „ilex“: epist. 1,16,9 (zu „ilex“ vgl. c. 3,13,14).

31 C. 1,17,5ff.; epist. 1,16,10 (Eichelmast, offenbar nicht nur für Schweine; vgl. c. 3,23,9–13).

32 Laub: epist. 1,14,28 („strictis frondibus“); vgl. auch c. 3,18,14.

33 Epist. 1,14,41f.

Talwiesen, am Bach, der Sonne ausgesetzt[34].
Acker- und Getreideland, das mit Hacken und Pflugochsen bearbeitet wird[35] und wie die Talwiesen offen in der Sonne liegt[36].
Weideland, soweit nicht mit dem bereits durch Anmerkungen Belegten identisch, und Viehwirtschaft, Schafe und vor allem Ziegen[37].
Einen Weinberg[38].
Einen Olivenhain[39].
Obstbäume[40].
Einen Garten[41].

34 Epist. 1,14,30 („aprico ... prato"); vgl. c. 3,18,9 und 11.

35 Epod. 1,25f.; c. 3,13,10f.; c. 3,16,30; epist. 1,14,4f. 26–28.39. Außer Getreide wurden u. a. auch Bohnen angebaut: sat. 2,6,63 mit epist. 1,16,55f. (Tausend Scheffel Bohnen, verstanden als Jahresernte auf dem Sabinum, für die Selbstversorgung des Gutes insgesamt und zum Verkauf, ergeben auf einem Speicher mit der Grundfläche 5x8 m^2 eine Schütthöhe von 25 cm. Das Fehlen eines Scheffels (= 10 Liter = ein Wassereimer voll) kann man in der Tat nicht bemerken, wenn die Oberfläche wieder glattgestrichen wird: diese sinkt um 1/4 mm ab, d. h. um die Stärke von 2 Blatt Papier).

36 C. 3,18,2 („aprica rura").

37 Sat. 2,6,14; epod. 1,27f.; c. 1,17,1–9; c. 3,13,3–8.12; c. 3,16,35f.; c. 3,18,4.5. 9–12.13; epist. 1,8,6.

38 Weinanbau ergibt sich aus epist. 1,14,22f. mit c. 1,20, weil in der Ode (v. 1) der schlichte Sabinerwein von Horaz selbst in Krüge gefüllt und verschlossen worden ist (v. 2f.) und nun Maecenas zu diesem Wein geladen wird: beides macht vor dem Hintergrund eigenen Weinanbaus auf dem von Maecenas geschenkten Gut besonders guten Sinn. Vgl. auch c. 1,9,7f. (vierjähriger Sabinerwein; vgl. dazu Schmidt, Alter Wein, S. 30 mit Anm. 45) und epist. 1,8,4f.

39 Der unbeantwortete Fragenkatalog in epist. 1,16,1–3, der im Verbund mit Ackerland, Obst, Weidewiese, Rebenanbau (alles für das Sabinum belegt: vgl. Anm. 35, 40, 34 und 38) auch noch Oliven aufzählt, kann kaum bedeuten, daß Horaz dies alles nicht habe, sondern – das ist der Tenor von epist. 1,16,1ff. – nicht im Sinn jeweiliger ausschließlicher kapitalistischer Monokultur. Vgl. auch epist. 1,8,4f. und Anm. 42.

40 Nur aus dem Baum zu erschließen, der, herabstürzend, Horaz einmal beinahe erschlagen hätte und der auf seinem Landgut („agro ... meo") gepflanzt und großgezogen worden war ('statuere', 'producere'): c. 2,13 mit den Versen 3 und 10.

41 Sat. 2,6,2; epist. 1,14,42.

Hinzu kommt Bienenzucht[42].

Das Gut wurde von acht Sklaven[43], inclusive einem Gutsverwalter[44], und fünf Bauernfamilien[45] bearbeitet, die als freie Pächter ('coloni') auf ihm lebten und Teile bestellten[46].

Aus diesen Angaben läßt sich, wenn auch nicht die exakte Größe errechnen, so doch die Größenordnung des Gutes ermitteln, wobei man sich auf antike Daten (Arbeitsleistung, in Morgen ausgedrückt) vor allem

[42] Der Negativkatalog in c. 3,16,33–36, der neben Bienen Wein und Schafe nennt (beides anderweitig für das Sabinum belegt; vgl. Anm. 38 und 37), bedeutet offenbar nicht, daß Horaz dies alles nicht besitze, sondern, daß es ihm in der dort genannten superioren Qualität fehle. Vgl. Anm. 39.

[43] Sat. 2,7,118.

[44] Epist. 1,14; ich schließe den (unfreien) vilicus unter den in sat. 2,7,118 genannten 'operae' mit ein, im Unterschied etwa zu Wili (vgl. Anm. 46).

[45] Epist. 1,14,2f.

[46] So die communis opinio, die ich teile: Vgl. z. B. K.-H., z. St.; Schanz-Hosius, Gesch. d. röm. Lit., Bd. 2, S. 116; Wili, Horaz, S. 40; M. J. Finley, Die antike Wirtschaft, München 1993[3] (englisch 1973[1], 1984[2]), S. 134, Anm. 52; H. Mielsch, Die römische Villa. Architektur und Lebensform, München 1987, S. 35; D. Flach, Römische Agrargeschichte. (Hdb. d. Alt.-Wiss. III 9), München 1990, S. 178f. – Zuletzt aber hat Coarelli, Lazio, S. 111f. eine Auffassung, die schon in den Scholien begegnet, erneuert, die zur Folge hätte, daß das Gut nicht gleichzeitig von beiden Gruppen, sondern nacheinander von ihnen bewirtschaftet wurde: Horaz als Grundherr mit seinen Sklaven hätte dann fünf freie Bauern abgelöst. Coarellis Interesse an einer solchen Lesung ist sozialgeschichtlich motiviert: er will auch hier einen Beleg vorfinden für das Phänomen des Zerfalls von kleinem Grundbesitz am Ende der Republik und zu Beginn der Kaiserzeit, wie es auch von Horaz selbst in c. 2,18,23–28 als zeittypisch angeprangert wird („... ultra / limites clientium / salis avarus? pellitur... / ... / et uxor et vir..."). Die fragliche Passage lautet (epist. 1,14,2f.): „quem (sc. agellum) tu (sc. vilice) fastidis, habitatum quinque focis et / quinque bonos solitum Variam dimittere patres". Sind hier die beiden Partizipien „habitatum" und „solitum" in der für das prädikative Perfektpartizip üblichen Weise vorzeitig – so Coarelli und Pseudacro zu epist. 1,14,1 und 3 in dieser Form (ed. O. Keller): „... ager ... quem quinque aliquando possederint senatores" und (zu „Varia"): „... Ad octavum lapidem ultra Tibur, via Valeria, Va[le]rienses ergo senatores agellum suum possedisse significat" (die zu Senatoren von Varia, also des dortigen Senats, avancierten fünf 'boni patres' teilten sich vor Horaz sein Gut!) – oder (eine andere grundsätzliche Möglichkeit des Partizips Perfekt Passiv) zeitlos unter Einschluß der Gegenwart? So implizit die communis opinio und explizit Dilke, comm. ad loc. Zur präsen-

bei den Agrarschriftstellern stützen kann. Unter Berücksichtigung der Mischwirtschaft setze ich für eine Bauernfamilie 45 iugera an[47] und komme dann bei fünf Pächterhaushalten auf 225 iugera. Für einen Sklaven lege ich 12 iugera zugrunde[48]; die Anbaufläche beträgt dann bei acht Sklaven 96 iugera. Als Gesamtfläche ergeben sich 321 iugera oder 80 Hektar.

tischen Bedeutung von Perfektpartizipien vgl. H.-Sz., S. 391f. (einschränkend und zögernd); Kühner-Stegmann, Ausführl. Gramm. d. lat. Sprache, II: Satzlehre, Bd. 1, S. 758ff. Ein überzeugendes Beispiel (nicht in beiden Grammatiken) ist Tibull 1,2,10 (der Liebende bittet die Tür der Geliebten, sie solle sich ihm allein öffnen): „neu furtim verso cardine aperta sones". Es leuchtet ein, daß eine Tür das Geräusch nicht macht, *nachdem* sich die Angel gedreht *hat* und sie selbst geöffnet worden (offen) *ist*, sondern *während* (bei) der Drehung und Öffnung. In den Horazversen liegt die zeitlos-präsentische Auffassung von „habitatum" einerseits neben dem ganz üblichen präsentischen Gebrauch von „solitum" (vgl. H.- Sz., S. 306 und 391) nahe, andererseits scheint 'habitatus' generell 'bewohnt' zu heißen (vgl. z. B. Verg., Georg. 3,340; Sen., Tro. 826). Mir ist kein Beleg bekannt, an dem das Partizip bedeutete: 'nachdem ... früher bewohnt worden war und zum Zeitpunkt des übergeordneten Prädikats nicht mehr bewohnt ist'. Hieronymus übersetzt οἰκουμένη (Partizip Präs. Passiv) mit „habitata" (Substantiv). Dilke (vgl. o.) argumentierte gegen die Vorzeitigkeit überzeugend mit der Abwesenheit eines Zeitadverbs wie etwa 'olim'. – Der Duktus am Anfang von epist. 1,14 ist (um die Alternative noch einmal in anderer Weise zu beleuchten) also nicht: 'Du mäkelst über das Landgut, das doch früher immerhin fünf Familien nährte und fünf redliche Hausväter nach Varia zu schicken pflegte', sondern: 'Du mäkelst über das Landgut, weil auf ihm nur von den Herdstellen aus fünf armen Bauernhäusern der Rauch aufsteigt und deren schlichte Hausväter ihren Verkehr, Aktionsradius und Horizont auf ein Provinznest wie Varia beschränken'. Vgl. auch Anm. 48.

47 Vgl. Sherwin-White, The Letters of Pliny, S. 358 (zu epist. 6,3); Vgl. S. 257. Coarelli, Lazio, S. 112 geht von 20 bis 30 iugera aus (ohne Quellenangabe und Begründung).

48 Dieser Ansatz ergibt sich bei Berücksichtigung der Mischwirtschaft (Pflugland, Ölberg, Weinberg, Wiese, Wald, Weideland) aus den folgenden antiken Einzelangaben: Columella, De re rustica 3,3,8 rechnet 7 iugera Weinberg auf einen Arbeiter; in 2,12,7 gibt er für 200 iugera Pflugland 8 Arbeitskräfte an (d. h. 1 Arbeiter pro 25 iugera); ist ein Teil davon Wald, 11 Arbeitskräfte (d. h. 1 Arbeiter für 18 iugera). Cato, De agri cultura 10,1 und 11,1 schreibt für ein Ölgut von 240 iugera 13 Leute vor (d. h. 1 Mann auf 18 iugera), für ein Weingut von 100 iugera 16 Arbeiter (d. h. 1 Arbeiter für 6 iugera). Die Zahl 18 iugera (für Pflugland und

Nach der Klassifikation italischer Gutshöfe von Dohr[49], 10–80 iugera Kleinbetriebe, 80–500 iugera mittelgroße Betriebe, mehr als 500 iugera Großgüter, Latifundien, wäre das Sabinum demnach ein mittelgroßer Betrieb genau mittlerer Größe[50].

Um diese klassifikatorische Mittellage soziologisch und ökonomisch etwas anschaulicher zu machen, gebe ich mehr oder weniger zeitgenössische Beispiele zu den Extremen des Landbesitzes. Horaz erzählt in seinem 7. Brief die Geschichte eines Trödelhändlers, den ein reicher Römer aus Spleen zum Landwirt machen wollte, indem er ihn für 14000 Sesterzen ein

Wald nach Columella, für Olivenanbau und Ölgewinnung nach Cato) reduziere ich wegen eines gewissen Anteils an arbeitsintensiverer Weinbaufläche (Columella: 7; Cato: 6 iugera) auf 15. Andererseits schreibt Saserna nach dem Zeugnis von Varro, Res Rusticae 1,18,2: „satis esse ad iugera VIII hominem unum". Der Mittelwert 12 zwischen den beiden Ansätzen (15 und 8) scheint mir die geringste Fehlabweichungsbreite zu haben. - Coarelli, Lazio, S. 111 ging von 8 iugera pro Sklaven aus (offenbar nach dem Zitat bei Varro). Statt nun aber zu stutzen, daß 8 mal 8 (Anzahl der Sklaven mal iugera) = 64 iugera keineswegs mit der nach seiner Voraussetzung (zuerst 5 Bauernfamilien, dann 8 Sklaven) doch notwendig identischen Größe des Gesamtanwesens, wie er sie für die Bauernfamilien errechnet, nämlich 5 mal (20 bis 30) = 100 bis 150 iugera (vgl. Anm. 47), übereinstimmt, führt er die Annahme ein, daß zur Arbeitsfläche das Anderthalbfache wegen der Brache hinzugezählt werden müsse, um auf den Grundbesitz zu kommen, so daß auf 1 Sklaven also 20 iugera, auf 8 Sklaven 160 iugera kommen. Abgesehen davon, daß bei den antiken Berechnungen die Brache als eigener Faktor keine Rolle spielt, von 1,5 ganz zu schweigen (einen Frucht-Brachen-Wechsel im Verhältnis 1:1,5 = 2:3 Jahre gibt es nicht; Coarelli meint wahrscheinlich den Wechsel 2:1 - Brache jedes dritte Jahr -, doch dann hätte er 1,5 nicht addieren, sondern als Multiplikationsfaktor einsetzen müssen, so daß er auf 12 iugera pro Sklaven, d. h. auf 96 iugera für 8 Arbeitskräfte gekommen wäre), ist für Coarellis Berechnung fatal, daß nur bei den Sklaven und nicht auch bei den Bauern der Brachenfaktor 1,5 (also bei ihm insgesamt: mal 2,5) erscheint: doch warum Bauernwirtschaft vorher ohne jemals Brache, Horazens Sklavenwirtschaft mit Brache? Nur infolge dieser Denk-und Rechenfehler werden die beiden errechneten Flächen (für das eine identische Gut) 160 (von 8 Sklaven heute bearbeitet) und ca. 100 bis 150 iugera (von 5 coloni mit ihren Familien früher bestellt) bei Coarelli ungefähr gleich.

49 H. Dohr, Die italischen Gutshöfe nach den Schriften Catos und Varros, Diss. Köln 1962.

50 Vgl. in Sabinis, S. 10 mit Anm. 4 (Anna Maria Reggiani Massarini).

Gütchen im Sabinerland erwerben ließ. Man hat diesen Hof auf 14 iugera = 3,5 ha berechnet[51]. Das Experiment mißglückt zwar; die Voraussetzung der Anekdote ist jedoch, daß man von diesem Betrieb leben konnte. Der Neulandwirt hatte immerhin Schafe und Ziegen, Ackerland und Pflugochsen, sogar einen Gaul. Die von Augustus entlassenen Veteranen erhielten Abschlagssummen zwischen 12000 und 20000 Sesterzen zum Erwerb von Grundbesitz als Bauern[52]; das entspricht landwirtschaftlichen Einheiten von 3–5 ha. Horazens Gut war viel größer.

Das andere Extrem war allerdings erstaunlicher, selbst wenn wir das Kronzeugnis für immensen Grundbesitz schon zu dieser Zeit als zu isoliert beiseitelassen, den Bericht des älteren Plinius nämlich, der unter Augustus gestorbene Freigelassene C. Caecilius Isidorus habe mehrere Latifundien mit über 4000 Sklaven, 3600 Joch Ochsen und mehr als einer Viertelmillion Schafen hinterlassen[53]. Ein Jahrhundert später erwog der jüngere Plinius, ein Gut zu kaufen, das an eines der drei Güter, die er schon besaß, angrenzte. Aus dem Kaufpreis hat man seine Größe, nämlich 2500 iugera, erschlossen[54]. White berechnet entsprechend das Gut Tusci dieses jüngeren Plinius auf 5000 iugera[55]. Nun war Plinius einer der reichsten Männer seiner Zeit, und die Kumulierung von Grundbesitz war seit augusteischer Zeit gestiegen. Aber man kann doch davon ausgehen, daß die Senatoren in Horazens Zeit jeweils mehrere Güter der Größenordnung von 1000 iugera besaßen. Varro spricht in De re rustica 2, 3, 10 von einem Ritter Gabeius, der bei Rom 1000 iugera Weideland besaß. Horaz erwähnt in Epode 4,13 den 'fundus' eines freigelassenen Emporkömmlings in bester Weinlage, im Falernergebiet, von ebenfalls 1000 iugera[56].

[51] Vgl. Kiessling-Heinze III, S. 81 unter Verweis auf Columella, De re rustica 3,3,8.

[52] Vgl. K.-H. III, S. 81 unter Verweis auf Cassius Dio 55,23,1.

[53] Plinius, nat. hist. 33,135. Vgl. White, Latifundia, S. 71. White bietet eine informative Zusammenstellung der Zeugnisse.

[54] Sherwin-White, The letters of Pliny, S. 257.

[55] White, Latifundia, S. 77.

[56] Weitere Stellen, an denen Horaz großen Landbesitz kritisiert oder nennt: epod. 1,25–28; sat. 1,1,45; c. 1,1,9f.; c. 2,3,17; c. 2,16,33–37; c. 3,16,26f. 31–36; epist. 1,6,21f.; epist. 1,12,1.

Horaz betrachtete seinen Landbesitz als bescheiden. Andererseits bekennt er, von der Güte des Maecenas im Übermaß reich gemacht worden zu sein (epod. 1,31f.): „satis superque me benignitas tua / ditavit". Beiden komplementären Urteilen kann sich der moderne Beobachter nur anschließen: Das Landgut in den Sabinerbergen hebt Horaz sozial und wirtschaftlich weit über den kleinen Mann, es bleibt bescheiden im Vergleich zu den Besitzungen in der Klasse, mit deren Mitgliedern er gesellschaftlich verkehrt. Der Querschnitt seiner Urteile darf gewissermaßen als objektive soziologisch-ökonomische Taxierung angesehen werden.

Zum Landhaus selbst gibt es keine substanziellen Informationen bei Horaz. Nahe bei der Villa stand eine Pinie[57]; sie ist sowohl außerhalb als auch innerhalb der Porticus um den Xystus[58] denkbar. Eine eigene Bibliothek besaß Horaz auf dem Lande nicht, oder er hatte dort jedenfalls keine griechische Abteilung: zum Dichten nahm er aus Rom Archilochos, Eupolis, Platon und Menander mit[59]. Sonst erfahren wir nur noch das Fehlen bestimmter zeittypischer Luxuselemente. In der sabinischen Villa erglänze keine Kassettendecke („lacunar") in Elfenbein und Gold[60], und kein (graublaues) Marmorgebälk vom Hymettos laste auf Säulen aus (gelb- rotem) numidischem Marmor ('giallo antico')[61]. Torpfeiler aus dem (kostbar rötlich gefleckten) phrygischen Marmor ('pavonazzetto') und ein hohes Säulenatrium im modischen Stil fehlten seinem Sabinum[62]. Andererseits hat Horaz gebaut, d. h. an der Villa Umbauten und Erweiterungen vorgenommen. Der Vorwurf, den er sich in einer Satire des zweiten Buches von dem Stoiker Damasippus deshalb machen läßt, lautet, er, ein Kleiner, ahme die Großen nach (bzw., in der Sprache des Gedichts: Horaz, von Fuß bis Scheitel zwei Fuß messend, ahme die Langen nach) und halte es offenbar für angemessen, in jeder Hinsicht das Gleiche wie Maecenas zu tun und mit ihm, bei handgreiflicher Verschiedenheit und Unterlegenheit, zu wetteifern[63].

[57] c. 3,22,5.

[58] Zu Porticus und Xystus vgl. u. S. 49.

[59] Sat, 2,3,11f.

[60] Zur Marmorkassettendecke der Porticus vgl. u. S. 51.

[61] c. 2,18,1–8 mit 14.

[62] c. 3,1,41–48.

[63] Sat. 2,3,307–313.

Horaz konnte solche Villen von Großen und gerade auch von Maecenas auf seinem Weg von Rom zum Sabinum sehen: außer der des etruskischen Ritters Häuser des Cassius, des Quintilius Varus (eines gemeinsamen Freundes von Vergil und Horaz) und anderer Zeitgenossen[64], bedeutende Villenanlagen. Wie man sich diese Landhäuser vorstellen muß, davon gibt ein Brief Ciceros an seinen Bruder Quintus nach Gallien ein anschauliches Bild (der Brief entstammt dem Jahr 54; inzwischen, zwanzig Jahre später, hat der Luxus eher noch zugenommen). Ich zitiere das Referat, das Manfred Fuhrmann in seiner Cicerobiographie gibt[65]. Der Brief „beginnt mit einem ausführlichen Bericht, worin Cicero über einen Kontrollbesuch der Güter des Quintus Rechenschaft ablegt und insbesondere schildert, wie weit im Gang befindliche Bauarbeiten gediehen sind. Die Partie läßt gut erkennen, wie die Grandseigneurs jener Zeit sich um die Erhaltung, Verschönerung und Erweiterung ihrer Villen kümmerten. Cicero beginnt mit einem Landsitz, der den Namen Arcanum (»Versteck«) trägt; dort tat eine im Bau befindliche nahezu fertige Wasserleitung befriedigende Dienste. Auf einem (weiteren, von Quintus) hinzugekauften Grundstück [...] gab die Langsamkeit des Architekten Anlaß zu Kritik. Cicero stellt fest, daß das Bad, die Wandelhalle und das Vogelhaus noch fehlten (Vogelhäuser waren damals bei den Reichsten stark in Mode), und äußert sich detailliert über die Porticus, über die Säulen, den Fußboden usw. Dann kommt ein ebenfalls frisch hinzuerworbenes Anwesen namens Fufidianum an die Reihe, ein schattiger, für sommerliche Aufenthalte geeigneter Platz; Quintus müsse freilich noch für einen Fischteich, einen Springbrunnen und eine Palästra sorgen. Das Grundstück in Bovillae (an der Via Appia, wenige Kilometer von Rom entfernt) wird lediglich als mögliches Verkaufsobjekt erörtert. Schließlich das Laterium, ein ebenfalls nicht weit von der Via Appia, aber weiter südlich gelegenes Anwesen: hier geht es um die Zufahrtsstraße, die an einer Stelle noch zu wünschen übrig läßt. Das Haus bedürfe durchaus der von Quintus geplanten Erweiterungen; jetzt wirke es wie ein Philosoph, meint Cicero, der die anderen Villen der Üppigkeit beschuldige."

[64] Vgl. Lugli, Villa Sabina, col. 526.

[65] Cicero, epist. ad Quintum fratrem 3,1,1–5; Fuhrmann, Cicero, S. 167.

Das letztere galt wohl auch für Horazens Landhaus, selbst noch nach den Baumaßnahmen des neuen Besitzers. Im Vergleich mit den oft schloßartigen Landsitzen seiner aristokratischen Zeitgenossen durfte er von seiner Villa und seinem Gut in Diminutiven[66] sprechen, sogar wenn er nicht berücksichtigte, daß die Reichen immer mehrere Villen besaßen - Quintus Cicero nach dem zitierten Zeugnis immerhin fünf. Seine ‚philosphische' Kritik an Bauwut, Ausstattungsluxus, Vergewaltigung der Natur und innerer Unrast der Bauherren, wie er sie wiederholt ausspricht[67], ist durch den äußeren Rahmen seines Lebensstils hinsichtlich der Frage ihrer subjektiven Glaubwürdigkeit nicht berührt[68] (von der Wahrheitsfrage ohnehin zu schweigen - so verlieren moralische Einsichten etwa über das Suchtproblem des Rauchens nichts dadurch, daß sie von einem Raucher geäußert werden[69]).

[66] 'villula': sat. 2,3,10; 'agellus': sat. 2,6,9; epist. 1,14,1. Vgl. Vergil, Catalepton 8,1f.: „Villula quae Sironis eras et pauper agelle,/ verum illi domino tu quoque divitiae".

[67] Vgl. diese Stellen (aufgenommen sind auch bloße Erwähnungen reicher Bauten): epod. 1,29f.; c. 1,4,14; c. 2,3,17–20; c. 2,10,7f.; c. 2,15; c. 2,16,11f.; c. 2,18,1–8. 17–28; c. 3,1,33–37. 41–48; c. 3,24,1–4; c. 3, 29,9f. 15; epist. 1,6,17–19; epist. 1,10,19.22f.

[68] Eine Frage, die sich für Seneca stellt.

[69] Das gilt wie für Scheler so auch für Seneca.

B Entdeckungsgeschichte des Landhauses

1 Geschichte der Lokalisierung und Identifikation

Gut und Villa heißen bei Horaz 'Sabini'[70] oder 'ager Sabinus'[71]; weder 'fundus Sabinus'[72] noch 'Sabinum' sind horazisch. Doch spricht er von „fundus meus"[73]. Das 'Sabinum' ist in Analogie zu Ciceros 'Tusculanum' oder 'Tiburtinum' (sc. rus) gebraucht. Zwar besteht hier die Differenz zwischen Völkername und Ortsadjektiv[74], aber die Bildung[75] liegt praktisch in der Suetonschen Horazvita schon vor, wo es heißt: „vixit plurimum in secessu ruris sui Sabini aut Tiburtini"[76].

Dieses Zeugnis bewahrt offenbar eine Information, deren ursprüngliche Bedeutung implizierte, daß ein und dasselbe Gut mit zwei alternati-

[70] Vgl. c. 2,18,14. Auch in c. 3,4,21f., „in arduos / ... Sabinos", könnte das Sabinergut gemeint sein, da Horaz im gleichen Kontext Orte (Praeneste, Tibur, Baiae), nicht Landstriche nennt; der Ausdruck wäre dann sachlich identisch mit sat. 2,6,16: „in montes et in arcem". 'Sabini' bedeutet nicht zwingend "the Sabine countryside", wie N. & H. zu c. 2,18,14 wollen; von ihren Belegen zu analogem Gebrauch solcher Plurale führen viele in den Pliniusbriefen gerade auf die Bedeutung „... Gut". Vgl. z. B. Plin., epist. 5,6,1; 45: „cur ego Tuscos meos (= 'mein tuskisches Gut', nicht: 'meine Tusker' oder 'mein Tuskerland') Tusculanis, Tiburtinis Praenestinisque praeponam" (während Völkernamen im Plural auch für das Gebiet stehen können, gilt das für das pluralische substantivierte Ortsadjektiv nicht, was N. & H. übersehen); 9,40,1: „... in Tuscis ..., ... in Laurentino ...".

[71] Vgl. sat. 2,7,118 mit c. 2,13,10 („agro ... meo") und sat. 2,6,1.9.11 sowie epist. 1,14,1.

[72] So nach Schanz-Hosius, Gesch. d. röm. Lit., Bd. 2, S. 117 der lateinische Name für das Gut; vgl. auch die Überschrift „Fundus Sabinus" in Wilis Horazbuch. Vgl. u. das Catullzitat.

[73] Epist. 1,16,1.

[74] Vgl. Anm. 70.

[75] Nach Schanz-Hosius, a.O. nicht zu den lateinischen Namen für das Gut gehörend. Horaz redet sein Landgut in sat. 2,6,60: „o rus" an.

[76] E Suetoni Vita Horati, ed. Klingner, p. 3*, 1.18 (in der von Klingner besorgten Teubneriana der Werke des Horaz, Leipzig 1959[3]).

ven Namen[77] bezeichnet werden konnte; die Auslegung in der Vita selbst, wie sie die Fortsetzung zu erkennen gibt: „domusque ostenditur circa Tiburni luculum", wäre also sekundär und ein Mißverständnis. Für diese Auffassung des Testimoniums spricht nicht nur der Analogiefall in einem Gedicht Catulls - c. 44,1: „O funde noster seu Sabine seu Tiburs"[78] -, sondern auch die Beobachtung, daß in der horazischen Dichtung, die an Äußerungen seiner Liebe zu Tibur reich ist[79], kein einziger Hinweis auf eine Villa bei der Aniostadt zu finden ist[80]. Man rechnet daher im allgemeinen nur mit einem, eben dem sabinischen, Landgut[81] und läßt sich von dem Suetonschen Satz die Lokalität etwas näher bestimmen: das sabinische Tal muß unweit der alten Latinerstadt Tibur gelegen haben, deren Territorium das untere Sabinerland umfaßte und die von Augustus in die Regio IV, Sabina, eingeschlossen wurde[82].

Das Dorf oder Landstädtchen, in das Horazens Pächter ihre Erzeugnisse bringen, heißt in epist. 1,14,3 Varia. Die pseudacronischen Schollen notieren dazu: „Ad octavum lapidem ultra Tibur, via Valeriana". Die Tabula Peutingeriana[83] zeigt ebenso in acht Meilen Entfernung von Tibur an der Via Valeria den Ort Varia. Die Via Valeria folgt dem Tal des Anio (heute:

[77] Zu dieser sprechaktbezogenen Funktion von „aut" (das auch in diesem Fall eine wirkliche Alternative gibt, nämlich hier des Namens) vgl. H.-Sz., S. 498 und 500; Kühner-Stegmann, Ausführl. Gramm. d. lat. Sprache, Teil II (Satzlehre), Bd. 2, S. 101; Oxford Latin Dictionary, s.v. 6b (= 'oder genauer', 'beziehungsweise'). Ein schönes Beispiel ist Verg., Georg. 1,74f. ('Hülsenfrüchte oder [genauer] Wicken').

[78] Catull, c. 44,1–7: „O funde noster seu Sabine seu Tiburs,/(nam te esse Tiburtem autumant, quibus non est / cordi Catullum laedere: at quibus cordist,/ quovis Sabinum pignore esse contendunt) / sed seu Sabine sive verius Tiburs,/ fui libenter in tua suburbana / villa . . .".

[79] Vgl. c. 1,7,10ff.; c. 2,6,5ff.; c. 3,4,21ff.; epist. 1,7,44f.; epist. 1,8,11f.; c. 4,2,30f.; c. 4,3,10ff. Vgl. Lugli, Villa Sabina, col. 474.

[80] Vgl. Lugli, Villa Sabina, col. 474f.

[81] Vgl. z. B. W. Kroll in seinem Kommentar zu Catull, c. 44; Lugli, Villa Sabina, col. 473ff.

[82] Vgl. Lugli, Villa Sabina, col. 476 mit Referat von C. Jullian, La villa d'Horace et le territoire de Tibur, Mél. Ecole Fr. 3 (1883), S. 82–89.

[83] Das erhaltene mittelalterliche (12./13. Jh.) Exemplar einer römischen Weltkarte des 3.(?) Jhs. n. Chr.

Aniene). Nach zwölf Kilometern kommt man heute auf der Autostraße zu dem Dorf Vicovaro, in welchem Namen man ohne Kühnheit 'vicus Variae' erkennen darf.

Weitere in Horazens Gedichten im Zusammenhang mit dem Sabinum genannte Namen, z. T. mit Beschreibung, sind: das Dorf („pagus") Mandela, der Bach Digentia, aus dem es sein Wasser holt ('den es trinkt')[84], die Quelle Bandusia[85], der Berg Lucretilis[86], der glatte Echohang Ustica[87] und der verfallene Tempel der Vacuna[88].

Mit dem Humanismus beginnt von der Mitte des 16. Jhs. an das neu erwachte Interesse an der Person und Biographie des Dichters Horaz auch das Sabinum einzuschließen und zur Wiederentdeckung seines Landguts zu reizen. Der Pionier archäologischer Erschließung Italiens, Flavio Biondo, schlug in seiner ‚Italia Illustrata' (Venedig 1542), eine (wie sich erweisen sollte: unrichtige) Lokalisierung vor, der bis zum Beginn des 17. Jhs. fast alle Horazkommentatoren und Gelehrten folgten, mit vereinzelten Anhängern noch bis ins 18. Jh.[89] Cluverius (Clüver) machte 1624 einen Alternativvorschlag (‚Italia Antiqua', Lugduni Batavorum 1624), der aber noch ebenso wie der von Biondo weitgehend auf recht willkürlichen Einzelidentifikationen horazischer Namen und italischer Lokalitäten beruhte[90]. Aber im Jahre 1635 legte Holstenius in seinen ‚Annotationes in Italiam Cluverii' (Rom 1635) eine neue Theorie vor, die sich bewahrheiten sollte. Ohne die Villa selbst schon im Gelände zu identifizieren, definierte er die engere Umgebung ihrer Lage. Während schon Cluverius in Vicovaro das horazische Varia erkannt hatte[91], identifizierte Holstenius den dort in der Nähe in den Aniene mündenden Bach Licenza mit Horazens Digentia, das Dorf Bardella auf der Höhe über der Mündungsstelle mit Mandela, den

84 Epist. 1,18,104f.

85 c. 3,13.

86 c. 1,17,1f.

87 c. 1,17,11f.

88 Epist. 1,10.49.

89 Vgl. Lugli, Villa Sabina, col. 462.

90 Vgl. Lugli, Villa Sabina, col. 463.

91 Vgl. Lugli, Villa Sabina, col. 489, n. 2: Cluverius folgen Holstenius und Raffaele Fabretti, De aquis et aquaeductibus veteris Romae dissertationes tres, Rom 1680; dissert. II, tav. 1.

Monte Gennaro mit dem Lucretilis und Berg und Dorf Roccagiovane im Licenzatal als ursprüngliche Situation des Vacunatempels[92].

Alle diese Gleichungen werden heute generell anerkannt[93], zu Recht, wie ich meine; nur im Falle der Lokalisierung des Vacunatempels bleiben Zweifel. Diese Lokalisierung beruht auf einer unter den Ruinen eines Tempels in der Nähe von Roccagiovane (der genaue Fundort ist unbekannt) gefundenen antiken Inschrift, welche die Wiederherstellung eines durch Alter eingestürzten Victoriatempels durch Kaiser Vespasian als Zensor bezeugt: „Imperator Caesar Vespasianus Augustus Pontifex Maximus Tribuniciae Potestatis Censor aedem Victoriae vetustate dilapsam sua impensa restituit“[94]. Die Versuchung, den aus Alter eingestürzten Tempel

[92] Vgl. Lugli, Villa Sabina, col. 463f. Wie Holstenius dann auch Fabretti, De aquis etc.; vgl. In Sabinis, S. 10 mit Anm. 5 (Anna Maria Reggiani Massarini).

[93] Zur Gleichung Monte Gennaro (1277 m; westlich der Villa in etwa 7 km Entfernung) vgl. z. B. N. & H.I, zu c. 1,17,1. Zögernd bzw. auch andere Identifikationen erwägend wie den in der Entdeckungsgeschichte oft vorgeschlagenen Monte Rotondo (auch: ‘I Campanili’ genannt) Lugli, Villa Sabina, col. 484. Die korrekte Identifikation des Berges, von dem nur gelten muß, daß er von der Villa aus gesehen und als das Tal beherrschend empfunden werden kann, trägt zur exakten Identifizierung des Landhauses übrigens nicht eigentlich etwas bei. Zu der im Mittelalter auf Grundmauern der Horazvilla errichteten Kirche der Ss. Pietro e Marcellino (vgl. u.S. 33 u. 52) gehörte die etwas höher am Hang gelegene S. Maria delle Case, deren Lage die Stiftungsurkunde als „sub monte Lucreti“ benennt. Vgl. Lugli, Villa Sabina, col. 503 und Liber Pontificalis, (34) Vita Silvestri (Papst 314–335), ed. Duchesne I, p. 183 bzw. Pietro Guglielmo, Rom 1978 = Studia Gratiana XXII (dort auch die Textrecensio von Duchesne): Stiftungen Konstantins an die „basilica sanctorum (beatorum martirum)“: „possessio(-nem) in territorio Sabinense, quod (que) appellatur Duas Casas sub monte Lucreti (-tii).“ - Der Name Licenza des Baches ist das erste Mal in einem (noch vor dem 11. Jh. gefälschten) Privileg des Papstes Nicolaus I vom 20.8. eines Jahres zwischen 858 und 867 an das Kloster Subiaco erwähnt: „in aquam dictam Licenza“ (Cocquelines, Bull. Rom. I 198 n.7) bzw. „in aqua que dicitur Licenza“ (Allodi-Levi, Reg. Sublacense 50–52 n.18). Vgl. P. Herbers, Papstregesten 844–911 (erscheint demnächst). Vgl. In Sabinis, S. 19 (dort versehentlich „IV secolo“) mit Anm. 6: Papst Nicolaus August 863 (Maria Grazia Fiore Cavaliere), nach Lugli, Villa Sabina, col. 482. - Luglis Annahme (Villa Sabina, col. 562f.) eines zu der Basilica gehörenden Klosters läßt sich weder historisch dokumentieren noch archäologisch verifizieren. Vgl. In Sabinis, S. 21 (M. G. Fiore Cavalieri).

[94] CIL XIV 3485 = Dessau, Inscr. Lat. Sel. 3813.

(‚aedes') der Inschrift mit dem ein Jahrhundert früher ‚verfallenden Heiligtum' (Horaz, epist. 1,10,49: „fanum putre") zu identifizieren, ist nahezu unwiderstehlich, zumal der Gelehrte und zu seiner Zeit beste Kenner der römischen Religion, Varro, die altsabinische Vacuna mit Victoria identifizierte[95] und man bei dem Kaiser aus sabinischem Bauernhaus[96] ein besonderes Interesse an der Wiederbelebung des Kultes einer sabinischen Gottheit unterstellen konnte. Dieser Versuchung sind denn auch nahezu alle Forscher erlegen, von Holstenius über die streibaren Abbés, die im 18. Jh. der Horazvilla nachforschten, bis zu Lugli[97]. Doch die Bedenken, die der Bearbeiter von CIL XIV, Dessau, dort ausgesprochen hat, sind in meinen Augen nicht so leicht auszuräumen: Abgesehen davon, daß Vacuna nicht allein mit Victoria identifiziert wurde: warum sollte Vespasian den Akt der Restituierung eines alten Vacunaheiligtums gerade ohne den sabinischen Namen der Gottheit festgehalten haben?[98]

[95] Vgl. Ps.-Acronis Scholia, ed. Keller, Leipzig 1902–1904, Bd. 2, S. 244f.: „Vacunam alii Cererem, alii deam vacationis dicunt, alii Victoriam, qua favente curis vacamus. Vacunam apud Sabinos plurimum cultam quidam Minervam, alii Dianam putaverunt; nonnulli etiam Venerem esse dixerunt; sed Varro primo Divinarum Victoriam ait quod ea maxime hi gaudent, qui sapientiae vacent." (= Varro, Res divinae, Buch 1, fr. 1 Cardauns). Vgl. Porphyrio, ed. Holder, Innsbruck 1894, S. 328: „Vacuna in Sabinis dea, quae sub incerta specie est formata; hanc quidam Bellonam, alii Minervam, alii Dianam putant." Vgl. ferner: Ov., fast. 6,305–308; Dion. Hal., Ant. Rom. 1,15,1; Plin., n.h. 3,109; Wissowa, Religion und Kultus der Römer, 1912², S. 49, Anm. 5; Preller-Jordan, Römische Mythologie, 1881³, I, S. 408–410; Gerhard Radke, Die Götter Altitaliens, Münster 1965, S. 305f.; Jean-Marie André, Autour de Vacuna. In: Hommages à Robert Schilling, éd. par Hubert Zehnacker et Gustave Hentz, Paris 1983, S. 27–44; Burkhart Cardauns (ed.), M. Terentius Varro, Antiquitates Rerum Divinarum. Teil I: Die Fragmente, Abh. d. Ak. d. Wiss. u. d. Lit., Mainz, Wiesbaden 1976, S. 136f. Vgl. auch Dumézil (zitiert u. S. 154 mit Anm. 259).

[96] Vgl. Sueton, Divus Vespasianus 2,1.

[97] Vgl. Lugli, Villa Sabina, col. 489–492.

[98] Vgl. auch Wissowa, a.O. (o. Anm. 95): Identifikation fraglich, „da man die Umsetzung des Namens in Victoria wohl in der gelehrten Literatur, nicht aber in einem Denkmale des Kultes erwarten darf." Dessau selbst hat in Inscr. Lat. Sel. zu Nr. 3813 seine Zurückhaltung nur mehr sehr zurückhaltend formuliert: „Hanc aedem nonnulli putarunt esse 'fanum putre Vacunae, post' quod Horatius scripsit epistulam 1,10 (v. 49); et sane locus fere idem est; et eandem esse

Während die Kartographen zum alten Latium u. ä. bald Holstenius folgen, wird sonst in Studien zur antiken Topographie seine vorzügliche Eingrenzung der Lage der Villa über ein Jahrhundert lang verkannt oder vergessen[99]. Dann bricht im Jahre 1761 ein heftiger Streit zwischen zwei Abbés aus, dem Advokaten Domenico de Sanctis aus Tivoli und dem Franziskaner Bertrand Capmartin de Chaupy. Ihr Zankapfel ist die Priorität der Entdeckung der Villa. Diese Fehde ist etwas lächerlich durch den Umstand, daß alles Entscheidende - außer eben der präzisen Lokalisierung der Villa selbst - bereits von Holstenius geleistet war[100] und die Bedeutung eines neuen Inschriftenfundes, der seine Rekonstruktion an ihrer schwächsten Stelle bestätigte, von einem Notar in Vicovaro namens Petrocchi zuvor erkannt worden war. Im Jahre 1757 fanden nämlich Franziskanermönche in der Nähe ihres zwischen Vicovaro und Bardella über dem Aniene gelegenen Klosters S. Cosimato eine spätantike (4./5. Jh.) Grabinschrift (CIL XIV 3482), gewidmet von einer Valeria maxima domnipredia ihrer Tochter („dulcissima filia"), die im Alter von 36 Jahren „in prediis suis masse mandelane" gestorben war[101]. Mit der Bezeugung einer ‚massa (= Landgut) Mandelana' in der Nähe von Bardella war die Identifikation dieser Lokalität durch Holstenius mit dem horazischen Mandela bewiesen. Im Jahre 1870 wird die Doppelkommune Bardella und Cantalupo in Man-

Vacunam et Victoriam tradiderat Varro (cf. Preller R. Myth. I³ p. 409)." Gegen Dessaus und Wissowas Bedenken wendet Carl Koch, Artikel „Vacuna", RE VII A 2 (1948), Sp. 2042f. ein: Vespasian als Pontifex konnte wohl kaum „in offizieller Handlung einen Namen aussprechen", „der vom römischen Staatskult nicht aufgenommen war. Das stadtrömische Ritual kennt nur Victoria, nicht Vacuna. Es kann somit hinter der Gleichung Vacuna-Victoria unter Umständen unmittelbar die pontifikale Theologie Roms stehen." - Vacuna ist - jedenfalls nach den antiken Testimonien - eine merkwürdige und nicht gerade kaiserlich-imperatorische bzw. militärische Siegesgöttin, wenn die Vorstellung des Sieges mit der Freiheit von Sorgen und für die Weisheit in Zusammenhang gebracht wird. Umgekehrt fügt sich eine derart verstandene Vacuna vorzüglich in den Kontext des Briefbuches ('Sphragis' am Ende der ersten Buchhälfte) und speziell des zehnten Briefes.

99 Vgl. Lugli, Villa Sabina, col. 464f.

100 Vgl. Lugli, Villa Sabina, col. 466ff.

101 Vgl. Lugli, Villa Sabina, col. 468 und 487f.; die Inschrift wurde zuerst von De Sanctis publiziert (fragmentarisch), der sie von Petrocchi hatte, dann gleich darauf von Capmartin de Chaupy.

dela umbenannt, ein sprechendes Symptom für den Anteil, den die Beziehung auf die römische Antike und zwar, neben der republikanischen Geschichte und dem augusteischen Staat, nicht zuletzt auf die Dichter, an der Befreiung und Einigung Italiens hatte.

Die präzise Lokalisierung der Villa ergab sich durch die Nachbarschaft beträchtlicher sichtbarer Maurerreste und einer etwas höher gelegenen Quelle, welche Bedingung ein Kandidat des Landhauses wegen sat. 2,6,2: „tecto vicinus iugis aquae fons" schließlich auch noch erfüllen mußte. Die Überreste liegen im Gebiet mit dem Flurnamen Vigne di S. Pietro, einer Spur der Kirche der Ss. Pietro e Marcellino, die auf antiken Grundmauern errichtet worden war[102].

Diese Identifikation wurde fast durchgängig übernommen, von Topographen, Vedutisten, Horazforschern. Lugli verzeichnet die wichtigsten Dissidenten und geht außerdem mit großer Sorgfalt allen auch nur entfernt in Frage kommenden Überresten von Höfen und Privatvillen im Digentiatal nach[103]. Unabhängig von den Argumenten seiner Zurückweisung (topographischer, typologischer und chronologischer Natur) tatsächlich ausgesprochener oder bloß hypothetischer Kandidaturen verdient dieser Überblick deshalb Interesse, weil er erkennen läßt, daß dieses Tal in der Antike kein verlassenes Wald- und Ödland war – als „deserta et inhospita tesqua" (epist. 1,14,19), als ‚einsame und unwirtliche Wildnis' erscheint es dem sich nach Rom sehnenden Verwalter –, sondern ein mit Meierhöfen und Landhäusern besetztes kultiviertes Gebiet, in dem Horaz auch Gutsherren zu Nachbarn hatte.

Es sind nun noch, bevor ich mich Veduten und der Ausgrabung zuwende, zwei Lokalitäten zu erklären: Ustica und Bandusia. Bei der Ustica, dem Echohang nicht allzu weit von der Villa, sind bis heute der Name und die Lage unklar. Lugli denkt an den Steilabhang einer vom Monte Pellecchia im Norden sich herabziehenden Bergzunge, auf der, nach drei Seiten isoliert, heute das Städtchen Licenza liegt[104].

102 Vgl. o. Anm. 93.

103 Lugli, Villa Sabina, vol. 460f., 471–473, 501–503, 506–516. Vgl. auch die Nachweise zum antiken Straßen- und Wegesystem im Tal: a.O., col. 493f.

104 Lugli, Villa Sabina, col. 484 mit 482. Ihm folgen N. & H. zu c. 1,17,11, die darauf verweisen, daß schon der Abbé Capmartin de Chaupy den auffallenden Resonanzraum des Tales bei der Villa beobachtet und ein moderner Reisender berichtet habe, die Arbeiter bei der Grabung, wenn sie mittags ihr Essen haben wollten, riefen dies einfach ihren Frauen in Licenza zu, über etwa 1 km hin.

Bandusia nennt Horaz eine Quelle, die er in seiner Ode 3,13 anspricht. Der Grund, diese Quelle nicht ohne weiteres mit der in der Nähe der Villa im Sabinertal befindlichen[105] zu identifizieren, ist die mittelalterliche Bezeugung einer Quelle dieses Namens bei Venusia, Horazens Geburtsort[106]. Die Hypothese, erst venusinischer Lokalpatriotismus (sc. vor dem Anfang des 12. Jhs.) habe den durch Horazens Gedicht berühmt gewordenen Namen, der also im Sabinerland ursprünglich gewesen wäre, an eine Quelle in der Heimatstadt des Dichters geheftet[107], hat sich nicht durch-

105 Vgl. sat. 2,6,2 und epist. 1,16,12 ff. – Bandusia spielt offenbar in der Entdeckungsgeschichte keine besondere Rolle. Eine Ausnahme scheint Cluverius, Italia Antiqua, Lugduni Batavorum 1624, I, p. 671 zu sein (vgl. Lugli, Villa Sabina, col. 463).

106 Vgl. Privilegium des Papstes Paschalis II (1099–1118) (zitiert in: Italia sacra sive de episcopis Italiae Auctore Ferdinando Ughello. Ed. secunda cura et studio Nicolai Coleti. 10 Bde., Venetiis 1717–22, Bd. 7, vol. 30 sq.): Privileg im Jahre 1103 für den Abt des Klosters S. Maria quod apud Bantium, unter den Schenkungen aufführend „ecclesiam S. Salvatoris, cum aliis Ecclesiis de Castello Bandusii" und „ecclesiam sanctorum Martyrum Gervasii et Protasii in Bandusino fonte apud Venusiam". Da Bandusia nach J. Schmidt und K. Scherling, Artikel „Pandosia" 1) bis 3), RE XVIII 3 (1949), Sp. 549–552, die „messapische" (nicht vielmehr: oskische?) Form des griechischen Ortsnamens Πανδοσία (vgl. Villeneuve, ed., Horace, Odes et Épodes, z. St.: Städtename zumal in Iapygien und im Epirus) ist und bei den (oskisch sprechenden) Lukanern und Bruttiern (vgl. z. B. Strabo, Geographica 6,1,5: Festung Πανδοσία in der Nähe von Κωσεντία, der μητρόπολις Βρεττίων: φασὶ δὲ καὶ βασίλειόν ποτε γενέσϑαι τῶν Οἰνωτρικῶν βασιλέων τὴν Πανδοσίαν) vorkommt und die Stadt Πανδοσία in Bruttium auf Münzen eine Nymphe Πανδοσία zeigt (vgl. Scherling, a.O., Sp. 551), so daß man den Städtenamen als von einer Quellnymphe hergeleitet betrachten darf, liegt die Annahme nahe, der ursprüngliche Name der Quelle im Gebiet der späteren Militärkolonie Venusia (291 v. Chr.) sei griechisch Πανδοσία gewesen, woraus dann oskisch (nach Besiedlung durch die sabellischen Hirpiner) Bandusia wurde. Die ursprüngliche Bedeutung des Quellnamens könnte gewesen sein: „die sich allen gibt", „die für alle mit ihrer Gabe da ist" (welche Bedeutung für die beiden einzigen Belege des Adjektivs gilt, beide Male von Dirnen gesagt). So Maria Teresa Camilloni, Nota per una lettura oraziana (Carm. 3, 13). In: M. T. C., Su le Vestigia degli Antiqui Padri, Ancona 1985, S. 36–48; hier: S. 47. Die Quelle, die der Knabe Horaz bei Venusia kannte, wäre demnach eine δημοσία κρήνη gewesen, wie es wohl bei den vielleicht zu erschließenden lukanisch-bruttischen Quellen des Namens der Fall war.

107 Vgl. Nissen, Ital. Landeskunde, Bd. 2, S. 831, Anm. 2 (vgl. Hülsen, Artikel „Bandusiae fons", RE Suppl. I (1903), Sp. 240). Als Möglichkeit wieder in Betracht gezogen von E. Romano, Comm., S. 780.

setzen können. In der Tat ist eine andere Erklärung attraktiver: Horaz habe einer (unbenannten) Quelle bei seiner sabinischen Villa den Namen einer Quelle seiner Heimat und Kindheit gegeben[108]. Mit der Begründung dieser Auffassung werde ich zugleich gegen die scheinbar einfachste (und dennoch - zu Recht - nicht vertretene) Erklärung argumentieren, die Ode 3,13 sei Anrede einer Quelle bei Venusia.

Carmen 3,13, „O fons Bandusiae“ ist Zwiesprache mit einer als gegenwärtig (Praesens und Präsenz) vorgestellten Quelle, am Vorabend eines privaten Festes des Sprechers für sie, in seiner Welt, zu der sie gehört. Nichts weist auf Venusia, auf Rückkehr des Sprechers an seinen Geburtsort hin. Eine Anzahl von Motiven und realistischen Details verbindet das Gedicht mit den anderen Sabinum-Dichtungen, vor allem mit c. 1,17[109]. Wenn nun trotz dieser auf die Gegenwart des lyrischen Sprechers und seine auf die sabinische Welt verweisenden Textsignale der Name der Quelle nach seiner Sprachform und historischen Bezeugung auf Venusia deutet, so läßt sich dieser Befund durch eine Namensübertragung erklären[110], für die neben allgemeineren Erwägungen drei horazische Gedichtpassagen sprechen, die im Licht einer solchen Erklärung prägnanter und bedeutender werden.

[108] So, offenbar als erster, Gaston Boissier, Promenades archéologiques. La maison de campagne d'Horace, Revue des deux Mondes 53 (1883), S. 758-791. Abgedruckt in: G. B., Nouvelles promenades archéologiques. Horace et Virgile, Paris 1890², S. 1-62; hier: S. 30, Anm. 2 (vgl. Lugli, Villa Sabina, col. 486, Anm. 1).

[109] Vgl. a) Ziegenherde und Sexualität (c. 3,13,3-8; c. 1,17,2-9); b) Glut des Hundssterns (c. 3,13,9-12; c. 1,17,17f.; epist. 1,10,15-17); c) Liebe und Streit/Gewalt („proelia“: c. 3,13,5; c. 1,17,22ff.); d) Reinheit und Kühle der Quelle (c. 3,13,1-12; epist. 1,10,20f.; epist. 1,16,12f.); e) Quelle als Wasserfall Felsen herab (c. 3,13,14-16: „cavis .../ saxis, unde loquaces / lymphae desiliunt tuae“; epist. 1,10,7 und 21: „musco circumlita saxa“; „(aqua) per pronum trepidat cum murmure rivum“).

[110] Wenn man nicht, in Anerkennung dieses Befundes, zu der Verzweiflungsauskunft greift, „fons“ und „Bandusiae“ durch ein Komma zu trennen und also c. 3,13,1 so aufzufassen: 'O Quelle (sc. namenlose Du in meinem sabinischen Tal), glänzender als das Glas der Bandusia (sc. der Quelle meiner venusinischen Kindheit)“. So Vincenzo Ussani (vgl. Lugli, Villa Sabina, col. 486, Anm. 1). Wie eine namenlose Quelle berühmter als andere berühmte Quellen großer Namen werden soll, ist im Rahmen antiker Ruhmesvorstellungen nicht eigentlich vorzustellen.

Die Sprache der Dankbarkeit in sat. 2,6 erkennt im Geschenk des Sabinums die (Über-)Erfüllung eines Lebenswunsches: „Hoc erat in votis: modus agri non ita magnus, / hortus ubi et tecto vicinus iugis aquae fons / et paulum silvae super his foret" (v. 1–3). Diese ‚archetypische' Glücksvorstellung von Heimat, d. h. ein Haus in einem locus amoenus, darf man als Verbindung von Leseerfahrungen (idyllische Natur in griechischer Literatur: vom Garten des Alkinoos in der Odyssee über Sappho und den platonischen Phaidros bis zu Theokrit) und Kindheitserinnerungen betrachten.

In der Beschreibung des sabinischen Tals in epist. 1,16 sagt Horaz von dem Quell, den er dort habe, er wäre geeignet, dem Bach seinen Namen zu geben. Nun heißt der Bach, der in der Nähe der Villa aus mehreren Zuflüssen entsteht[111], Digentia. Indem Horaz hier weniger eine Forderung geographischer Richtigkeit (sei es Länge, sei es Stärke des Zuflusses dieses Quellarms) als der im Namen sich aussprechenden Anerkennung einer Qualität (nämlich der Reinheit und Kühle seines Quellwassers, epist. 1,16,12f.) geltend macht, stellt er das ganze Tal in den Horizont der Bedeutung von Bandusia, d. h. des Lebens- und Dichtungsprogramms von c. 3,13. Das wird um so sprechender, wenn er selbst erst die Quelle bedeutungsvoll so genannt hat. Dabei ist schon der Akt der Benennung eine entscheidende Tat der Bedeutungsstrukturierung der Landschaft der Villa durch Auswahl und Akzentuierung eines Elements in ihr – vergleichbar, wenn auch weniger prominent ist die Weihung einer Pinie am Haus für Diana, womit dieser Baum als Dianapinie herausgehoben und zu einem Kristallisationspunkt für das Sabinum wird, welcher Berg, Wald und gebärende Frauen zu einer Dianawelt macht (c. 3,22) –; die Auswahl des Namens aus der Menge verfügbarer Möglichkeiten ist der zweite (vom ersten nicht eigentlich zu trennende) Akt der Bedeutungsverleihung: ein mit Kindheit und Heimat verbundener Name, der Italisches und Griechisches verband und den Horaz offenbar als ‚Allesschenkerin' aufgefaßt hat: Πανδοσία als gleichbedeutend mit πανδώρα oder πανδότειρα[112].

Horazens Selbstverständnis als lyrischer Dichter[113], insbesondere die eigentümliche Wechselwirkung zwischen seiner Leistung als Lyriker und

[111] Vgl. Lugli, Villa Sabina, col. 482.

[112] Die Interpretation von c. 3,13 führt darauf, die oben Anm. 106 erschlossene ursprüngliche Bedeutung für Horaz auszuschließen. Vgl. u. S. 117f.

[113] Vgl. Schmidt, Lyrische Wirklichkeit.

musischen Gottheiten, spricht dafür, bei der vierten Strophe der Bandusia-Ode einen selbstgewählten Namen der Quelle vorauszusetzen. Der Ruhm der Quelle beruht auf Horazens Dichtung, wie sie sich exemplarisch in ihrer dichterischen Vergöttlichung äußert: erst der Dichter gibt dem ungenannten Quell seine Quellnymphe und Muse, Bandusia, ‚Allesschenkerin'.

Der bandusische Quell im Licenzatal heißt in der frühen Neuzeit „Fonte Bello" (masc.) oder „Fonte Oratina" (fem.) bzw. „Fonte degli Oratini". Der letztere Name („Fonte Oratina") ist ungeklärt. Lugli erwägt zwei Möglichkeiten[114]: Entweder hat die Identifikation des Fonte Bello mit dem „fons Bandusiae" nach den Studien von De Sanctis und Capmartin de Chaupy dazu geführt, ihn ‚horazische Quelle' zu nennen, oder dieser Name leitet sich von einem ehemaligen Besitzer ab; der Familienname Orati oder Orazi ist noch heute in der Gegend zwischen Tivoli und Licenzatal häufig[115].

[114] Lugli, Villa Sabina, col. 504 mit Anm. 2.

[115] Die Variante „... degli Oratini" wird von keiner der beiden Alternativen geklärt. – Es besteht eine gewisse Versuchung, den Familiennamen Orati bzw. Orazi mit Horaz in Zusammenhang zu bringen. Nachdem der Philologe Vincenzo Ussani ihn nach dem Zeugnis von Lugli im Archiv des Municipio di Licenza vom Beginn des 14. Jhs. an angetroffen hat (vgl. Lugli, Villa Sabina, col. 492), ist gelegentlich mit dem Gedanken eines Zusammenhangs gespielt worden. Als erster tat dies ganz zurückhaltend Lugli, a.O.: Zugunsten der Lokalisierung der Horazvilla im Licenzatal ließe sich schließlich noch ein weiteres Argument anführen, „se però si potesse meglio dimostrare: si tratta della sopravvivenza del casato di Orazi e Orati". In einer Miszelle der Philologischen Wochenschrift 56 (1936), Sp. 399f. greift Hans Lamer dies auf, unterstellt, daß Lugli den Namen über uneheliche Kinder des Horaz vermittelt betrachtet (was nicht der Fall ist), wendet zu Recht dagegen ein, daß in Rom uneheliche Kinder nach der Mutter benannt werden, und fährt fort: „Kinder des Horatius hätten also nicht nach ihm geheißen. – Interessant bleibt aber Luglis Beweisführung auf alle Fälle, nur aus anderem Grunde", ohne eine andere Erklärung zu geben, dies alles unter dem Titel „Nachkommen des Dichters Horaz". Lamers kryptischer Artikel wird seinerseits zum Ausgangspunkt einer Überlegung von Paul Thielscher, Des Marcus Cato Belehrung über die Landwirtschaft, Berlin 1963, S. 12f.: Er berichtet, Lamer habe gemeint, die Orati/Orazi des Licenzatals „könnten uneheliche Nachkommen des Dichters sein" (was Lamer jedoch gerade abgewiesen hatte), und macht den auf den ersten Blick plausibleren Gegenvorschlag: „Wahrscheinlich hat aber der ehe- und kinderlose Horaz seine Sklaven testamentarisch freigelassen, wodurch sie alle zu Horatii wurden, und deren Nachkommen sind die Orati und Orazi von Licenza." Diese Hypothese scheitert

2 Die Veduten Philipp Hackerts

Im Jahre 1780 malte Philipp Hackert (1737–1807) einen Zyklus von zehn kleinen Gouachen (33 mal 44 cm) von Horazens sabinischem Tal. Es geschah auf dem Höhepunkt des Interesses an der Horazvilla; das Sabinum war in der zweiten Hälfte des 18. Jhs. ein europäischer Gesprächsgegenstand geworden. Capmartin de Chaupys dreibändiges Werk „Découverte de la Maison de Campagne d'Horace", Rom 1767–1769 lag seit einem Jahrzehnt vor, das Werk seines Rivalen De Sanctis, „Dissertazione sopra la villa d'Orazio", Rom 1761[1] war 1768 in 2. Auflage herausgekommen und sollte 1784 eine dritte erfahren. Es ist zugleich die Zeit der großen Griechenlandreisenden und ihrer Berichte, von Lord Chandler über Riedesel, van Krienen, Choiseul-Gouffier zu Lechevalier[116]. Schon 1769 hatte Hackert mit seinem Bruder und dem Hofrat Reiffenstein, dem Freund Winckelmanns und gelehrtem ‚Antiquar', das Licenzatal besucht und dürfte schon seit damals mit der wissenschaftlichen Diskussion vertraut gewesen sein, wie auch sein Zyklus sie widerspiegelt[117].

Hackerts Bilderfolge „Zehn Aussichten von dem Landhause des Horaz" galten schon Goethe, als er 1811 eine Biographie Hackerts herausgab, als verloren, wie wohl schon zuvor Hackert selbst geglaubt hatte[118], und dieses Urteil war danach allgemein. Goethe schreibt[119]: „Zu gleicher

daran, daß die gut unterrichtete Vita die mündliche Einsetzung des Augustus zum Alleinerben bezeugt, weil der todkranke Dichter nicht mehr die Kraft hatte, ein Testament schriftlich aufzusetzen („cum urgente vi valetudinis non sufficeret ad obsignandas testamenti tabulas"). Wenn man überhaupt Namenskonstanz über mehr als tausend Jahre für möglich halten will (zuversichtlich in dieser Hinsicht Lamer, a.O.), kämen als Mittler des Namens nur bei Horazens Lebzeiten freigelassene Sklaven in Frage.

116 Von den sechziger bis zum Ende der achtziger Jahre. Vgl. Constantine, Greek Travellers.

117 Vgl. Krönig, Hackerts Zehn Aussichten, S. 13.

118 Goethes Lebensbeschreibung Hackerts, als Buch 1811 bei Cotta in Tübingen erschienen, trägt den Titel: „Philipp Hackert. Biographische Skizze, meist nach dessen eigenen Aufsätzen entworfen". Hackert hatte die Biographie selbst verfaßt; von Goethe wurde sie, nach dem Tod des Malers, dessen eigenem Wunsch entsprechend, redigiert und herausgegeben. Vgl. Krönig, Hackerts Zehn Aussichten, S. 5 und Anm. 2.

119 Weimarer Ausgabe I 46, S. 226.

Zeit mahlte er viele Staffeleigemählde, unter andern zehn Aussichten von dem Landhause des Horaz, welche ihm nachmals die Königin von Neapel abkaufte, um ihrer Frau Schwester, der Erzherzogin Marie Christine in Brüssel, ein angenehmes Geschenk damit zu machen. Allein das Schiff, das diese Bilder führte, ging auf der Seereise zu Grunde. Glücklicherweise sind die vorher unter Hackerts Leitung davon gemachten Kupferstiche noch vorhanden."

Man sprach diesen Irrtum nach, obwohl ein Briefbericht von 1820 über die Kunstschätze im Palais des Gemahls jener Marie Christine, des Generalstatthalters der österreichischen Niederlande, Erzherzogs Albert, des Begründers der Wiener Albertina, vermerkt: „Ein anderes Zimmer enthält zehn italienische Landschaften von Hackert"[120]. Aber bis zum Jahre 1982 hatte niemand, d. h. niemand, der davon öffentlich Mitteilung machte, die Hackertschen Gouachen gesehen, Goethe also nicht und auch nicht die italienischen Ausgräber dieses Jahrhunderts.

Die Kupferstichfolge, von der Goethe spricht, unter der Leitung von Hackert selbst hergestellt[121], erschien undatiert, wohl 1786[122], im großen Quer-Folio Format, in Originalgröße gestochen von B. A. Dunker, Hackerts Bruder Georg u. a. Später, um 1800, kam in Rom noch eine weitere, nun stark verkleinerte Stichfolge heraus mit dem Bildformat 14 mal 19 cm; der Stecher war François Morel. Hier waren nun die Hackertschen Vordergrundfiguren wie Hirten, Wanderer, Reisende auf den meisten Bildern nach Entwurf und Zeichnung Luigi Sabatellis durch allegorisch-antikisierende, auf Horaz bezogene Gestalten ersetzt[123].

Hackerts verschollener Gouachenzyklus tauchte 1982 im Wiener Kunsthandel auf. Man beging gerade das Goethejahr des 150.Todestages. So gelang dem Goethe-Museum, Anton-und- Katharina-Kippenberg-Stiftung in Düsseldorf die Erwerbung, der im Frühjahr 1983 eine Ausstellung folgte. Zum Katalog verfaßte Wolfgang Krönig, der beste Hackertkenner, eine ungemein sorgfältige und vielseitig unterrichtende Einführung. Die Gouachenfolge und einige der Kupferstiche werden hier mit der großzügi-

[120] Vgl. Krönig, Hackerts Zehn Aussichten, S. 8 mit Anm. 14.

[121] Vgl. oben das Goethezitat und Krönig, Hackerts Zehn Aussichten, S. 10f.

[122] Vgl. Krönig, Hackerts Zehn Aussichten, S. 11.

[123] Vgl. Krönig, Hackerts Zehn Aussichten, S. 15–17.

gen Erlaubnis der Kippenberg-Stiftung unter ihrem Direktor, Prof. Dr. Volkmar Hansen, reproduziert.

Die erste gewissermaßen authentische Kupferstichausgabe zeigt als Titelblatt eine Landkarte bzw. Vogelschauansicht aus schrägem Blickwinkel (Taf. I). Die Landkarte ist nach Westen orientiert bzw. der Blick des Betrachters fällt auf die Landschaft wie die Strahlen der Morgensonne. Die Unterschrift lautet: „Carte generale de la partie de la Sabine où etoit située la Maison de Campagne d'Horace, suivie de dix Vües des sites de cette Campagne et de ses Environs, nommés dans les Œuvres d'Horace, et relatives aux dissertations que M.r l'Abbé de Santis, M.r l'Abbé Capmartin de Chaupy et M.r de Ramsay ont publié à ce sujet". Die Karte zeigt links das Anienetal mit der Via Valeria und Vicovaro sowie dem Kloster San Cosimato, in der horizontalen Bildmitte das Licenzatal mit Rocca Giovine, der Horazvilla und dem Ort Licenza. Über den beiden letzteren Örtlichkeiten ist der Mons Lucretilis und, hoch in den Bergen, weit von der Villa entfernt, „Fonte Bello" und „Grotta delle Capre" (Ziegenhöhle) eingetragen. Im Vordergrund links erkennt man die Orte Bardella und Cantalupo; zum ersteren ist hinzugefügt: „ol. (= olim) Mandela". Die Karte zeigt ferner mit römischen Ziffern den jeweiligen Standort[124] des Malers bei den einzelnen Veduten.

Aus diesem Titelkupfer ergibt sich: Die Veduten sind Stationen des Weges zur Horazvilla, wobei ‚Weg' in dem doppelten Sinn zu verstehen ist, daß der Betrachter sich 1. von Bild zu Bild wie ein Reisender der Villa nähert (Veduten 1–6) und dann ihre nähere Umgebung erkundet (Veduten 7–10)[125] und daß er sich 2. dabei zugleich, der gelehrten Diskussion folgend (auf die in der Kartensubscriptio ausdrücklich hingewiesen ist)[126], der Lokalisierung des horazischen Landhauses nähert und sie von der engeren Umgebung her eingrenzt.

So beginnt der Weg zum Sabinum nicht etwa in Rom, beim Palast des Maecenas auf dem Esquilin oder an der Porta Tiburtina im Osten der Stadt,

[124] So ausdrücklich das Titelblatt der späteren Kupferstichfolge: „[...] con una carta topografica [...] che indica con N.i Romani i punti dai quali il Pittore Filippo Hackert le (sc. le vedute) ha espresse [...]". Nicht ganz deutlich und mißverständlich Krönig, Hackerts Zehn Aussichten, S. 13: „mit der Einzeichnung aller 10 Punkte der Bild-Folge".

[125] Vgl. Krönig, Hackerts Zehn Aussichten, S. 13f.

[126] Vgl. Krönig, Hackerts Zehn Aussichten, S. 13f.

durch die die Via Tiburtina (noch nicht zu Horazens Lebzeiten, aber noch zu Hackerts Zeit) aus Rom herausführt, und auch nicht in Tibur, etwa mit einer Ansicht der Aniofälle oder des Herculestempels, sondern mit Vicovaro (Nr. 1), dem horazischen Varia (Taf. II). Es folgen drei Veduten (2–4) mit Ansichten des Klosters San Cosimato und der Dörfer Cantalupo und Bardella, womit außer Wegmarken für die Abzweigung ins Licenza- aus dem Anienetal und das Verlassen der Via Valeria auch der bedeutende Inschriftenfund des Jahres 1757 bei dem Franziskanerkonvent, die Wiederentdeckung des horazischen Mandela (und die damit verbundene Bestätigung der Identifikation des Licenza mit Horazens Digentia) dokumentiert werden. Schon mit der Ansicht Nr. 4 sind wir im Licenzatal: das im Vordergrund sichtbare Gewässer ist Horazens Bach[127]. Die Veduten 2 und 3 vermitteln dem Betrachter außer Orientierung in der Landschaft zugleich den Standort, von dem aus Nr. 4 gemalt worden ist; zu jener Ansicht ist vermerkt: ‚gesehen von San Cosimato aus'[128] (Taf. III–V).

Roccagiovane (Nr. 5) dann ist ein auffälliger Landschaftspunkt auf dem Weg im Tal zur Villa, zugleich aber prominent als Fundort der Vespasianinschrift und damit, nach allgemeiner Überzeugung im 18. Jh. (auf die in der Unterschrift des Kupferstichs ausdrücklich verwiesen wird), als die Lokalität des bei Horaz genannten Vacunatempels (Taf. VI). Diese Lokalität war den Entdeckern insbesondere deshalb so wichtig, weil sie epist. 1,10,49: „haec tibi dictabam post fanum putre Vacunae" nicht als den spezifischen Aufenthaltsort Horazens beim Abfassen dieses einen Briefes (‘hinter dem Tempel sitzend’, während eines Spaziergangs) auffaßten, sondern als Angabe zur näheren Lokalisierung des Landhauses (im Licenzatal ‘hinter dem Tempel’, d. h. jenseits Roccagiovane für den Anreisenden)[129].

127 Vgl. die relativen Positionen von IV (Standort des Malers), Licenzabach und Mandela auf der Titelseite der Kupferfolge. Mißverständlich Krönig, Hackerts Zehn Aussichten, S. 14: „Auch Cantalupo und Mandela (4) sind noch am Oberlauf des Anio. Die weiteren Bilder jedoch verlassen das Tal des Anio, folgen vielmehr dem in der Schlucht bei San Cosimato in den Anio einmündenden Bach Licenza [...]".

128 Vgl. auf der Karte die Nähe von Ziffer IV zu San Cosimato. – Hier und im folgenden wird auf die Bildunterschriften der ersten graphischen Blätterfolge Bezug genommen. Auch die Gouachen enthalten Ortsangaben, die jedoch meist kürzer sind (vgl. Krönig, Hackerts Zehn Aussichten, S. 9).

129 So noch Preller-Jordan (vgl. o. Anm. 95), S. 408; Lugli, Villa Sabina, col. 489.

Vedute 6 zeigt das Städtchen Licenza, 'von der Straße aus, bevor man zum Landhaus des Horaz kommt', wie die Bildunterschrift unter dem Kupferstich angibt (Taf. VIII). Damit ist ein letzter Orientierungspunkt in der Landschaft erreicht und zugleich die Lokalität gezeigt, von der aus die nächste Vedute, Nr. 7, gemalt ist. Nr. 5 wiederum dient dieser Ansicht als Bezugspunkt ihrer Blickführung; denn zu Nr. 7 heißt es: 'Ansicht der Gegend beim Landhaus des Horaz mit Roccagióvine gesehen von Licenza aus' (Taf. XII). Von mehr oder weniger dem gleichen Standpunkt aus ist auch die Ansicht Nr. 8 gemalt, wie die Ziffern VII. und VIII. auf der Karte zu erkennen geben.

Der Ort Licenza (Nr. 6) spielt für die Wiederentdeckung keine Rolle, dient aber topographisch als markanter Beziehungspunkt in der engeren Umgebung der Horazvilla. Der hoch auf dem steil abfallenden Bergsporn gelegene Ort bezeichnet den eigentlichen Beginn des Licenzatals, das sich zu seinen Füßen aus der Vereinigung von drei Steiltälern zu einer zunächst offenen Tallandschaft bildet, das der von Süden kommende Reisende, bald nach Roccagiovane aus engerem Tal tretend, vor sich sieht[130].

Die Vedute 8 gilt nicht mehr einer Lokalität, die zur Situierung der Horazvilla beigetragen hatte, sondern einer Landschaft, die sich nach Fixierung der Lage des Landhauses zur Identifizierung anbot, dem 'antiken Mons Lucretilis, heute I Campanili genannt, mit der Schlucht, durch welche der Fonte Bello fließt, eine der Quellen der Digentia' (Taf. VII). Nr. 9 ist eine 'Ansicht des Fonte Bello oder eine der Quellen des Baches Digentia auf dem Mons Lucretilis' (Taf. XIII). Die 'Ziegenhöhle bei dem Fonte Bello' (Nr. 10) schließlich, das letzte Bild, gibt keine horazische Lokalität, sondern eine, nach den zitierten Horazversen (vgl. unten) immerhin plausibel am Lucretilishang (wohin Hackert auch den Fonte Bello setzt) zu lokalisierende pastorale Szene (Taf. XIV).

Hier wird nun vollends deutlich, was für einen Weg der Betrachter geführt worden ist, daß sich nämlich die beiden Wege, der räumliche und der gelehrte, mit einem dritten und auch zu einem dritten verbinden, dem Weg zu *Horazens* Sabinum. Denn die Horaz-Zitate unter den Kupferstichen, auf die bereits die Subscriptio des Titelkupfers hingewiesen hatte, waren nur am Anfang bloße Belege für geographische Namen gewesen, zu Varia, Mandela, Digentia, fanum Vacunae, und geben nun aus den drei

130 Vgl. Lugli, Villa Sabina, col. 482.

berühmtesten Sabinumdichtungen, sat. 2,6, c. 1,17 und epist. 1,16[131] Texte zu Horazens Sabinumbild selbst. Zu Nr. 7 ist sat. 2,6,1–3 zitiert (in dieser Form): „Hoc erat in votis: modus agri non ita magnus / Hortus ubi et tecto vicinus jugis aquae fons / Si paulum sylvae super his foret“, zu Nr. 8 c. 1,17,1 und 17f.: „Velox amoenum saepe Lucretilem ...“ und „Hic in reducta valle caniculae vitabis aestus ...“ (wo die Pünktchen anzeigen, daß man auch das weitere assoziieren soll), zu Nr. 9 epist. 1,16,12: „Fons etiam rivo nomen dare idoneus ...“ und zu Nr. 10 c. 1,17,5–7: „Impune tutum per nemus arbutos / Quaerunt latentes et thyma deviae / Olentis uxores mariti ...“. Damit sind gerade solche Texte ausgewählt, in denen das Sabinum von Horaz als idyllische Landschaft, als locus amoenus und Pastorale dargestellt ist: im abgelegenen Tal Berg und Wald, Quell und Bach, Schatten und Kühle, eine Ziegenherde. Schon die Vedute 7 zeigt im Vordergrund eine Ziegenherde, mit Hirt und Hund.

Fragt man nach Hackerts Motiven und Intentionen bei diesem Vedutenzyklus, so wird man nicht allein auf den Markt, die Nachfrage verweisen können. Auch die Erklärung, daß der Maler das Interesse seiner Zeit offenbar teilte, also die Verschiebung auf den Zeitgeist, dürfte nicht gänzlich befriedigen. Immerhin haben wir dazu ein sprechendes zeitgenössisches Zeugnis, eben im Zusammenhang seiner Sabinumbilder. Der „Auszug eines Briefes aus Rom am 10. Oktober 1783“ in Johann Georg Meusels Zeitschrift „Miszellaneen artistischen Inhalts“, Heft 23 (1785) berichtet u. a.[132]: „Eine andere Unternehmung wird den Liebhabern der Kunst und allen Dichterfreunden noch weit interessanter seyn. Der Maler Philipp Hackert hat nemlich den glücklichen Einfall gehabt, sich nach dem Orte zu begeben, wo das Landhaus des Horaz stand, um von da aus die Gegend zu malen, die dieser große Dichter so vortrefflich besungen hat. Man weiß, wie sehr sie ihn entzückten (?) und wie gerne er davon sprach. Hackert hat diese Gemälde von Dunker in Basel stechen lassen, und den Verlag selbst übernommen, welches (?) aus 11 Blättern bestehen wird. Da dieser verdienstvolle Maler eben die (?) gewählt hat, die Horaz in seinen Oden und Episteln anführt, so werden die sich darauf beziehenden Stellen des Dich-

[131] Die Bandusia-Ode (c. 3,13), die wir heute unbedingt einbeziehen würden, fehlt, und der ‘Fonte Bello’ gerät nur wegen epist. 1,16,12f. (und sat. 2,6,2) in den Blick. Vor den ‘Promenades’ Boissiers, die erst 1883 erschienen (vgl. o. Anm. 108), hat man den Bandusiaquell nicht mit dem Sabinum verbunden.

[132] Zitiert nach Krönig, Hackerts Zehn Aussichten, S. 11.

ters unter jedem Blatte stehen. Das Werk wird bald fertig und sodann in den Kunsthandlungen in Leipzig und Braunschweig zu haben seyn. Da Wieland nun eben auch Teutschland mit einer Übersetzung des Horaz beschenkt hat[133], deren sich keine Nation rühmen kann, und die wegen des herrlichen Commentars vielleicht selbst dem Original vorzuziehen ist, so warten hier unsere Teutschen Künstler nur auf die herauskommenden Blätter, um sie mit dem Wielandischen Werke zu vereinigen, wodurch es dann das einzige und sonderbarste seiner Art werden wird."

Doch Hackert hat sich auch selbst geäußert. Unter den Nachträgen zur Lebensbeschreibung des Malers hat Goethe auch dessen Notizen „Über Landschaftsmahlerei. Theoretische Fragmente" aufgenommen. Aus einem Abschnitt, der bei Hackert „Vom Moralischen in der Landschaft" lautete und den Goethe zu „Sittliche Wirkung" änderte, zitiert Krönig den folgenden Passus[134]: „Viele Landschaften machen uns ein außerordentlich Vergnügen, wenn sie uns Gegenden vorstellen, wo große Thaten geschehen sind, als Schlachten und andere große Begebenheiten der Geschichte. Wenn Reisende solche Gegenden gesehen haben, und finden sie nun mit Treue und angenehmer Wahrheit im Gemählde vorgestellt, so erweckt es in ihnen eine ganze Reihe historischer und anderer bedeutenden Vorstellungen. Auch Gegenden, wo berühmte Männer gelebt und gewohnt haben, als Horazens Villa bei Tivoli, a Licenza, Vaucluse, wo Petrarca sich aufhielt, solche Landschaften interessiren öfters Liebhaber und Halbkenner."[135]

Man kann aber vielleicht, wenn auch etwas spekulativ, noch einen Schritt näher an Hackerts Motivation zu den Sabinumbildern herankom-

[133] Wielands Übersetzung der horazischen Episteln war im Vorjahr, 1782, erschienen. (Die Satiren sollten 1786 folgen).

[134] Krönig, Hackerts Zehn Aussichten, S. 17 mit Anm. 28. Hier nach Goethe, WA I 46, S. 377.

[135] Vgl. Robert Wood, The Ruins of Palmyra, London 1753, Vorwort (zitiert nach: Constantine, Greek Travellers, S. 67): "Circumstances of climate and situation, otherwise trivial, become interesting from that connection with great men, and great actions, which history and poetry have given them. [...] The particular pleasure, it is true, which an imagination warmed upon the spot receives from those scenes of heroick actions, the traveller only can feel, nor is it to be communicated by description. But classical ground not only makes us always relish the poet, or historian more, but sometimes helps us to understand them better."

men und zwar einmal, indem man Goethes Bewunderung für den Maler zu verstehen sucht und auf der anderen Seite bedenkt, daß im Unterschied zu Lokalitäten historischer Ereignisse Orte, an denen Dichter gelebt haben, in der Regel von diesen auch dichterisch dargestellt worden sind, wie es eben für das horazische Sabinum in ganz besonderer Intensität der Fall ist.

Goethes Bewunderung für Hackert läßt sich, gewiß vereinfacht, aber darum doch geschichtlich nicht unwahr, in zwei Hauptmotive auseinanderlegen, die beide (natürlich) mit Goethes Erfahrungen und Bestrebungen zusammenhängen, ein ästhetisches und ein ethisches. Hackert war für Goethe der Maler, der das Sehnsuchtsland Italien, wie er es von den Ideallandschaften Claude Lorrains her sich vorgestellt hatte und dann anschaute[136], mit den Augen und im Malstil jener Lorrainschen Landschaften malte[137]; und Hackert war für Goethe der hochgeachtete Künstler, der, wie in der Lebensbeschreibung immer wieder herausgestellt wird, an einem Fürstenhof wirkend, seine männliche Unabhängigkeit bewahrte, der sich aus Hofintrigen heraushielt, seinen Freimut nicht verkümmern ließ und sich selbst treu blieb[138]. Goethe am Weimarer Fürstenhof konnte in Hackert am neapolitanischen Königshof ein Modell seiner eigenen Situation erkennen[139].

Horazens Beschreibungen und Darstellungen des Sabinums lassen sich, wie später ausführlich mit Interpretationen nachzuweisen sein wird, nach einem ästhetischen und einem ethischen Aspekt differenzieren. Das geliebte Tal erscheint als schön und wird mit einem an Dichtungslandschaften (wie z. B. bei Sappho, im Ödipus auf Kolonos des Sophokles, im Phaidros, bei Theokrit und in Vergils Eklogen) geformten und geleiteten Blick gesehen bzw. in solcher Tradition dargestellt. Mit der Ästhetisierung des Sabinertals zur idyllischen Landschaft verbindet sich die ethische

[136] Vgl. Johann Wolfgang Goethe, Italienische Reise. In Zusammenarbeit mit C. Thoenes hrsg. von A. Beyer und N. Miller, München 1992, Kommentar S. 965f. (Zeugnisse und Literatur zu Goethes „lebenslanger Lorrain-Verehrung").

[137] Vgl. Goethe, Italienische Reise, Rom den 27. Juni (1787), WA I 32, S. 7; Goethe, Philipp Hackert, WA I 46, S. 113. 371–373.

[138] Vgl. Krönig, Hackerts Zehn Aussichten, S. 5f. und 20; Goethe, WA I 46, S. 259; vgl. S. 237. 239. 322.

[139] Vgl. Krönig, Hackerts Zehn Aussichten, S. 20.

Bedeutung, die Horaz ihr gibt. Das Sabinum wird in den Episteln zur Chiffre gesellschaftlicher und geistiger Unabhängigkeit des Dichters.

Fasse ich diese beiden Gedankengänge, Goethe und Hackert, Horaz und das Sabinum, zusammen, so erscheint die Überlegung nicht unplausibel, das Sabinum in Horazens Gedichten sei dem Malerauge und seiner Ästhetisierung und Idealisierung entgegengekommen, ihm gleichsam schon vorgeformt entgegengetreten; es sei zugleich – dies das 'Moralische in der Sabinumlandschaft' – das Element in der Dichtung des Römers gewesen, an dem Hackert (der allerdings erst 1786 neapolitanischer Hofmaler wurde, aber auch schon 1780 in Verbindung mit dem dortigen Königshof stand) in Horaz ein Modell seiner eigenen Situation wiedererkennen konnte: ein Künstler an einem Hof in Rom, materiell und gesellschaftlich bis zu einem gewissen Grad abhängig von Maecenas und Augustus, der dennoch seine Unabhängigkeit zu bewahren wußte und das Problem der Freiheit in seiner Dichtung, besonders in den Briefen, am Beispiel seines sabinischen Landguts lebendig durchspielte.

Zum Abschluß verdient die veränderte Neuauflage der Stichfolge noch eine Überlegung. Was geschieht hier mit Hackerts Veduten, wenn sie „mit den allegorischen, auf genannten Dichter (Horaz) bezüglichen Figuren, nach Erfindung und Zeichnung von Luigi Sabatelli" (so das Titelblatt) versehen sind? Krönig beschreibt die Bilder so[140]: „Das Besondere dieser Ausgabe ist die Einfügung von 'antikischen' Figuren in Hackerts Landschaften, die dessen Staffage-Figuren einfach ersetzen (was nur bei Blatt 3 und 10 unterbleiben konnte). [. . .] Das Titelblatt zeigt die sitzende Gestalt des lorbeergekrönten Dichters Horaz in langgewandeter Toga, mit der Leier in der Linken, mit Griffel und Buchrolle in der Rechten. Die gleiche Gestalt erscheint, stehend oder sitzend, mit anderen Gestalten verbunden, in kleinen Gruppen zu zweien oder dreien in weiteren Bildern. In Bild 9 ist die vornehme Reisegruppe Hackerts in der Bildmitte ersetzt durch den sitzenden Horaz im Gespräch mit den drei weiblichen Gestalten stehender Musen. Nur in den Bildern 2 und 7 hat der erfindende Künstler Sabatelli die von numinosem Licht umflossene Gestalt des Genius in die Komposition neu eingeführt; in Bild 7, das den Ort der Horaz-Villa bezeichnet, ist die pathetische Zweiergruppe des vom Genius inspirierten Dichters betont in die Mitte gesetzt" (vgl. Taf. XI).

[140] Krönig, Hackerts Zehn Aussichten, S. 17.

Krönig versteht dies als „Versuch einer Umdeutung der ‘Landschaft nach der Natur‘ in eine ‘ideale’, ‘heroische’ oder ‘historische’ Landschaft“[141]. Das möchte ich in folgender Weise abändern. Schon Hackert malte nicht einfach ‘nach der Natur‘, sondern von Poesie und Historie geleitet. Was Maler und Betrachter bei den Bildern dachten und fühlten, die ‘bedeutenden Vorstellungen’, die sie in ‘ihnen erweckten’, ‘an imagination warmed’[142]: das machten Sabatellis in die Bilder hineingesetzten Figuren explizit und zerstörten so den spezifischen Reiz der Veduten, ihre die poetische und historische Imagination des Betrachters stimulierende Wirkungsweise, welche schwebende Verbindung zwischen dargestellter Natur und implizierter Poesie und Historie ihr Sinn ist und ihr ‘Interesse’ ausmacht.

141 a.O.

142 Vgl. das Zitat von Robert Wood in Anm. 135.

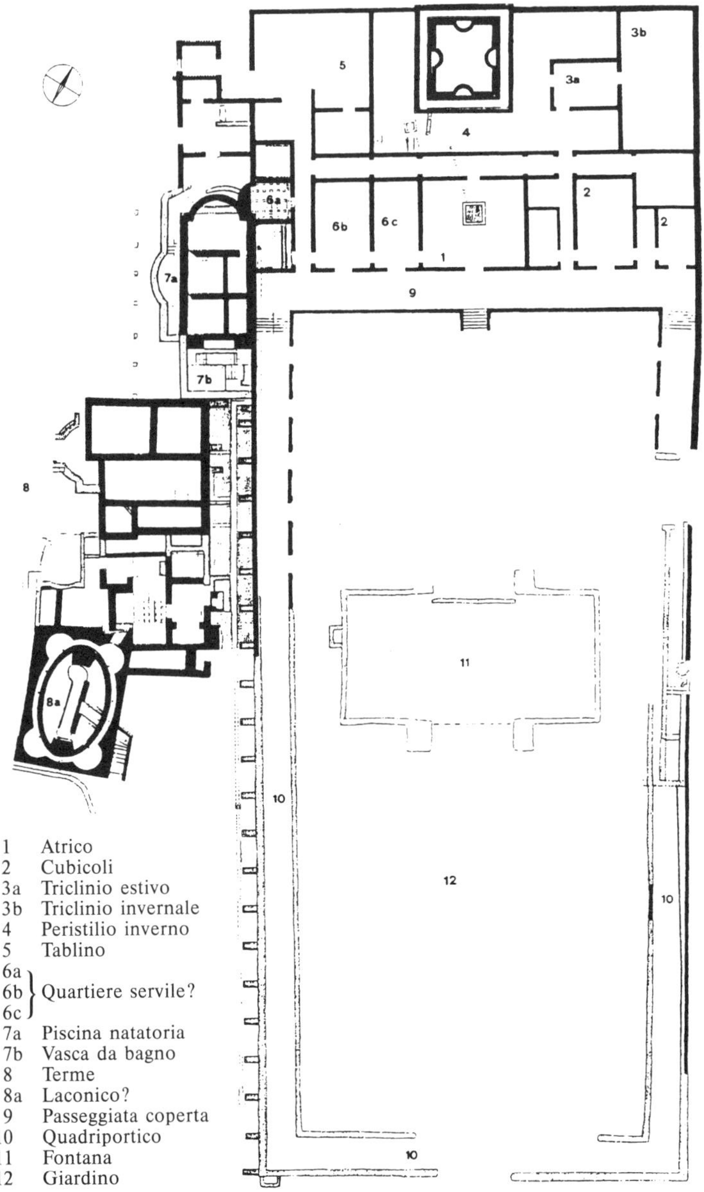

1 Atrico
2 Cubicoli
3a Triclinio estivo
3b Triclinio invernale
4 Peristilio inverno
5 Tablino
6a, 6b, 6c } Quartiere servile?
7a Piscina natatoria
7b Vasca da bagno
8 Terme
8a Laconico?
9 Passeggiata coperta
10 Quadriportico
11 Fontana
12 Giardino

Plan der Horazvilla
(nach: In Sabinis, S. 4)

TAFELTEIL

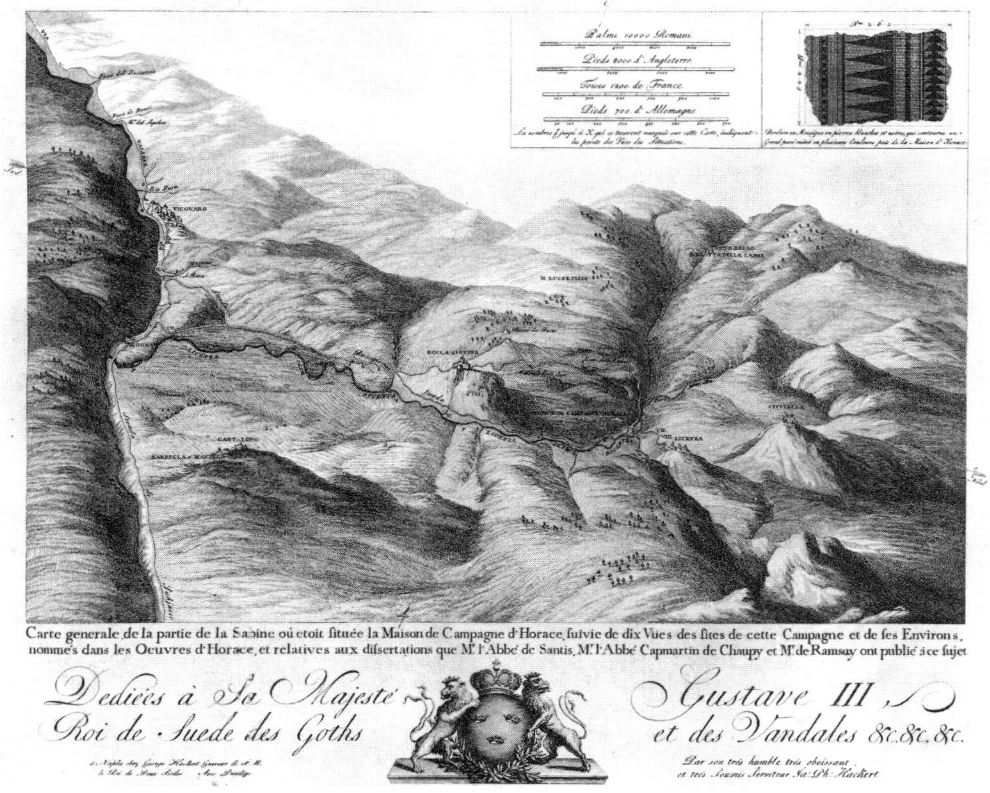

Titelblatt der von B. A. Dunker, G. Hackert u.a. gestochenen Kupferstichfolge (undatiert, wohl 1786) nach dem Gouachenzyklus Philipp Hackerts „Zehn Aussichten von dem Landhause des Horaz" (32,5 x 44,3 cm)

Philipp Hackert, Ansicht von Vicovaro (erstes Bild des Gouachenzyklus „Zehn Aussichten von dem Landhause des Horaz“, 1780) (33 x 44 cm)

Philipp Hackert, Via Valeria mit dem Konvent von San Cosimato (zweites Bild des Gouachenzyklus)

Philipp Hackert, Ansicht einer Brücke und der Ruinen eines römischen Aquädukts über den Anio bei San Cosimato nahe Vicovaro (drittes Bild des Gouachenzyklus)

Philipp Hackert, Ansicht von Cantalupo und Bardella (viertes Bild des Gouachenzyklus)

Philipp Hackert, Ansicht von Roccagiovine (fünftes Bild des Gouachenzyklus)

Philipp Hackert, Ansicht des Mons Lucretilis (achtes Bild des Gouachenzyklus)

Philipp Hackert, Ansicht von Licenza (sechstes Bild des Gouachenzyklus)

Ansicht von Licenza (Foto von Ralf Mende 1991)

Kupferstich (vgl. zu Tafel I) nach Philipp Hackerts siebenter Ansicht seiner Gouachenfolge (vgl. Tafel XII) (32,5 x 44,3 cm): Ansicht der Gegend beim Landhaus des Horaz mit Roccagiovine gesehen von Licenza aus.

Kupferstich nach Philipp Hackerts graphischer Folge (vgl. Tafel I): Siebente Ansicht (vgl. Taf. X u. XII) in einer von F. Morel gestochenen Folge (Rom, ohne Jahr, um 1800) mit Figuren nach Erfindung und Zeichnung von L. Sabatelli (14 x 19 cm)

Philipp Hackert, Ansicht der Gegend beim Landhaus des Horaz, im Hintergrund Roccagiovine (siebentes Bild des Gouachenzyklus)

Philipp Hackert, Ansicht einer der Quellen des Baches Licenza auf dem Mons Lucretilis nahe Horazens Landhaus (neuntes Bild des Gouachenzyklus)

Philipp Hackert, Ansicht der Ziegenhöhle auf dem Mons Lucretilis (zehntes Bild des Gouachenzyklus)

3 Ausgrabung und Beschreibung des ausgegrabenen Komplexes

Die Ausgrabungen der Villa erfolgten erst am Anfang des 20. Jhs., 1911–1914 durch Angelo Pasqui, dann nach dem Ersten Weltkrieg und nach Pasquis Tod durch Giuseppe Lugli bis 1927 und nochmals 1930 durch Lugli und Price. Es liegen drei Berichte vor: von Lugli in den Monumenti Antichi, pubblicati per cura della R. Accademia Nazionale dei Lincei 1926 und nochmals als eigenes Bändchen 'Horace's Sabine Farm', Rom 1930, dann von Thomas D. Price in den Memoirs of the American Academy in Rome 1932[143].

Der ausgegrabene Komplex ist ein leicht (um knapp 15°) gegen den Uhrzeigersinn aus der Nordsüdrichtung gedrehtes längliches Rechteck mit den Außenmaßen 43 mal 114 m. Von dieser Gesamtfläche nimmt den größeren Teil, nämlich 2750 Quadratmeter[144], d. h. über 1 iugerum, der Garten ein; ihn umgibt an allen vier Seiten ein Wandelgang mit den Außenmaßen 43 mal 88 m. Die Anlage ist nicht eigentlich ein Peristyl zu nennen, weil der Umgang nicht nur nach außen, sondern auch zum Garten hin geschlossen und also eine Cryptoporticus war, wenn auch nach innen mit Pilastern gegliedert und von Fenstern unterbrochen. Die eingefaßte Fläche, ein Xystus[145], eine Terrasse zum Promenieren, mit einem großen quer gelegten Becken (piscina) in der Mitte, fällt leicht nach Süden hin ab[146].

An der höchsten Stelle, im Norden und also insgesamt nach Süden orientiert, liegt quer der Wohntrakt. Wenn Horaz in epist. 1,16,6f. die von der Morgensonne angeschauten Talwände (also im Westen) als rechts, die im Abendlicht sich dunstig aufwärmende Ostflanke als links bezeichnet, so ist er dabei nach Süden orientiert und spricht aus der Perspektive

[143] Siehe das Literaturverzeichnis.

[144] So nach meiner Berechnung aufgrund der Maßangaben für die Villa insgesamt aus „In Sabinis", S. 3 und in Umrechnung von den beigegebenen Plänen her. Anders Price, Restoration: 2427,30 m^2.

[145] „xystus" (nach ὁ ξυστός) bei den Römern die freie Promenade oder Terrasse mit Belegen bei Cicero, dem jüngeren Plinius u. a.

[146] Nach Price, Restoration um 1,7%, was bei ca. 80 m auf 1 bis 1,5 m hinausläuft.

seiner Villa[147]. Angesichts der Größe des Gartens, der nicht sehr hohen Umfassung und des (wenn auch nur geringen) Geländeabfalls wird deutlich, daß die Berge auch bei einem Blick über die Cryptoporticus hinweg sichtbar blieben. Die Fläche der Villa auf einer leichten Anhöhe westlich des Baches war für den parallel zum Talverlauf ausgerichteten Komplex planiert und verbreitert worden[148], ohne jedoch das Gefälle von Norden nach Süden auszugleichen. Substruktionen fehlen.

Der Wohntrakt umfaßt eine Gesamtfläche von 43 mal 25,5 m (ohne den Flur im Süden). Der Bau war wohl zweigeschossig gewesen[149]. Ein schmaler Flur läuft längs durch das Haus und teilt es in einen etwas breiteren nördlichen und einen etwas schmaleren südlichen Streifen. Der im Süden anliegende Cryptoporticusflügel diente als zweiter Korridor, wie die Türöffnungen der Räume nach Süden erkennen lassen. Jeder der beiden Teile schließt einen Hof oder Atrium unregelmäßig in der Mitte ein, einen großen Hof (24 mal 13 m) mit großem Brunnen der nördliche, ein kleineres Atrium (10 mal 8 m) mit kleinem Brunnen der südliche Wohnteil. Die nördliche Seite enthält ganz im Osten ein größeres Wintertriclinium, von dort in den Hof zum Brunnenbecken hin vorstoßend wie ein Brunnenhaus in einem gotischen Klosterkreuzgang ein kleines Sommertriclinium. Im Westen dieses Hofs liegen mehrere Räume. Der Südtrakt besteht außer dem Atrium aus einigen größeren länglich vom Flur bis zur Cryptoporticus durchgehenden Zimmern sowie einigen Kammern. Der im Osten zum Cryptoporticuslängsgang sich öffnende Raum (3,5 mal 5 m) war mit großer Wahrscheinlichkeit Horazens Schlafgemach. Der Mosaikfußboden besteht aus zwei Zonen verschiedener geometrischer Streifen; der schmalere Streifen vor der Rückwand war wohl vom Bett bedeckt.

Die Villa ist in sauberem Opus reticulatum erbaut, die Fußböden waren in der Regel mit Mosaik in geometrischen Mustern bedeckt, die Wände mit dekorativen und figürlichen Wandfresken von bescheidener[150], wenn auch

147 Vgl. Lugli, Villa Sabina, col. 483; Coarelli, Lazio, S. 111; Thomas, Lands and Peoples, S. 11 mit Anm. 15 (Thomas hebt hervor, daß die Südorientierung nach den römischen Agrarschriftstellern die ideale Anlage des Hofes darstellte).

148 Vgl. Lugli, Villa Sabina, col. 485 und 517. Höhe über Normalnull: 415 m.

149 Vgl. Price, Restoration, S. 139; Highet, Poets in a Landscape, S. 143.

150 Das sage ich zögernd nur aufgrund von Abbildungen in den beiden Publikationen Luglis; die Originale im Antiquarium von Licenza habe ich nicht gesehen.

nicht armseliger Qualität bemalt. Immerhin fällt unter den Fragmenten, die Pasqui schon katalogisiert und in einem Saal des Castello di Licenza ausgestellt hatte[151], ein junger nackter Bacchus auf[152]. Im Katalog der Ausstellung im Palazzo Orsini in Licenza zum Bimillenarium von Horazens Todesjahr faßt Anna Maria Reggiani Massarini den Gesamteindruck der Villenausstattung so zusammen[153]: „La villa di Licenza si qualifica come una dimora raffinata, ma nello stesso tempo austera secondo la più antica tradizione romana. Se infatti si rimane colpiti dalla finezza delle decorazioni pittorica e musiva e dalla qualità degli elementi di rivestimento in marmo, a differenza degli aristocratici del tempo, che andavano a gara a procurarsi originali di statue greche, mandando i propri emissari presso gli antiquari di Atene per acquistare direttamente i pezzi migliori o facendo eseguire le opere nelle botteghe dei copisti, una voluta sobrietà deve avere guidato il proprietario nella scelta dell' arredo statuario." (Es folgt das Zitat von c. 2,18,1-14). Von besonderer Schönheit ist eine im selben Artikel des Katalogs abgebildete[154] weißmarmorne Kassette der Porticusdecke mit einer achtblättrigen Akanthusrosette im Zentrum; unter den leicht hochgerollten Spitzen der in einer geschmeidigen S-Krümmung geschwungenen Blätter schauen Frösche hervor; zwischen den Blättern wachsen Stengel, die in Muscheln enden, auf denen Krabben sitzen.

Aufgrund aller dieser Befunde ist die Villa in die späte Republik oder frühe Kaiserzeit zu datieren. Dennoch ist kaum anzunehmen, daß Horaz sie gebaut hat[155]. Allerdings hat er sie entweder umgebaut oder erweitert; und wenn er sich in sat. 2,3,307-313 vorwerfen läßt, er ahme die

Auch ist Lugli, Villa Sabina, col. 568f. ganz entschieden anderer Meinung: „Dai frammenti (sc. der Fresken) si nota una grande varietà di motivi decorativi e una vivacità di disegno e di colori che dimostrano un artista non comune." Lugli hebt die große Erfahrung des Meisters in Farbgebung und chiaroscuro hervor, „riuscendo ad ottenere con pochi tocchi effetti assai singolari." Die Figuren seien jeweils durch ihren Gesichtsausdruck individuell charakterisiert.

151 Vgl. Lugli, Villa Sabina, col. 459.

152 Vgl. Lugli, Villa Sabina, Tavola IV.

153 In Sabinis, S. 52.

154 In Sabinis, S. 47, figg. 6 und 7.

155 Sowohl sat. 2,6,2 („tecto vicinus . . . fons") als auch c. 2,18,5f. („neque . . . regiam occupavi") scheinen vorauszusetzen, daß Horaz ein Haus übernommen hat.

Großen nach und wolle es in allem Maecenas gleichtun, so kann man doch auf substantielle Erweiterungen, etwa den umbauten Garten, schließen.

Thermen, die an die nördliche Westseite anschließen, gehören zur gleichen Bauphase wie die Villa. Doch gerade in ihrem Bereich erfolgten die stärksten Eingriffe in späteren Perioden, im 2. Jh. n. Chr. und, im Zusammenhang einer auf und in ihnen errichteten Kirche der Ss. vescovi Pietro und Marcellino, im 8. Jh.

II Horazens Sabinumdichtung

These und Programm: Variation der Maßethik: Zufriedenheit, Friedlichkeit, Freiheit

Sabinumgedichte finden sich bei Horaz in den drei verschiedenen poetischen Gattungen Satire, Ode und Epistel. Die einzelnen Dichtungen, die insgesamt dem Landgut gelten bzw. deren Thema durchgehend in Zusammenhang mit ihm gestellt ist, sollen im folgenden vorgestellt und interpretiert werden[156].

Die Interpretationen stehen im Horizont der folgenden einfachen These, die sie für die Sabinumgedichte begründen und für die drei horazischen Dichtungsgattungen plausibel machen sollen. Das zentrale Prinzip der horazischen Lebensführung in seinen Dichtungen ist das Maß. D. h. Horaz begründet die Möglichkeit von gelingendem Leben, von Glück, auf der Basis von Maß, Mäßigung, Mitte, Genüge. Diese grundlegende Maßethik wird in den verschiedenen Gedichtsammlungen und Dichtungsformen, die zugleich horazische Lebensabschnitte und Altersstufen repräsentieren und deren existenzielles und moralisches Grundmotiv zu dichterischer Form erheben, je verschieden akzentuiert. In den Satiren steht die Zufriedenheit als Ausprägung von Maß und Genüge im Vordergrund; der in der Brust zu bekämpfende Gegner ist Maßlosigkeit in der Gestalt von Unzufriedenheit, Mäkeln am eigenen Los, Habsucht, Mehrhabenwollen (Pleonexie). In den Oden der Bücher I–III ist die Mäßigung auf Frieden, Friedlichkeit und Freundlichkeit ausgerichtet; abgewehrt werden als glückszerstörend Krieg, Streit und Zank, Gewalt und Gewaltsamkeit, Maßlosigkeit der Leidenschaft, der Eifersucht und des Zorns. Die Episteln kreisen um die Freiheit, die Unabhängigkeit, die Selbstbestimmung; die Reflexion gilt Formen und Ursachen der Abhängigkeit, der Unterordnung,

[156] D. h., aus der in Anm. 4 gegebenen Liste der durch das Sabinum bestimmten oder einen Hinweis auf das Landgut enthaltenden Gedichte werden die bloßen Teilstücke und kurzen Passagen nicht eigens behandelt; sie sind in Teil I mitberücksichtigt und werden hier bei Bedarf zur Interpretation der anderen Dichtungen mit herangezogen.

der Knechtschaft gegenüber Verhältnissen, wobei immer Verletzungen von Maß und Angemessenheit erkannt werden. Das Sabinum wird zur symbolischen Lebensform für diese Ausprägungen der Maßethik, für Zufriedenheit (auch Bescheidung und Schicksalsdemut), für Frieden (auch Sanftmut und Entsagung) und für Freiheit (auch die Kunst des Loslassens). Nach dem Sabinum dankbaren Genughabens und einfachen Lebens in Satire 2,6 erscheint das sabinische Tal in den Oden als Segensraum von Friede, Liebe und Gewaltlosigkeit, während in den Episteln Maß und Genüge Voraussetzung innerer und äußerer Freiheit, Mittel der Befreiung von Abhängigkeit und Knechtschaft werden. Die Zurückgezogenheit in dem von Rom entfernten Landhaus und das einfache Leben dort werden dichterisch reflektiert im Horizont der Unabhängigkeit von Dingen und Menschen, von gesellschaftlichen Zwängen und der Unterordnung unter Luxusbedürfnisse und Statuspflichten. Und diese ethische Bedeutungsakkumulation des sabinischen Tals erfolgt parallel mit dessen Ästhetisierung. Die Zustimmung zu der gewählten Lebensform wird dichterische Gestalt als Liebe zu der Schönheit der symbolischen Landschaft.

Aus dem Fehlen des sabinischen Landguts im vierten Odenbuch sollte man wohl keine biographischen Schlüsse ziehen im Sinne der Aufgabe des Rückzugtals. Die Erklärung des Befundes dürfte eher darin liegen, daß Horaz die Grundthemen, für die er das Sabinum als Symbol erarbeitet hatte, durchgespielt denken mochte, daß die Villa also poetisch verbraucht war, in der gleichen Weise, in der das zentrale Motiv der göttlichen Rettung in den späten Oden nicht mehr begegnet[157]. Es stellt nur eine Variation dieser Überlegung dar, wenn man sich vergegenwärtigt, daß der Dichter, wie in den Literaturbriefen des zweiten Epistelbuches (wo man das Sabinum nicht suchen würde), so auch in den Carmina der zweiten Lyriksammlung sich neuen Themen zuwendet und in verändertem lyrischen Selbstverständnis dichtet[158]. Andererseits gibt es im vierten Odenbuch keine Äußerung, die der Annahme im Wege stünde, das Sabinum stelle weiterhin eine Lebenssphäre Horazens dar. Im Gegenteil: Passagen wie c. 4,2,54–60 (das für ein Dankopfer heranwachsende Kälbchen), c. 4,3,10–12 (die Wasser, die an Tibur vorbeifließen, und dichten Haine sind ‘Zitate’ nicht nur von c. 1,7,13f. 20f.; c. 1,1,30; c. 1,21,5, sondern auch von c. 1,17 und c. 3,13:

[157] Vgl. Schmidt, Lyrische Wirklichkeit.

[158] Vgl. Schmidt, Bewußtseinswandel.

der Anio führt auch das Bandusia- und Digentiawasser), c. 4,5,29–40 („condit quisque diem collibus in suis“, von den Römern sprechend), c. 4,11,1–12 (Phyllis scheint eher aufs Land als in ein Stadthaus eingeladen zu werden) lassen das Landgut als möglichen Hintergrund erscheinen. Aber im Unterschied zu den voraufgegangenen Dichtungen ist die Realität und Konkretheit der sabinischen Lebenssphäre gerade nicht durch sabinische Ortsnamen oder individuelle Details hervorgehoben, so daß der Dichter offenbar nicht nahelegt oder erwartet, daß der Leser einen Zusammenhang mit seiner Sabinumdichtung herstellt.

A Die Krone der Satirendichtung

1 Hoc erat in votis (Satire 2,6)[159]

Im Hintergrund der folgenden Interpretation stehen diese allgemeineren Einsichten:

(1) Horazens Sermonendichtung wird exegetisch verfehlt, wenn man sie generell als satirisch im neuzeitlichen Sinn glaubt lesen zu müssen. In dem Aufsatz „Zum Lachen in der römischen Satire“[160] versuche ich, das Joch dieses Vorurteils abzuschütteln, indem ich zeige, daß die antiken Satiredefinitionen im Verein mit dem erst spätantiken „satiricus“ in der Bedeutung 'satirisch' und der Wirkung der Juvenalschen Satiren jene einheitliche Vorstellung der römischen Satire (und Gattungsbestimmung der neuzeitlichen Satire) in der Neuzeit erzeugt haben und daß dabei zumal die Funktion des Lachens bei Horaz verkannt wird. Die hier gegebene Interpretation von Satire 2,6 zwingt den Text nicht in eine satirische Gesamttendenz und verabsolutiert satirische Elemente nicht auf Kosten der Gesamtstruktur und Bewegung des Gedichts. Sie geht, unter Berücksichtigung von Selbstzeugnissen des Horaz und Leseerfahrungen mit anderen Stücken der Satirebücher davon aus, daß Satire im horazischen Verständnis auch intimes Tagebuch, lebensphilosophische Reflexion, Diatribe, Rat, Mahnung und vieles mehr, was mit der Lebenspraxis und Moral zusammenhängt, sein kann, wie es offenbar auch für Ennius und Lucilius gegolten hat (vgl. Hor., sat. 2,1,28–34, 57–60; sat. 1,4,137–139).

(2) Michael von Albrecht hat in seinem Beitrag „Horaz“ zu dem von J. Adamietz herausgegebenen Sammelband „Die römische Satire“ die größere

[159] Das Gedicht ist wohl im Spätherbst 31 v. Chr. entstanden (vgl. K.-H. II, S. 298) und eine der spätesten Satiren überhaupt, wenn nicht sogar die letzte (vgl. u. S. 63). Die Textpassagen epod. 1,23–34; sat. 2,3,1–16. 307–320 und sat. 2,7,117f. stehen der Satire chronologisch und z. T. auch thematisch nahe (vgl. u.). Zu I A und B sind auch sie als Testimonien benutzt worden in den Anmerkungen 2, 3, 35, 43, 44, 56, 59, 63, 66, 67, 71, sowie auf S. 24 und 51f. – Die Interpretation von sat. 2,6 hier ist um die in I A und B behandelten Detailfragen zu ergänzen: vgl. Anm. 2; S. 16f. mit Anm. 10, 11 und 13; Anm. 29, 35, 41, 66, 71, 75; S. 33, S. 36, S. 43

[160] Schmidt, Lachen in Satire.

Formenvariation und formale Komplexität der Stücke des zweiten gegenüber denen des ersten Satirenbuchs hervorgehoben. Er hat weiter auf das Essen als zentrale Synekdoche für die lebensphilosophische Thematik hingewiesen.

(3) In früheren Arbeiten[161] habe ich herausgestellt, daß die späte Satire 2,6 nicht allein, worauf K.-H. II, S. 298 aufmerksam machen, „der einzige Monolog“ unter den Sermonen ist, „eingekleidet [...] zunächst in ein Gebet“ (wobei das Monologische, das auch Dialogisches und die Erzählung eines Dritten aufnimmt, noch zu der Formenvielfalt des zweiten Satirenbuches gehört, das absolut Einzigartige das Gebet ist), sondern daß sie sich auch, in implizitem Widerspruch zu sat. 1,4,39–63 (Satire kein „poema“, der Sermonenverfasser kein ‘poeta’), ‘carmen’ nennt (v. 22), singulär in den Satiren, und als ‘musa pedestris’ (v. 17) bezeichnet. Diese üblich gewordene Umschreibung für Horazens Sermonen (vgl. epist. 2,1,250f.: „sermones [...]/ repentis per humum“) steht allein in dem ungewöhnlichen Gedicht sat. 2,6. K.-H., a.O. nennen die Satire mit Recht „diese Krone der horazischen Satirendichtung“. Auch sonst wird immer wieder Bewunderung geäußert[162].

v. 1–4

Hoc erat in votis: modus agri non ita magnus,
hortus ubi et tecto vicinus iugis aquae fons
et paulum silvae super his foret. auctius atque
di melius fecere. bene est, nil amplius oro

Das war immer mein Wunsch: ein Äckerchen[163], nicht zu geräumig,
Wo ein Garten, und nahe dem Haus ein lebender Quell sei,
Auch darüber[164] ein wenig von Waldungen. Mehr noch und Bessers
Haben die Götter verliehn. Wohl mir; nichts weiter erfleh' ich
(Übersetzung von Johann Heinrich Voß 1806)[165]

161 Schmidt, Horatius és a Múzsák; ders., Date of c. 2,13, S. 124f.

162 Stimmen der Bewunderung bei Seel, Sabinisches Glück, S. 20f. Vgl. bes. Rudolf Alexander Schröder, Gesammelte Werke in fünf Bänden, Band 5: Vergil/Horaz, Deutsch, Frankfurt a. M. 1952, S. 1052.

163 ‘Ager’ hier jedoch richtig ‘Landgut’ (vgl. Anm. 71 und Seel, Sabinisches Glück, S. 66–68: Hof, Gehöft, Gut), nicht ‘Acker’ (wie auch sonst viele Übersetzer) oder “field” (Fraenkel).

164 Vgl. Anm. 10.

165 Wenn nicht anders angegeben, werden auch im Folgenden alle Gedichte

Ein für die Satiren ungewöhnlicher warmer und freudiger, inniger und herzlicher[166], intensiver und bei aller wunderbaren Schlichtheit wie einer Prosa zugleich festlich-feierlich gehobener Ton; Sätze, die sogleich ins Herz der Sache vordringen: das Sabinergut ist ein Göttergeschenk, das Gebetswünsche erfüllt und übererfüllt. Das 'catullische' (vgl. Catull, c. 7,2.10) „satis superque" von Epode 1,31f.: „satis superque me benignitas tua / ditavit" (zu Maecenas) ist hier den Göttern verdankt. Vers 4 ist dabei von einer solchen prosaischen Einfachheit, daß sie in Poesie umschlägt: drei kurze Sätze, „di melius fecere. bene est. nil amplius oro", gegliedert durch Trithemimeres, Zäsur κατὰ τρίτον τροχαῖον und Hephthemimeres, sind so angeordnet, daß 'die Götter' und 'ich bete' den Rahmen bilden, an zweiter und an zweitletzter Stelle je ein Komparativ steht („melius" – „amplius") – dem Komparativ des göttlichen Geschenks (gegenüber den Gebeten) korrespondiert der verneinte Komparativ auf der Seite des betenden Ichs – und die Mitte des Verses das zweisilbig-lakonische „benest" ist (dem 7 Silben oder 11 Moren vorausgehen, 6 Silben oder 10 Moren folgen). Die „vota" in v. 1 sind nicht 'Wünsche', sondern Gebete[167], wie v. 4 („di", „oro") und auch das Folgende (vgl. bes. v. 13: „hac prece . . . oro") bestätigen.

Warum spricht Horaz von Gebeten, nicht von Wünschen, Hoffnungen, Verlangen? Doch wohl, weil Gebete, in frommem Sinn gesprochen oder gedacht, nicht betroffen sind von der lebensphilosophischen Kritik an Begierden und Ambitionen und weitausgreifenden Zukunftsplanungen. Beten ist eine Form des Wünschens, die die Gegenwart nicht vergiftet. Warum geht Horaz von den Gebeten aus und beginnt mit ihnen? Er will nicht nur sogleich klar machen, daß dies kein Dankesgedicht an Maecenas sein soll, sondern auch, daß die Gabe des Maecenas nicht Erfüllung von Wünschen ist, die er gegenüber diesem geäußert hätte. Das Gebet ist

deutsch nach Voß zitiert: Walther Killys Plädoyer für die im allgemeinen unterschätzte Übersetzung hat mich überzeugt, und ich möchte auch meinerseits für sie werben. Die orthographische Form der Zitate ist nicht einheitlich, weil ich für Satiren und Episteln auf eine (undatierte) ältere Reclamausgabe zurückgreife (Nr. 431–432a), für die Oden über die dreibändige Ausgabe (mit Mitscherlichs Kommentar) Wien und Triest 1817–1819 verfüge.

166 Vgl. Seel, Sabinisches Glück, S. 24.

167 Vgl. K.-H., z. St.; Fraenkel, Horace, S. 138f.; Seel, Sabinisches Glück, S. 27–30: die Ähnlichkeit zwischen sat. 2,6,1 und Verg., Aen. 12,259: „hoc erat, hoc votis . . . quod saepe petivi" führt nicht auf eine Gebetsformel.

ein den Menschen verborgener geheimer Wunsch[168]. Aber das Gebet steht auch deshalb am Anfang, weil es die Voraussetzung dafür ist, die Gabe des Maecenas als Göttergeschenk zu verstehen und zu empfangen[169]. Dankbarkeit kann nur einer Gabe gelten, für die Empfangsbereitschaft da ist, mehr noch: die Dankbarkeit über ein Geschenk kann uns erst wirklich erkennen lassen, daß wir schon immer darum gebetet haben. 'Ja', sagt Horaz, 'das hat mein Gebet immer erfleht, und ich erkenne im Sabinergut meinen stillen Herzenswunsch.'

v. 4f.

nil amplius oro,
Maia nate, nisi ut propria haec mihi munera faxis.

nichts weiter erfleh' ich,
Majas Sohn, als daß du zu eigen mir dieses Geschenk machst.

Der im Hexameter nicht unterzubringende Vokativ „Mercuri", ein Creticus, der daher eine sapphische Ode eröffnen kann (c. 1,10,1; c. 3, 11,1), wird mit 'Sohn der Maia' umschrieben. Nach Fraenkel[170] wird hier der Hermes κερδῷος angerufen; nach K.-H., z. St. und Rudd[171] geht es bei der Bitte, die Gaben „propria" zu machen, um „dauerndes Eigentum", um die Bitte nach 'Permanenz'. Sicher nicht. Wenn 'die Götter' schon die Geber sind, bedarf es nicht noch eines Gottes des Gewinnes; der Fortgang des Gedichtes wird auch bestätigen, daß Merkur nicht als Kaufmannsgott und Händlerpatron Adressat horazischen Betens ist, abgesehen davon, daß er in den Oden 1,10 und 3,11 auch nicht als solcher angerufen wird. Und auch die Vorstellung permanenten Besitzes wird vom Folgenden weder bekräftigt noch nahegelegt[172]. Merkur steht für die geistige Kraft, sich die Gabe anzueignen, sie

[168] Vgl. epist. 1,14,14: „tacita prece rura petebas".

[169] Vgl. Verg., Aen. 12,259f.: „hoc erat, hoc votis ... quod saepe petivi./ accipio agnoscoque deos."

[170] Horace, S. 138.

[171] Satires, S. 243 mit Anm. 2.

[172] Die Erklärungen von K.-H. u. a., zumal der Hinweis daß „proprius in dieser Bedeutung oft mit perpetuus u. dgl. verbunden" sei (vgl. z. B. Cic., leg. Man. 48), lassen erkennen, daß die vorherrschende Konnotation die des 'festen' Besitzes ist (gegenüber einer bloßen Leihgabe; Aen. 6,871) und daß diese durch 'perpetuus' expliziert wird: die Vorstellung der Dauer (gegenüber begrenzter Frist) entfaltet das im Begriff festen Besitzes Implizierte.

sich zu eigen zu machen, wofür eine Voraussetzung bereits genannt ist: das vorausgegangene Beten, welches das Geschenk dankbar als dem Beter zugehörig, als zu ihm passend erfahren läßt. Aneignung einer Gabe heißt ihre Anverwandlung, ihre Assimilation, ihre Integration. Aneignung einer Gabe heißt auch ihre Ein- und Unterordnung, so daß ich ihr Herr sein kann und nicht sie der meine, heißt 'res mihi subiungere' (epist. 1,1,19). Aneignung heißt 'rechter Umgang'. Das Folgende, mit dem Ich als tätigem und verantwortlichem Subjekt, nimmt die Erfüllung dieses Gebets als Bedingung für ein weiteres Gebet auf. Denn nur so macht man sich die Gedankenentwicklung von v. 1–5 zu v. 6ff. plausibel.

v. 6f.

si neque maiorem feci ratione mala rem
nec sum facturus vitio culpave minorem

Wenn nicht größer ich macht' auf übelem Wege das Gut mir;
Und nicht kleiner es will durch Fehl' und Vergehungen machen

Der Gott des Gewinns könnte zwar zuständig sein für das Vermeiden des 'vitium' Verschwendung und der in Nachlässigkeit und Mißwirtschaft liegenden 'culpa', aber er ist gewiß nicht zuständig als Instanz *gegen* Besitzvermehrung durch 'ratio mala', Betrug, Wucher, Erbschleicherei, wie auch nicht für die beiden anschließenden si-Sätze. Die Vorstellung des dauerhaften Eigentums könnte zwar im Zusammenhang mit der abgewehrten Minderung des Besitzes hereinspielen, aber kaum bei der verneinten betrügerischen Vergrößerung. Von dem Gott des Gewinnes und der Konnotation Dauer in „propria" her würde der Fortgang des Gedichts nicht verständlich. Es geht um den rechten Gebrauch und die richtige Einstellung.

v. 8–13

si veneror stultus nihil horum 'o si angulus ille
proximus accedat, qui nunc denormat agellum!'
'o si urnam argenti fors quae mihi monstret, [...
...
...
...], si quod adest gratum iuvat, hac prece te oro:

Wenn ich Thörichter des nichts anruf': „O daß der Winkel

Dort noch hinzu mir käme, der nun mein Äckerchen einkrümmt!
O daß ein Topf voll Geldes sich mir darböte, [...
...
...
...]. Wenn mich erfreut, was da ist; fleh' ich dir also:

Die weiteren Bedingungen für das Gebet sind Weisheit und dankbare Zufriedenheit. Denn Horaz lehnt nun eine nachbessern wollende Tagträumerei als törichte Pleonexie ab. Die 'o si'-Sätze sind keine Gebete; die geradezu religiöse Verehrung, die ihnen (und nicht den Göttern) gilt, erscheint als Torheit[173]. Horaz faßt alle drei Bedingungen schließlich zusammen in v. 13: „si quod adest gratum (sc. me) iuvat". Es geht gerade nicht um Gewinn und Dauer, sondern um das Vorhandene („quod adest"= τὰ παρόντα) und, im Anschluß an das ursprüngliche Gebet („hoc erat in votis"), an die Freude über das Geschenk und das Gebet um Aneignung, um den dankbaren und freudigen Genuß des Gegebenen. Das entspricht dem „frui paratis" von c. 1,31,17; nur kommt hier die von Anfang an in dieser Satire angelegte Haltung der Dankbarkeit explizit hinzu.

v. 14f.

pingue pecus domino facias et cetera praeter
ingenium, utque soles, custos mihi maximus adsis.

Fett mir Eigener mache das Vieh und das übrige, nur nicht
Fett auch den Geist, und bleib, wie du pflegst, mein größester Hüter!

Eine geistreich-witzige Transformation von Kallimachos und Vergil. Diese hatten vom Dichtergott Apollo die Mahnung erhalten, nur das Vieh fett zu nähren, die Muse bzw. das Lied aber dünn (λεπταλέη) bzw. zart ausgezogen („deductum") zu machen (Call., fr. 1,23f. Pf.; Verg., ecl. 6,4f.). Aus der Mahnung des Dichtergottes Apollo wird ein Gebet zu Merkur. Die Satire erweist sich geradezu als eine Betrachtung über rechtes und falsches Wünschen und Beten. Das Sabinum wird zum Exempel für diese Betrachtung.

'Ingenium' kann bei Horaz zwar auch die dichterische Begabung sein; so heißt es in sat. 1,4,38–44, er, Horaz, betrachte sich, den Sermonenautor, nicht als 'poeta', diesen Ehrennamen solle man Männern vorbehalten, die 'ingenium' hätten. Neben 'ingenium' prägnant als 'Genie' gibt es aber

173 'venerari' mit „nihil horum", d. h. den si-Sätzen selbst, als Objekt; vgl. K.-H.

auch die Bedeutung 'Geist, Verstand, Urteilsvermögen, Witz', wobei Qualifizierungen hinzutreten können. Hier nun geht es nicht um die dichterische Begabung speziell, sondern um fetten oder schlanken Geist in umfassenderer Hinsicht (womit natürlich auch der 'Witz', aus dem die Sermonendichtung hervorgeht, eingeschlossen ist)[174], analog der 'crassa' bzw. 'pinguis Minerva' (sat. 2,2,3), also um Torheit und Weisheit, so daß Ovid in met. 11,148 in der Geschichte des törichten Midas, der sich von Silen gewünscht hatte, alles von ihm Berührte zu Gold verwandelt zu sehen, Horaz zitieren kann: „pingue sed ingenium mansit". Törichte Gebete verraten 'fetten Geist'. Das Gebet um 'schlanken Geist' kommt schon selbst aus 'schlankem Geist'[175].

Aber ist das Gebet „mache alles fett außer meinem 'Witz'!" tatsächlich ein Gebet um 'schlanken Geist', kann es das überhaupt sein? Otto Seel, unklar zur ersten Frage, verneint die zweite: „Das *ingenium* soll nicht *pingue* sein, also nicht 'fett', 'schwerfällig', 'dumm'; aber es bedeutet auch: Der rechte Sinn wird nicht vom Gott gefordert und gegeben: dafür ist der Mensch selbst verantwortlich!"[176] Für diese Deutung scheint epist. 1,18,111f. zu sprechen: „sed satis est orare Iovem quae ponit et aufert:/ det vitam, det opes: aequum mi animum ipse parabo." Aber im Kontext des Gebets von Satire 2,6 ist eine solche Gegenüberstellung von erbetener Hilfe und Gabe des Gottes mit eigener Leistung des Menschen nicht angemessen. Das Gebet, das hier erbittet, was der Beter zuvor als Voraussetzung in seiner eigenen Haltung in den si-Sätzen genannt hat, ist Gebet an die eigene geistige Kraft aus der eigenen geistigen Kraft, Zuspruch an sich selbst aus der Selbstvergewisserung der Gegenwart und der Erinnerung.

[174] Zu 'ingenium' bei Horaz vgl. c. 2,18,9; c. 3,21,13.

[175] Rudd, Satires, S. 244 meint: „Horace's *Satires* are a product of his *ingenium tenue*, that is why his wit must be kept slim." Dabei ist nicht beachtet, daß Merkur nicht als Dichtergott eingeführt ist und daß die Satire bisher nicht von sich selbst gehandelt hat, das Ich nicht als Satirenschreiber, sondern als Empfänger eines Geschenks und als Betender vorgestellt ist. Der Schritt zur Satirendichtung (als Gegenstand dieses Gedichts) erfolgt erst nach diesem Gebet.

[176] Seel, Sabinisches Glück, S. 44, Anm. 14. Will Seel sagen: 'mache nicht fett' bedeute nicht 'mache schlank', sondern 'laß meine Bemühung um schlanken Geist glücken'?

Die dritte Gebetsbitte klärt, warum Horaz den kallimacheischen Apollo durch Merkur ersetzt hat[177]. 'Steh mir als größter Schützer bei, wie du es gewohnt bist'. Dieses „ut soles" hört sich konkret an, und wir wissen auch tatsächlich von mindestens zwei Fällen der Errettung aus Lebensgefahr, nach der Schlacht bei Philippi[178] und beim stürzenden Baum auf dem Sabinergut. In Oden, die später als diese Satire sind, bekennt sich Horaz von Merkur nach der Schlacht bei Philippi gerettet (c. 2,7,13f.) und vor dem fallenden Baumstamm von Faunus bewahrt, dem „Mercurialium / custos virorum" (c. 2,17, 27–30). Wir fassen in unserem Gedicht das erste Aufkommen jenes in den Oden noch mehrmals erneuerten und variierten Grundmotivs göttlicher Errettung, dankbaren Bewußtseins göttlichen Schutzes[179]. Die eine Differenz, Faunus statt Merkur selbst, ist nicht nur deshalb kein Hinderungsgrund für diese Deutung, weil Faunus gerade 'custos' der Mercurialischen Männer ist, sondern auch, weil Horaz auch sonst, je nach Kontext, die rettenden Götter austauscht[180]. Der Retter und Schützer Merkur ist der Hermes λόγιος, nicht ein Gott spezifisch der Dichtung, sondern das Symbol der Sinnhaftigkeit von Wort, Rede, Geist ('ingenium').

Mit diesem Gebet an Merkur, der auffälligsten unter den o. S. 57 genannten Besonderheiten des Gedichts, sind wir offenbar an einen Grenzpunkt horazischer Sermonendichtung gekommen. In Satire 2,6 „geschieht etwas, was in allen Kunstgattungen immer wieder begegnet: daß die Krönung und die Sprengung der Gattung in eins fallen"[181].

Worum es in diesem Gebet geht, macht man sich klar, wenn man beachtet, daß inmitten der geradezu überwältigten Dankbarkeit den Göttern gegenüber Versuchungen abgewehrt werden, nämlich die, eine eingekrümmt verlaufene Grenze begradigt zu sehen oder einen Schatzfund herbeizuwünschen. Wenn ich unterstelle, daß wir darüber einen Moment befremdet sind, daß Horaz im Dank für eine so große Gabe, den er den

177 Vgl. Seel, Sabinisches Glück, S. 37ff.; wichtig dort auch der Hinweis auf Hipponax (S. 44).

178 Vgl. Schmidt, Philippi, S. 390.

179 Vgl. Schmidt, Lyrische Wirklichkeit; dens., Date of c. 2,13.

180 Vgl. bes. c. 3,8 (Opfer an Liber für Errettung vom fallenden Baum) und Schmidt, Lyrische Wirklichkeit, S. 526.

181 Seel, Sabinisches Glück, S. 25; vgl. S. 88.

Göttern darbringt und auch den menschlichen Geber, Maecenas, als Leser wissen läßt, an dem Geschenk, wenn auch nur in Gedanken, herummäkelt, ein Zurückbleiben hinter möglichen Wünschbarkeiten bemerkt und das Mehrhabenwollen ausdrücklich in sich niederkämpfen muß, dann sind wir in solcher Artikulation unserer Menschen- und Selbstkenntnis und moralischen Blindheit die geeigneten Adressaten für Horazens Satiren. Denn wir erfahren jetzt - und dies ist die Pointe des Gebets -, daß Zufriedenheit nicht etwas ist, was man einfach so hat, und daß Zufriedenheit, die es nicht in der Form des Mehr oder Weniger, sondern nur als sie selbst, als ihren eigenen Gipfel, gibt, nicht mit der Größe der Gabe wächst - wie wollte man einander korrespondierende Skalen von Graden der Zufriedenheit und Besitzklassen etablieren? Es ist keineswegs so, daß, je größer das Geschenk ist, um so unangefochtener und selbstverständlicher das 'So ist es genug' ('satis est') unsere Reaktion wäre. Horaz selbst hat auch sonst den nahezu unwiderstehlichen Sog des Mehrhabenwollens, des Unbefriedigtseins mit dem Erreichten lebhaft verdeutlicht: „crescentem sequitur cura pecuniam / maiorumque fames" (c. 3,16,17f.) und „multa petentibus / desunt multa" (l.c., v. 42f.). Er sagt also hier, daß man immer wieder um die Zufriedenheit kämpfen und mit Hilfe des Gottes stets aufs neue dafür sorgen müsse, daß das Innere nicht fett und moralisch unsensibel werde. Zufriedenheit und Aneignung des Geschenks sind ein und dasselbe.

Horazens Insistieren auf seiner Zufriedenheit und seine Ablehnung weitergehender Wünsche sind angesichts seiner materiellen Verhältnisse nicht falsch und unaufrichtig im Sinn einer das Landgut verkleinernden Heuchelei. Im Gegenteil: sie tragen das Gepräge psychologischer und moralischer Wahrheit und Wahrhaftigkeit. Sie verraten eine bewunderswerte Selbsterkenntnis und unerschrockene Ehrlichkeit sich selbst gegenüber und ebenso einen erstaunlichen Freimut der Aufrichtigkeit. Da das Gift des Mehrhabenwollens, das den Genuß (die Aneignung) und das Glück zerstören würde, aus unseren falschen Vorstellungen, aus öffentlicher Meinung und üblicher Praxis, aus Torheit, sogleich beim Empfang auch des größten Geschenks in uns eindringt, ist das Erkennen dieser Gefahr, das Eingestehen solcher Versuchungen, sich selbst gegenüber und auch gegenüber dem großzügigen Schenker, als moralische Aufklärung der erste wichtigste Schritt der Glückssicherung. Wie hier werden ausgreifende Wünsche auch in epod. 1,25-30 (vor dem „satis superque" von v. 31) benannt und abgewiesen. Von den Oden sagen Analoges c.2,18 (v. 1-8: nicht vorhandene und nicht gewünschte Reichtümer; v. 9f.: „*ingeni /*

benigna vena"; v. 11–14: „*nihil* supra / *deos* lacesso nec potentem amicum / larg*iora* flagito, / *satis* beatus unicis Sabinis") und c. 3,16 (v. 17–44; v. 43f.: „*bene est* cui *deus* obtulit / parca *quod satis est* manu"). Auch Damasipps Bauvorwurf in sat. 2,3,307–320 gehört hierher; es Großen gleichtun zu wollen, ist ebenfalls Pleonexie; sie zerstört wie den Frosch der Versuch, sich bis zur Größe eines Ochsen aufzublasen.

v. 16f.

ergo ubi me in montes et in arcem ex urbe removi,
quid prius inlustrem saturis Musaque pedestri?

Also sobald ich mich in die Berge und meine Burg aus der Stadt
zurückgezogen habe,
was könnte ich wohl eher mit meinen Satiren und meiner
'fußgängerischen Muse' (Wieland) erklären? (Übers. EAS)

Eine rhetorische Frage: Das nächstliegende Thema für die Satirendichtung ist eben dieser Rückzug aus Rom in die Sabinerberge mit ihrer schützenden Burg. Horaz kündigt nicht das Preisen, das Rühmen[182] des Landguts in den Bergen an, sondern eine Reflexion, ein Beleuchten des 'se removisse in montes'[183]. Es soll nicht um ein Lob des Landlebens gehen, keine 'laus ruris' wird uns in Aussicht gestellt, sondern eine typisch sermonenhafte Erörterung über das Land als Fluchtburg aus der Stadt. Das ist ein gegebenes Thema für die horazische Satire (wobei „saturis" im Kontext dieser Verse nichts Satirisches an sich hat und haben kann[184]), und es wird in der von der 'Musa pedestris' zu erwartenden Weise behandelt werden.

Der Satirendichter ist der Fiktion nach auf seinem Sabinum: „ergo ubi me in montes et in arcem ex urbe removi"[185]. Wo das Gedicht tatsächlich entstanden ist, können wir natürlich nicht wissen. Aber der fiktive

[182] So wird 'illustrare' meist aufgefaßt. Vgl. z. B. K.-H.

[183] Dies letztere so K.-H.

[184] Das übliche Vorurteil bei K.-H., z. St.: Horaz lasse bewußt „den inneren Widerspruch zwischen dem *illustrare* 'verherrlichen', zu dem die Stimmung des Dichters drängt, und der satirischen Gattung" deutlich hervortreten.

[185] Ich verstehe nicht, wie Seel, Sabinisches Glück, S. 75ff. bei seinem Nachdenken über den 'Standort' diese eindeutige Selbstaussage übergehen konnte.

Standort ist für das Verständnis der Satire viel wichtiger. Denn diese erklärt das Sabinum für den gegebenen, den angemessenen, den idealen Ort – nicht um das Landleben zu loben, geschweige als Gegenstand solchen Preisens oder gar als sabinisches Glück, sondern – für die Behandlung oder Erklärung der Stadt-Land-Alternative in einer Satire. Das Sabinum wird in der Fiktion dieser Satire der Ort lebensphilosophischer Reflexion in Satirenform, das Sabinum wird die Bedingung und Voraussetzung der Satire und ihrer moralphilosophischen Betrachtung (und in dieser Weise dann auch wieder Gegenstand des Preisens und Ideal). Das Sabinum, Göttergeschenk in Übererfüllung stillen Betens, das Sabinum, Göttergeschenk als Segnung von Weisheit, Dankbarkeit, Freude, 'schlankem Witz', wird Ursprung und Standort der satirischen Dichtung.

Nach zwei Versen (v. 18f.), die knapp für das Sabinum romtypische Zerstörungskräfte verneinen – keine 'ambitio', die ihn zugrunde richtet, kein tödlicher Scirocco – charakterisiert Horaz in den Versen 20–58 seinen hektischen römischen Alltag in kurzen Szenen mit kurzen hektischen oder nichtssagenden Dialogen. Neben der Zerrissenheit des Tages, den Gefälligkeitspflichten, den Belästigungen, den „aliena negotia centum" (v. 33), sind gerade auch diese Gesprächszitate als Folie für das spätere Gegenbild wichtig, Betriebsamkeit im Vollzug von Alltagsgeschäften, Neugier, small talk. Keine Zeit, keine Ruhe, keine Muße, keine Gelegenheit, Anlaß, Bedürfnis, Kraft für das Nachdenken über Grundfragen des Lebens, blinde πολυπραγμοσύνη. Rom wird satirisch gerichtet, weil es keinen 'sermo' entstehen läßt.

Wie dieser Abschnitt mit „perdit" (v. 18) begann, so endet er mit „perditur" (v. 59).

v. 59

perditur haec inter misero lux non sine votis

Unter solchen Beschäftigungen wird mir Unglücklichem der Tag
zerstört, nicht ohne daß ich bete (Übers. EAS)

Und es kommen die 'vota' von v. 1 wieder: Wie einst das Wunschbild Land die Gebete ausmachte, als der Sermonenautor das Gut noch nicht hatte, so jetzt das Sehnsuchtsbild, wenn er von ihm getrennt ist.

v. 59f.

non sine votis:
o rus, quando ego te aspiciam

Der Ort, wo dies gesprochen wird, ist Rom; der Ort, wo dies erinnert wird, ist das Sabinum. Auf dem Sabinum (der poetischen Fiktion nach) wird die Sehnsucht des im römischen Alltag Unglücklichen und Verzweifelnden ins Gedächtnis gerufen und vergegenwärtigt: das Verlieren wieder eines Tages, das Elendsein: 'lux perditur', 'miser'. Die Opposita wären: 'beatus' und 'dies carpitur'.

v. 60–62

o rus, quando ego te aspiciam quandoque licebit
nunc veterum libris, nunc somno et inertibus horis
ducere sollicitae iucunda oblivia vitae?

Ländliche Flur, wann werd' ich dich schaun? wann darf ich von neuem
Bald aus der Vorwelt Schriften und bald aus verträumeten Stunden
Schöpfen nach Lebenstumult friedsamer Vergessenheit Labsal?

v. 65–67

o noctes cenaeque deum, quibus ipse meique
ante Larem proprium vescor vernasque procacis
pasco libatis dapibus.

O, ihr Nächte und Göttermähler, die ich, ich selbst und die meinen,
vor dem eigenen Lar genieße und mit denen ich die frechen Haussklaven
nach dem Speiseopfer (für die Penaten) nähre. (Übers. EAS)

'Göttermähler' sind Bohnen und Kohl mit Speck (v. 63f.)[186] im Kreis der 'coloni' und 'servi' des Gutes, wiewohl es Rom ist, wo Horaz 'näheren Kontakt mit den Göttern' hat (v. 52: „deos ... propius contingis").

v. 70–76

ergo
sermo oritur, non de villis domibusve alienis,
nec male necne Lepos saltet; sed quod magis ad nos
pertinet et nescire malum est, agitamus, utrumne

[186] Wahrlich 'Göttermähler', wenn die Bohne, 'die Verwandte des Pythagoras' (v.63), der ein Gott war, verzehrt wird; in „cenaeque deum", v. 65, erhält der Genitiv so die komische Nebenfunktion wenn nicht eines Obiectivus – 'cenare deos' 'Götter speisen' – so doch eines Definitivus.

divitiis homines an sint virtute beati,
quidve ad amicitias, usus rectumne, trahat nos
et quae sit natura boni summumque quid eius.

Also
Hebt sich Gespräch, niemals von anderer Höfen und Häusern,
Noch ob übel, ob gut ein Lepos tanze; was mehr uns
Angeht, was nicht wissen ein Schad' ist, machen wir aus: ob
Reichtum etwa die Menschen beselige, oder ob Tugend;
Was zu der Freunschaft führ', ob Nutz, ob biedre Gesinnung;
Auch was sei des Guten Natur, und das höchste des Guten.

In diesem Abschnitt sind die Signale zu beachten, die ihn in explizite Opposition zur Charakteristik des hauptstädtischen Alltags setzen: verneintes „alienis" (v. 71) verweist auf „aliena negotia centum" (v. 33), die verneinte Frage nach den Tanzkünsten eines Lepos auf das Interesse am Vergleich des Gladiators Gallina mit einem anderen bzw. am Ausgang ihres Zweikampfes (v. 44). Dem „alienis" antwortet „quod magis ad nos / pertinet" (v. 72f.), dem „male" von Lepos' Tanzkünsten das wirkliche „malum" und das wirkliche „bonum" in v. 73 und 76.

Auch „ergo" verdient unsere Aufmerksamkeit: es bedeutet: 'als Folge der Schlichtheit und Natürlichkeit des Mahls'. Das Abendessen mit seinen freien natürlichen Trinksitten - statt ‚leges insanae' (v. 69) das natürliche Bedürfnis („prout cuique libido est", v. 67), statt νόμος und Konvention als Zwang hier φύσις und Freiheit, d. h. das Bedürfnis entsprechend der eigenen Natur -, mit dem einfachen Essen, dem Opfer, der vertrauten Runde, der abendlich- nächtlichen Muße und Gelöstheit - dieses Mahl im Sabinerhaus führt zu ernsthaften richtigen Gesprächen. Hier wiederholt sich die zu v. 16f. herausgestellte Struktur: Das Sabinum als Bedingung, Ursprung und Standort der Satire im ganzen dort wird hier in der Weise erneuert, daß die Abendmähler auf dem Sabinum Voraussetzung und Gelegenheit für die Erörterung lebensphilosophischer Grundfragen in Sermonenform bilden, daß sie das Ideal, das Modell darstellen für die Atmosphäre, Gestimmtheit, moralische Haltung und Muße, denen das Denken und Gestalten der horazischen Satire im Sinn von 'sermones' über Lebensfragen entspringt. Was der hauptstädtische Alltag mit seiner Hektik und Zerrissenheit und Fremdbestimmtheit verhindert, gewährt der sabinische Abend.

Der Spezifizierung des 'rus Sabinum' zu den „noctes cenaeque" läuft entgegen die Verallgemeinerung des Themas der ganzen Satire, des Rückzugs aus Rom in die Burg der Sabinerberge, zu 'Fragen, die uns betreffen', zu lebenspraktischen Grundfragen. Es sind durchaus die „vielumstrittenen Themata der Schulstreitigkeiten"[187], äußere Güter und sittlicher Wert in ihrer Bedeutung für das Glück, Vorteil oder sittlicher Wert als Grund der Freundschaft; was ist eigentlich das Gute, bzw. was ist das höchste Gut und der Ursprung des Gutseins aller Güter? Aber diese Schulfragen werden im „sermo" (v. 71) des Nachtischgesprächs verhandelt und d. h. nicht nur allein im Stil und der Denkweise von einfachen Bauern und als Unterhaltung im vertrauten Kreis, sondern eben damit als 'sermo', als horazische Satire, dialogisch, diatribisch, anekdotenhaft, konkret statt abstrakt.

Es folgt, wie in der römischen Satire von Ennius an zu beobachten ist, eine Fabel (αἶνος, 'fabula'), die Fabel von der Stadt- und Landmaus. Der Nachbar Cervius, zu den „mei" (v. 65) gehörend, also einer von Horazens fünf Pächtern, plaudert sie geschwätzig wie andere Altweibermärlein daher, doch „ex re", 'zum Thema':

v. 77f.

Cervius haec inter vicinus garrit anilis
ex re fabellas.

„haec inter" wie in v. 59. Diese Fabel reicht von v. 79 bis zum Schluß der Satire (v. 117), die also nicht mehr zur Gelegenheit selbst zurückkehrt.

Die Verallgemeinerung der Sabinum-Rom-Spannung zu generellen Lebensfragen in den 'sermones' nach Tisch in Horazens sabinischer Villa wird hier in doppelter Weise scheinbar wieder zurückgenommen. Erstens geht es um Stadt und Land, zweitens um Mahlzeiten, nämlich um Bewirtung von Freund und Gastfreund: „veterem vetus hospes amicum (sc. accepisse fertur)" (v. 81; vgl. v. 107), um den Gast (v. 111: 'conviva' wie v. 68), um den Vergleich von Speisen (v. 83ff.; v. 104ff.) und Bewirtungsweise zwischen dem für sich selbst bescheidenen, dem Gast gegenüber großzügigen und sich geradezu aufopfernden Hausvater („pater ipse domus", v. 88) und dem nach Sklavenart aufwartenden und dabei naschenden städtischen Gastgeber (v. 107–109). Das einfache Abendessen unter Freunden auf

[187] K.-H.

dem Sabinergut in Opposition zu städtischem Luxus wird zum Thema eines lebenspraktischen Sermo bei dem Abendessen auf dem Sabinum, spezifische sermonentypische Illustration moral-philosophischen Engagements.

Zur Deutung der Fabel liest man nach N.& H.2, S. 290 ("clearly directed at Maecenas") bei Seeck, Das Satirische bei Horaz, S. 546: „Kein Leser konnte zweifeln, daß (Horaz) mit der Landmaus sich selbst meinte, dann aber bedurfte es keines Scharfsinns, um zu erraten, wer die Stadtmaus war. Der große Maecenas als Maus?[188] Man kann sich vorstellen, wie darauf ein Schmunzeln durch die Runde der Freunde ging. Schade, daß wir nicht wissen, was für ein Gesicht Maecenas zog." Lassen wir den Gesichtsausdruck des Maecenas beim Lesen des Horaz, da er nicht Gegenstand philologischer Texthermeneutik ist; es bedarf in der Tat keines Scharfsinns: der wäre sogar eher störend dabei, zu einer solchen Deutung zu gelangen. Denn schon mit wenig Scharfsinn würde man erkennen, daß die Gleichsetzung der Stadtmaus mit Maecenas ein Rückfall in antike Allegorese ist, die beliebige Verbindungen herstellte - z. B.: wenn Corydon in Ekloge 2 Vergil ist, dann ist der schöne Knabe Alexis Octavian -, ohne die Gedichtstruktur und den Gedichtzusammenhang zu beachten und dem Prinzip der Konsistenz der Erklärung verpflichtet zu sein. Macht denn Maecenas dem Horaz gegenüber sein eigenes Geschenk schlecht, sollte er ihn denn zur Aufgabe des vor wenigen Jahren geschenkten Landguts bewegen wollen?

Die Ursachen des fatalen Fehlurteils sind zu analysieren und hermeneutisch zu heilen. Das πρῶτον ψεῦδος ist zweifellos das Axiom, die horazische Satire sei generell satirisch[189] und der Gegenstand satirischen Spotts müsse eine Person sein. Bereits die obige Interpretation von sat. 2,6 hat gezeigt, daß darin ein altes Vorurteil wirkt. Die zweite irreführende Vorannahme besteht darin, die Satire als ein Gedicht an Maecenas zu lesen, weil er der Schenker des Landguts ist und epist. 1,7, vor allem die Fabel von Philippus und Volteius als angeblich „evident" verwandt[190], hereinwirkt. Wenn die Landmaus etwas mit Horaz auf seinem Sabinum zu tun hat, so

[188] So auch Holzberg, Stadt- und Landmaus, S. 236f.

[189] Vgl. Gustav Adolf Seeck, Die römische Satire und der Begriff des Satirischen, Antike und Abendland 37 (1991), S. 1-21; dazu Schmidt, Lachen in Satire.

[190] So argumentiert Holzberg, a.O., S. 237 mit Anm. 22.

würde dies Maecenas nur dann mit der Stadtmaus verbinden, wenn diese die Schenkerin des Loches am Waldhang (v. 80f., 90f. und 116) an die Waldmaus und ihre Patronin wäre, die ihr als ehemaliger Stadtmaus den zeitweiligen Landaufenthalt (und d. h. durchaus in Fortführung auch der Stadtexistenz) ermöglicht hätte, und wenn Maecenas als Schmarotzer in Rom lebte und das Gedicht der Problematik 'Poet und Patron'[191] gölte. Wir haben gesehen, daß das nicht der Fall ist.

Die Fabel wird anläßlich des folgenden Gesprächsbeitrags eingeführt:

v. 78f.

siquis nam laudat Arelli
sollicitas ignarus opes

Wenn wer des Arellius Reichtum,
seiner Beschwerd' unkundig, erhebt

Das Leben der Stadtmaus steht für die Unruhe und Unrast und Sorge, die großer Besitz verursacht. Unwissenheit und Ahnungslosigkeit („ignarus") hinsichtlich 'divitiae' und 'beatus'-Sein (v. 74) werden aufgeklärt und liebenswürdig-gewinnend belehrt. Arellius und die Stadtmaus sind Variationen der Verse 20–58, der Unruhe und Hast des römischen Alltags.

Fabeltiere und -menschen müssen und können nicht immer auf Personen, geschweige im Kontext nicht genannte, bezogen werden. In epist. 1,10,34–38, der Fabel von Hirsch, Pferd und Reiter, ist der Hirsch der abhängige Mensch (nicht Aristius Fuscus), der Reiter der Herr (v. 40) dieses Menschen, also dessen Abhängigkeit von den Dingen und Verhältnissen ('se rebus subiungere', epist. 1,1,19), besonders vom Reichtum. In unserer Satire ist die Landmaus nicht Horaz (der weiterhin auch in Rom lebt, wie er selber sagt) und die Stadtmaus nicht Maecenas, sondern Vertreterin einer von der Landmaus schließlich abgewehrten Versuchung.

Fabeln sind nicht Allegorien, die etwas verschlüsseln und deshalb entschlüsselt werden müssen; sie sind narrative Strukturen, die gedeutet werden wollen. Fabelallegorese, die, etwa im Sinn der 'bukolischen Maskerade', davon ausgeht, daß die Fabeltiere Personen mit Tiermasken seien und also demaskiert werden müßten, mißachtet Text und Kontext und fällt der Beliebigkeit anheim. In unserem Fall sollen hinter den 'ridiculus-mus-Masken' Maecenas und Horaz stecken und, nach Abreißen der 'mus'-

[191] "Poet and Patron" heißt in Rudds Buch "The Satires of Horace" das Kapitel über Satire 2,6.

Maske, als 'ridiculus' (wenigstens Maecenas) dastehen. Eine solche Schmunzelgeschichte, ein solcher Ridikulismus zerstört das poetische Wunder dieses Gedichts.

Meine Gesamtdeutung steht der von David West nahe, der in Stadt- und Landmaus zwei Seiten der *persona* des Dichters verkörpert sieht[192]. Zu beachten ist, daß der Bauer Cervius die Geschichte erzählt, der, auch abgesehen vom Apropos des Reichtums von Arellius, keinen Anlaß hatte, Maecenas satirisch zu verspotten. Seine Geschichte steht im Zusammenhang mit den Grundfragen der Lebensführung von v. 72–76: „haec inter" (v. 77). Indem sie von Mäusen erzählt, deren Existenz und Glück ausschließlicher, als das für den Menschen der Fall ist, an Essen und physischer Lebenssicherheit hängt, kann die Fabel auf natürliche Weise zur Problematik Stadt-Land zurückkehren und erweist diese Opposition dadurch als Synekdoche für ein ganzes Bündel lebensphilosophischer Alternativen. Da zudem in der Fabel 'die Stadt' nicht eine Mäusestadt ist, sondern die der Menschen und geradezu synonym mit 'Menschen' (v. 92: „homines urbemque"), betrachtet als den 'wilden Wäldern' (l.c.) entgegengesetzt, erscheint das Landleben der Landmaus von vornherein 'natürlicher' als das Stadtleben der Stadtmaus in Palästen reicher Männer (Römer), oder, anders gesagt: die Perversität und Unnatürlichkeit des Stadtlebens hat im Fall der Stadtmaus (in der Menschenstadt) eine größere Evidenz als bei den Menschen.

Die Fabel von der Land- und der Stadtmaus ist nicht allein eine Illustration der Stadt-Land-Alternative, sondern auch der Beitrag eines alten Pächters des Gutsherrn Horaz zu lebensphilosophischen Gesprächen nach einfachen ländlichen Abendmahlzeiten in der Villa des Herrn. Diese Gespräche am Abend im Gutshaus sind eine Dublette zu Horazens Satiren. Das Sabinum, Symbol horazischer Zufriedenheit, wird so zur Voraussetzung, zum Ursprung, zum geistigen Standort seiner Sermonendichtung. Kann ein beschenkter Dichter dankbarer sein als in solchem Bekenntnis?

Horaz läßt Cervius also die Thematik des ganzen Gedichts noch einmal in anderer Form wiederholen. Seine Fabel gilt der Stadtmaus in uns, in Cervius, in Horaz, in Maecenas, in Philologen und anderen Lesern.

[192] David West, Of Mice and Men: Horace, Satires II 6,77–117. In: T. Woodman/D. West (edd.), Quality and Pleasure in Latin Poetry, Cambridge 1974, S. 67–80; hier: S. 78. Dazu Holzberg, Stadt- und Landmaus, S. 237, Anm. 22: „unhaltbare These".

Der letzte Satz der Satire faßt einige ihrer Motive noch einmal zusammen:

v. 116f.

me silva cavosque
tutus ab insidiis tenui solabitur ervo.

mein Höhlchen im Bergwald
Wird, Nachstellungen sicher, bei ärmlichen Wicken mich trösten.

Die Wicke vertritt die Mahlzeiten der Landmaus und die Abendmähler auf dem Sabinum, wenn Horaz dort ist. Wald und sichere Höhle greifen v. 80f., „paupere ... cavo", und 91, „praerupti nemoris ... dorso", ebenso auf wie Horazens 'Berge und Burg' (v. 16), wenn es ihm vergönnt ist, sich in sein Sabinum zurückzuziehen.

Mit der Bedrohung durch die Molosserhunde im städtischen Palast (v. 114f.) und der Sicherheit vor Nachstellungen in Wald und Höhle ist zugleich ein Motiv ertönt, mit dem dieser späte Sermo eine Grundmelodie der Oden vorwegnimmt und zu ihnen den Übergang vermittelt.

In sat. 2,6, „Hoc erat in votis", wird das Sabinum als Geschenk Exempel einer Philosophie der Dankbarkeit. Die Dankbarkeit wiederum vertritt exemplarisch die Zufriedenheit. Das Sabinum als Symbol der Zufriedenheit erweist seinen Sinn und Lebenswert als Ort und Gelegenheit lebensphilosophischer Reflexion. Die sittliche Haltung des Satirenschreibers und das Leben auf dem Sabinum werden identisch. Zufriedenheit ist Voraussetzung und Ziel des Sermo, indem Zufriedenheit und Dankbarkeit nicht ein für allemal erreicht sind, sondern stets neu gewonnen und befestigt werden müssen.

2 Zufriedenheit: Die Größe von Landhaus und Gut und die Bescheidenheit des Horaz

Bevor wir uns dem Themenwechsel bzw. der lyrischen Variation des horazischen Grundthemas zuwenden, soll die Frage nach der „Aufrichtigkeit" (wie der traditionelle Terminus lautet) und der Moral des Horaz im Zusammenhang mit dem Sabinum gestellt werden. Zwar betrifft dieses Problem alle drei Gattungen, aber es bietet sich doch insbesondere von der Thematik der Zufriedenheit her und also bei den Satiren an.

„Satis"/„sat" ist eine horazische Konstante. Es ist im ersten Satirenbuch 12mal belegt, im zweiten 8mal (in 2113 Versen also 20mal, d. h. 1mal auf 105 Verse), in den Epoden 1mal (auf 625 Verse), nämlich in epod. 1,31, in den Odenbüchern I–III 10mal (d. h., bei 2462 Versen, 1mal auf 246 Verse) und im ersten Epistelbuch 10mal (d. h., bei 1006 Versen, 1mal auf 100 Verse). Von „satur" gibt es je einen Beleg im ersten Satiren- und im ersten Briefbuch (sat. 1,1,119; epist. 1,7,35). Das Grundthema der Genüge und des Maßes wird in den Satiren mehr als in den Oden und Episteln von der Pleonexie, dem Neid, der Habsucht, der Mempsimoiria als den spezifischen Verfehlungen her betrachtet und auf die Haltung der Zufriedenheit hin ausgerichtet. So ist „contentus ein [...] Schlüsselwort" „in der [...] ersten Satire"[193] und enthalten die beiden Satirenbücher 8 Belege von 'contentus' (also 1 Beleg auf 264 Verse), während das erste Epistelbuch keinen aufweist. Auch das Motiv des Essens im zweiten Satirenbuch[194] unterstreicht diese Orientierung: am Essen lassen sich Maß, Genüge, Angemessenheit eher im Blick auf Zufriedenheit und Bescheidung gegenüber Gier und Unersättlichkeit durchspielen als im Kontext von Friedlichkeit und Sanftheit, Streit und Gewalt (Oden) oder Freiheit und Selbstbestimmung gegenüber Knechtschaft und Abhängigkeit (Episteln).

Zufriedenheit und Bescheidung sind von der Größe der je verfügbaren Güter unabhängig, wie wir gezeigt haben. Die Frage nach Horazens Aufrichtigkeit und Zweifel an seiner Moral können von dem Wert der Villa her nicht beantwortet werden. Oberhalb gesicherter Subsistenz ist Zufriedenheit eine universelle Tugend, und es spricht manches für Horazens Diagnose, daß Zufriedenheit bei steigendem Wohlstand schwieriger wird. Dies ist eine Aussage zu individueller Moral; d. h. sie kann nicht als Argument gegen den sog. Sozialneid eingesetzt werden, denn das ist ein Kampfbegriff, der immer nur gegen andere und immer sozial Benachteiligte herangezogen wird.

Nun bezeichnet sich Horaz in c. 2,18,10 als 'pauper'. Diese Aussage ist zunächst durch c. 3,16,37, „inportuna tamen pauperies abest" zu ergänzen und zugleich in das Licht von epod. 1,32 zu stellen: der Dichter betrachtet sich als von Maecenas reich gemacht („ditavit"). Trennen wir bei Tibull, von

193 Vgl. von Albrecht, Horaz. In: Adamietz (ed.), Satire, S. 163.

194 Vgl. a.O., S. 148 und o.S. 57.

dessen Reichtum Horaz in epist. 1,4,7 spricht, einmal die historische Person von dem Ich seiner Elegien, so bleibt doch der Befund, daß seine „paupertas" (1,1,5) den Liebenden nicht hindert, sich seine Geliebte als Herrin über ein Gut und Sklaven vorzustellen (1,5,25f. und 29). 'Paupertas' darf nicht im Vergleich mit den Bedürftigen und Notleidenden aufgefaßt werden, sondern, als bescheidener Besitz, in Gegenüberstellung mit den Besitzungen derer, in deren Kreis Horaz verkehrte[195]. Es sind auch gerade Luxusvillen und Latifundien, denen der Dichter sein Sabinum als klein und bescheiden gegenüberstellt[196]. Seine Aussagen sind hier angemessen und zutreffend, ganz abgesehen davon, daß die Gegenüberstellung von (nur) einer Villa und einem Landgut mit einer Mehrzahl noch hinzukommt.

Berechtigt die Größe von Haus und Gut auch zu Diminutiven? Ich lasse die Frage offen, weil ihre Beantwortung kaum ohne das subjektive Hereinspielen von Sympathie oder Antipathie möglich ist, mache aber darauf aufmerksam, daß die Diminutive zum Teil nicht solche der Verkleinerung, sondern der Vertrautheit und zärtlichen Nähe sind, so wie die großen Augen der kuhäugigen (βοῶπις) Clodia bei Catull die 'ocelli' seiner 'puella' sind (c. 3,17f.) - hierher ist „mihi me reddentis agelli" (epist. 1,14,1) zu ziehen -, und sich zum Teil im Kontext der Sprache des Ungenügens, des Mehrhabenwollens finden, also gerade kritisch-ablehnend gebraucht sind (vgl. sat. 2,6,8f.).

Wir müssen schließlich bedenken, daß alle Informationen, aus denen wir uns den Charakter und die Größe des Gutes illustrieren und berechnen, mit Ausnahme der Maße und der Anlage des Landhauses, aus Horazens Gedichten selbst stammen. Er hat nichts versteckt und wird, wegen seiner Ehrlichkeit, Angeklagter eines Unaufrichtigkeitsverfahrens, so wie der tapfere Freimut im Bekenntnis des Schildverlusts in c. 2,7, d. h. die Selbstanklage wegen Feigheit[197], Philologengenerationen in den Stand setzt, als Richter für das Schlachtfeld von Philippi jenes 'dulce et decorum' einzufordern, das sie zu Recht sonst beklagen. Horaz wußte, daß er nicht vollkommen, daß er nicht weise war.

[195] Vgl. Coarelli, Lazio, S. 112: 'im Vergleich mit den Gütern von Senatoren bescheiden, wenn auch gewiß nicht unbeachtlich'.

[196] Vgl. epod. 1,25-30; c. 2,16,33-40; c. 2,18,1-8; c. 3,1,41-48; c. 3,16,26f. 31-36.

[197] Vgl. Schmidt, Philippi, S. 383-391.

Horazens Landhaus selbst war keineswegs ärmlich, aber von der Anlage her wesentlich bescheidener als z. B. die Villa dei Papiri in Herculaneum (deren Peristyl nur um etwa ein Fünftel größer als der Xystus mit Cryptoporticus des Sabinum, deren Wohntrakt jedoch zweieinhalb mal so groß war), wie der vergleichende Blick auf die Grundrißpläne lehrt. Die Schönheit der Landschaft, in Horazens Sabinumdichtungen und von uns beim Besuch im Licenzatal empfunden, steigert für uns den Wert des Landguts, wie sie es für Horaz tat. Aber das abgelegene Waldtal hatte in den Augen der Zeitgenossen seine ästhetische Rechtfertigung noch nicht erfahren; das war erst und gerade die Leistung des Dichters, der an ihm und an sich nicht allein ethisch arbeitete, unter dem Beistand hellenistischer Lebensphilosophie, sondern der es sich auch als schön 'zurechtlegte', es mithilfe idealer Landschaften der Poesie idealisierte und dadurch seine Schönheit zur Sichtbarkeit befreite.

Zuletzt liegt dem Zweifel an Horazens Bescheidenheit und Bescheidung jenes moralische Ideal in einem Winkel unseres Herzens zugrunde, das der Heilige Franziskus repräsentiert: Askese oder Bedürfnislosigkeit und soziales Engagement. Nach solchem Sittengesetz wird zu Recht der Stab über den Dichter gebrochen (wenn wir auch kaum ihn dafür verantwortlich machen können, daß wir selbst jenes Ideal nicht leben), ohne daß allerdings obendrein die Diskrepanz von Wort und Tat zu richten wäre. Horaz hat nie kynische Bedürfnislosigkeit gelehrt. Sein moralisches Ideal ist nicht Askese und Verzicht, als um ihrer selbst willen zu erstrebende Lebenshaltung. Im Gegenteil: er lehrt die Kunst des Genießens. Und zu dieser Kunst des Genießens gehört neben der Bereitschaft zum Fahrenlassen der Verzicht auf das Unverfügbare, das Fehlende, das Nichtvorhandene, das Künftige, das bloß zu Erhoffende oder zu Erwartende. So ist also Horaz auch nicht eigentlich bescheiden, sondern der sich jeweils, aus Glückskalkül, Bescheidende. (All dies ist als Aussage über die horazische Dichtung gemeint, nicht über die Lebensführung, die wir nicht ebenso lückenlos kennen und zu der wir allenfalls im Zusammenhang mit dem Sabinum etwas sagen können). Das Sabinum erfordert in keiner Hinsicht Retouchen an diesem Bild.

B Der Zyklus der Sabinum-Oden

1 Die Anordnung der lyrischen Sabinum-Gedichte Ihr Grundthema: Friedlichkeit

Die Odenedition des Jahres 23 v. Chr. besteht aus drei Büchern mit 38, 20 und 30 Gedichten. Jedes Buch beginnt mit einem Gedichtzyklus je verschiedener Struktur, Buch 1 mit einem die Leser und insbesondere Maecenas, dem die Sammlung gewidmet ist – „Maecenas" im Vokativ ist das erste Wort der Ausgabe – durch lesbische Metren- und lyrische Formenvielfalt 'polyhymnisch' 'erfreuenden' und die lyrische Kompetenz seines Dichters gerade auch formal demonstrierenden Gedichtkatalog von 12 Oden (vgl. c. 1, 1,32–36: tibia, Lesbous barbitos, Euterpe, Polyhymnia), Buch 2 mit dem alternierend aus Gedichten in alkäischen und sapphischen Strophen und am Schluß einer Ode in einem asklepiadeischen Maß bestehenden Lebenskreise-Zyklus, in dem zugleich die insgesamt 12 Oden in thematischen Gedichtpaaren ringkompositorisch angeordnet sind, derart daß zwei Freundschaftsoden (c. 2,6 und 7) die innerste Gruppe und die 'Sphragis' „vatis amici" den Mittelpunkt bildet (c. 2,6,24), Buch 3 mit dem metrisch (alkäische Strophen) und thematisch geschlossenen Block der sechs Römeroden. Die für ein augusteisches Gedichtbuch merkwürdige Anzahl von 38 Gedichten im ersten Buch ergibt sich aus der Verbindung der beiden kompositorischen Intentionen, nämlich einerseits jedes Buch mit einem Zyklus zu eröffnen, andererseits den konzentrischen Zyklus im mittleren Buch in die Mitte der Ausgabe zu stellen. Den auf den Zyklus c. 2,1–12 folgenden 38 Gedichten c. 2,13–20 (= 8 Oden) und c. 3,1–30 entsprechen die vorangehenden Stücke des ersten Buches.

Maecenas ist in c. 1,1, in c. 2,20, dem Schlußgedicht des zweiten Buches, und in c. 3,29, der Vorschlußode des dritten Buches, angeredet. Im ersten und im dritten Buch wird darüber hinaus jeweils die zweite Buchhälfte mit einem Gedicht an Maecenas eröffnet; das sind die Oden 1,20 (das Buch hat 38 = 2x19 Gedichte) und 3,16. Beide Gedichte sind durch das Sabinum geprägt. C. 1,20, „Vile potabis modicis Sabinum / cantharis", stellt in einem Einladungsgedicht selbstgekelterten Sabinerwein edlen süditalienischen Weinen gegenüber, Synekdoche einer Lebensform von Einfachheit, Maß und Selbstbestimmung (vilis, modicus, ipse) gegenüber Reichtum, Ruhm und Kostbarkeiten. C. 3,16, das wie c. 1,20 Maecenas als 'eques' tituliert (so nur diese beiden Oden – während die Rahmengedichte der Ausgabe, c. 1,1 und c. 3,29, die Abstammung von Königen zur Anrede fügen), stellt der Macht und Gefahr des Goldes Einfachheit, Schönheit und Segen des Sabinums gegenüber (v. 21–44).

Die beiden wichtigsten Sabinumgedichte des ersten Buches stehen in der Nachbarschaft der genannten Einladung an Maecenas (c. 1,20), nämlich um zwei Gedichte getrennt vorher die Ode „Velox amoenum saepe Lucretilem" (c. 1,17) und nach nur einem Zwischengedicht die Ode „Integer vitae scelerisque purus" (c. 1,22). Die beiden wichtigsten Sabinumgedichte des dritten Buches stehen in der Nachbarschaft der bezeichneten Ode 3,16 an Maecenas, nämlich um zwei Gedichte von dieser gesperrt vorher die Ode „O fons Bandusiae" (c. 3,13) und nach nur einem Zwischengedicht die Ode „Faune, Nympharum fugientum amator" (c. 3,18). Diese Gruppierung von vier Sabinumgedichten um zwei Oden mit Maecenasanreden, die auch ihrerseits das Sabinummotiv enthalten, und ihre symmetrische Anordnung in dem Sinn, daß in beiden Gedichtbüchern jeweils die drittletzte Ode der ersten Hälfte und die dritte der zweiten Hälfte ein Sabinumgedicht ist (Buch 1: 19,18,*17*; 20,21,*22*; Buch 3: 15,14,*13*; 16,17,*18*), wird man kaum für Zufall halten wollen.

Der Befund in Buch 2 ist verschieden, spricht aber wieder auch schon für sich allein und stützt zugleich das Urteil kompositorischer Absicht in den Büchern 1 und 3. Nach dem Lebenskreisezyklus, dessen letzte Ode Maecenas anredet (c. 2,12,11), folgt mit c. 2,13, „Ille et nefasto te posuit die", Horazens früheste Sabinum-Ode (vgl. u.). Als Gedicht über den Schrecken knappen Entrinnens aus Todesgefahr korrespondiert c. 2,13 mit dem Schlußgedicht des Buches (c. 2,20), der an Maecenas gerichteten Ode von der Überwindung des Todes durch den Dichter. Das Gedicht 2,18, „Non ebur neque aureum", geht vom Sabinum aus, ist in seinem ersten Drittel (bis v. 14: „satis beatus unicis Sabinis") ganz von diesem bestimmt und stellt die folgenden Strophen vor den Hintergrund von Sabinum und Ich. Zur Position dieser beiden Sabinum-Oden 2,13 und 18 beobachten wir einerseits, daß sie die gleichen Nummern wie die Sabinumgedichte des dritten Buches haben, andererseits, daß sie beide in der zweiten Buchhälfte stehen und zwar als deren drittes und drittletztes Gedicht

(11,12,*13* - 20,19,*18*), also dem Befund in den Odenbüchern 1 und 3 vergleichbar. Voneinander sind sie durch vier Gedichte getrennt, genauso, wie es in den beiden anderen Büchern der Fall ist: vier Zwischengedichte zwischen c. 1,17 und 22 sowie zwischen c. 3,13 und 18. Zur Stellung in Relation zu Gedichten mit Maecenasanreden fällt uns, im Blick auf c. 2,20, auf, daß c. 2,18 um den Abstand eines Zwischengedichtes (c. 2,19) von ihm entfernt ist, in Analogie zu Buch 1 (c. 1,21) und 3 (c. 3,17). Darüber hinaus liegt in beiden Fällen die unmittelbare Folge von Maecenasgedichten und Sabinum-Oden vor: c. 2,12/13 (Maecenas/Sabinum) und c. 2,17/18 (Maecenas/Sabinum).

Alle diese Beobachtungen erlauben zwei Schlüsse:

1. Die Gedichtanordnung bestätigt, daß Maecenas der Schenker des Sabinums ist[198].
2. Die kunstvoll identische oder analoge relative Placierung der Sabinumgedichte in den drei Odenbüchern erweist ihren Zusammenhang als den eines Gedichtzyklus in der Weise, wie man bei Catull und Martial von Gedichtzyklen spricht[199]. Daher betrachte ich die sechs Oden 1,17; 1,22; 2,13; 2,18; 3,13; 3,18, je zwei in jedem Odenbuch, als Horazens Zyklus der Sabinum-Oden, um welchen Kern sich Passagen in anderen Gedichten, zumal in Oden, die Maecenas anreden, gruppieren lassen (vgl. bes. aus c. 1,20; c. 2,17; c. 3,8; c. 3,16; c. 3,29).

Die Ode, mit der Horaz nach dem zentralen Lebenskreisezyklus c. 2, 1-12 (und dem Maecenasgedicht c. 2,12) den zweiten Teil des zweiten Buches und gleichsam die zweite Hälfte seiner Lyrikausgabe eröffnet, ist sein frühestes, auf das Jahr 33 v. Chr. zu datierendes lyrisches Sabinumgedicht, darüber hinaus wohl auch seine erste alkäische Ode[200]. Und sogleich ist mit ihr der Grundton der lyrischen Sabinumgedichte angeschlagen, aus der Negation heraus entwickelt. Ein stürzender Baum auf dem Sabinum (c. 2,13,10: „agro . . . meo") hat den Dichter beinah erschlagen: Gewalt und Gefahr, Schutzlosigkeit im Sabiner Tal. Indem diese Ode Schrecken, Angst und Empörung musisch verarbeitet, wird sie der Keim aller jener poe-

[198] Vgl. o. S. 13 mit Anm. 3.

[199] Vgl. Karl Barwick, Zyklen bei Martial und in den kleinen Gedichten des Catull, Philol. 102 (1958), S. 284-318; Ernst A. Schmidt, Catulls Anordnung seiner Gedichte, Philol. 117 (1973), S. 215-242.

[200] Vgl. Schmidt, Date of c. 2,13.

tischen Metamorphosen, die Rettung und Schutz des musischen Menschen umkreisen[201] und die die lyrische Wirklichkeit des sabinischen Tals als musischen Raum von Gewaltlosigkeit, Schutz, Frieden, Freundlichkeit und Sanftheit gestalten.

Von dem Davongekommensein spricht, nun schon im Sinn der Rettung durch Faunus, des „Mercuralium custos virorum" (c. 2,17,29f.), der Schluß des an Maecenas gerichteten Gedichts 2,17 (vgl. v. 27–32, mit der Ankündigung des Opfers eines weiblichen Lammes: „nos humilem feriemus agnam"), unmittelbar vor der mit dem Sabinum einsetzenden Ode 2,18. Zum festlichen Jahrestag der Rettung (hier nun Liber verdankt und mit dem Opfer eines weißen Böckchens) als einem Fest des Friedens (vgl. c. 3,8,15f.: „procul omnis esto / clamor et ira") lädt Horaz Maecenas ein in c. 3,8, einer Ode, die sowohl genau in der Mitte der ersten Hälfte von Buch 3 steht als auch, vermöge ihrer Stellung als des zweiten Gedichts nach den Römeroden, mit dem vorletzten Gedicht des Buches, der großen Maecenasode 3,29, wieder einem Einladungsgedicht, ringkompositorisch korrespondiert.

Die Sabinumgedichte jedes der drei Odenbücher bilden nicht nur kompositorisch ein Paar, sondern sind ein solches auch als je gemeinsame Ausprägung des Themas Friedlichkeit und Gewaltlosigkeit der lyrischen Sabinumverarbeitung. Die beiden Sabinum-Oden des ersten Buches, c. 1,17 und 1,22, stellen das Sabinum als Raum des Schutzes und der Gewaltlosigkeit um das Ich des Liebenden und Dichtenden dar. Das Gedichtpaar zum Sabinum im zweiten Buch hat seine Gemeinsamkeit in der Abarbeitung und Überwindung der Gewaltsamkeit des Todes: Todesgefahr und Todesverfallenheit werden musisch, in c. 2,13, und ethisch, in c. 2,18, verarbeitet und verwunden. Im dritten Odenbuch repräsentieren zwei Götterhymnen das Sabinum: in Zwiesprache und Gebet zu zwei Gottheiten des sabinischen Tals, Bandusia (c. 3,13) und Faunus (c. 3,18), erscheint das Sabinum als göttlich gesegneter Raum von Festfreude, Ausgleich und Friede.

Mit dieser jeweiligen Gemeinsamkeit der Gedichtpaare und der Differenzierung des lyrischen Grundthemas der Sabinum-Oden von Buch zu Buch entsprechen sie der jeweiligen einheitlichen oder vorherrschenden Thematik, dem Grundthema der drei Odenbücher, das sie auf diese Weise bestätigen und bekräftigen. Das erste Odenbuch hat sein Proprium in der poetischen Verarbeitung von Gewalt, Krieg, Streit, Zank, Zorn. Zu

[201] Vgl. Schmidt, Lyrische Wirklichkeit.

verweisen ist insbes. auf c. 1,2 (Überwindung des Bürgerkriegs), c. 1,6 (Ablehnung eines Kriegsepos; v. 10: „inbellisque lyrae Musa potens“); c. 1,10 (Merkur überwindet friedlich Apollo und die Atriden); c. 1,15 (Paris als Ursache des Trojanischen Krieges); c. 1,16 (Überwindung des Zorns in seiner Gewaltsamkeit); c. 1,17 (Tyndaris-Ode); c. 1,18 (Warnung vor Gewaltsamkeit beim Wein); c. 1,19 (Bitte um sanfte Liebe); c. 1,22 („Integer vitae“); c. 1,26 (Sicherheit des Dichters vor Furcht); c. 1,27 (Warnung vor blutigem Streit beim Wein). Das zweite Odenbuch ist, in der Mitte des Lebenskreisezyklus (c. 2,6 und 7) und in der Gedichtfolge, in der die Sabinum-Oden stehen, vom Todesthema bestimmt; vgl. c. 2,13.14.16.17.18.20. Hinzu treten c. 2,1,29–36; c. 2,3; c. 2,19,29–32. Diese Charakterisierungen besagen weder im Fall des ersten noch des zweiten Odenbuches, daß entsprechende Themen nicht auch im jeweils anderen Buch oder im dritten Odenbuch stehen; sie stellen nur ein vorherrschendes und damit das jeweilige Buch atmosphärisch prägendes Merkmal heraus[202]. Das gilt so auch für Buch 3. Dieses weist von den drei Büchern nicht nur die größte Dichte an Götterhymnen auf, nämlich einschließlich der beiden Sabinumoden und der ‘Gebetsparodie’ c. 3,21 (die gewiß nicht zufällig in Buch 3 placiert ist) insgesamt acht solche Gedichte: c. 3,4.11.13.18.21.22.25.26[203]. Sondern das Thema göttlicher Herrschaft und göttlichen Schutzes und Segens ist außer in diesen Götterhymnen auch sonst in diesem Buch des Musenpriesters (c. 3,1,3) präsent; vgl. c. 3,1.3.8.23.28.30[204].

[202] Die mythologischen Unterweltsnamen Orcus, Tartarus, Styx, Cocytus, Acheron, Pluto, Proserpina, Cerberus, Aeacus, Eumenides kommen in den Odenbüchern in folgender Häufigkeit vor: je einmal in 136 Versen in Buch 1, in 145 in Buch 3, in 64 Versen in Buch 2, also im zweiten Odenbuch in doppelter Dichte.

[203] Jede vierte (30:8=3,75) Ode ist also in Buch 3 ein Götterhymnus, während es in Buch 1 jedes fünfte (38:7=5,43) Gedicht ist (7 Götterhymnen auf 38 Oden: c. 1,10.19.21.30.31.32.35) und das zweite Buch überhaupt nur einen Hymnus aufweist (c. 2,19).

[204] Die Motive Fest und Einladung sind in den Büchern 1 und 3 ungefähr gleich häufig vertreten, nämlich 10mal im ersten Buch (c. 1,4.7.9.11.17.20.27.36.37.38), d. h. in jeder vierten Ode, und 7mal im dritten Buch (c. 3,8.13.14.18.19.28.29), also wieder in jedem vierten Gedicht.

2 Die beiden Sabinum-Gedichte des ersten Odenbuches Das Sabinum als Raum der Sicherheit um den liebenden Dichter

a Die Tyndaris-Ode (c. 1,17)[205]

Velox amoenum saepe Lucretilem
mutat Lycaeo Faunus et igneam
defendit aestatem capellis
usque meis pluviosque ventos.

inpune tutum per nemus arbutos
quaerunt latentis et thyma deviae
olentis uxores mariti
nec viridis metuunt colubras

nec Martialis haediliae lupos,
utcumque dulci, Tyndari, fistula
valles et Usticae cubantis
levia personuere saxa.

di me tuentur, dis pietas mea
et musa cordi est. hic tibi copia
manabit ad plenum benigno
ruris honorum opulenta cornu.

hic in reducta valle Caniculae
vitabis aestus et fide Teia
dices laborantis in uno
Penelopen vitreamque Circen.

[205] Diese Ode und das Bandusia-Gedicht (c. 3,13) habe ich bereits einmal unter dem Titel „Das horazische Sabinum als Dichterlandschaft“ in Antike und Abendland 23 (1977), S. 97–112 behandelt. Dennoch ist auf ihre erneute Interpretation hier nicht zu verzichten, weil beide Gedichte für das Gesamtbild des Sabinums entscheidende Bedeutung haben. Die hier erneuerte Exegese ist in der Substanz gegenüber dem genannten Aufsatz nicht verändert, aber sie ist jetzt einerseits in einen weiteren Rahmen gestellt und sie akzentuiert andererseits auch verschiedentlich neu. Die damals herangezogene Literatur, wie dort in den Anmerkungen belegt, wird hier nicht wieder aufgeführt: die beiden wichtigsten Arbeiten, Klingner, Velox amoenum und Troxler-Keller, Dichterlandschaft des Horaz sind im Literaturverzeichnis genannt.

hic innocentis pocula Lesbii
duces sub umbra, nec Semeleius
cum Marte confundet Thyoneus
proelia, nec metues protervum

suspecta Cyrum, ne male dispari
incontinentis iniciat manus
et scindat haerentem coronam
crinibus inmeritamque vestem.

Rasch wandert Faunus von dem Lycäus oft
Einher zum anmuthreichen Lucretilis,
Und Sommerglut von meinen Ziegen
Wehret er stets, und die Regenwinde.

Durch sichre Waldung schlüpfen, sich Arbutus
Zu spähn und Thymus, ohne Gefahr verirrt,
Des strengen Geißbocks Fraun, und fürchten
Weder die grünliche Schlang' im Dickicht,

Noch daß der Zicklein Ställe bestürm' ein Wolf:
Dieweil vom Waldrohr, Tyndaris, wundersüß
Das Thal, und, sanft gcscnkt, Ustica
Rings durch die glatten Gestein' ertönet.

Mich schützen Götter; Frömmigkeit und Gesang
Macht Göttern werth mich. Reichlicher Segen geußt
Hier voll um dich aus überschwänglich
Strömendem Horne die Pracht des Feldes.

Hier tief im Thalbusch meidest du Sirius
Gluthauch und singst zum Teïschen Saitenspiel,
Wie um Ulysses rang der Gattinn
Zärtlichkeit, und der krystallnen Circe.

Hier kühl umschattet trinkst du des Lesbiers
Rauschlose Becher. Kein Semeleischer
Thyoneus stürmt mit Mars zu Aufruhr
Hader empor; noch erschreckt dich Argwohn

Des rohen Cyrus, daß er im Eifergeist
Dem schwachen Mägdlein nahe mit derber Hand,
Und deiner Locken Kranz in Trümmer
Reiß', und das schöne Gewand der Unschuld.

v. 1 *velox* Nicht eine Wesenseigenschaft des Faunus, sondern prädikativ zu „mutat", wie auch sonst „velox" poetisch für das Adverb stehen kann (vgl. z. B. Hor., c. 4,12,21 f.: „cum tua / velox merce veni"). Den Ortswechsel vom arkadischen Lykaion zum sabinischen Lucretilis vollzieht der Gott schnell; es drängt ihn aus Arkadien zum sabinischen Berg.

v. 1 *amoenum* Vom sabinischen Tal so auch die Episteln (vgl. epist. 1,10,6; 1,14,20; 1,16,15), hier vom Berg Lucretilis: der schnelle Ortswechsel hat es offenbar mit der 'amoenitas' der Landschaft zu tun (wie die Liebe des Hirten Corydon mit der Schönheit des Alexis in Vergil, ecl. 2,1: „Formosum pastor Corydon ardebat Alexin"), die gar Arkadien überlegen ist?

v. 1 *saepe* 'Oft' kommt schnell der Gott Faunus; doch warum ist er nicht immer präsent?

v. 2 *Faunus* Unmitelbar nach „mutat Lycaeo" gestellt, ist „Faunus" eine Überraschung. Wir mußten „Pan" erwarten. Vgl. Vergil, Georgica 1,16 ff.: „ipse nemus linquens patrium saltusque Lycaei / Pan, ovium custos, ... / adsis ... favens". Indem Pan seinen heimischen Lykaios in Arkadien mit dem Sabinum vertauscht, wird auch er selbst ein anderer, nämlich Faunus[206]. Faunus ist aber eben der Gott des sabinischen Tals, wie ein anderes Sabinumgedicht, c. 3,18, „Faune, Nympharum fugientum amator, / per meos finis et aprica rura / lenis incedas ..." zeigt; das erste und das letzte Stück des lyrischen Sabinumzyklus gelten dem Faunus. Wichtiger fast noch ist c. 2,17,27–30: „me truncus inlapsus cerebro / sustulerat, nisi Faunus ictum // dextra levasset, Mercuralium / custos virorum". Faun, als der Schutzgott merkurialischer Männer, war auf dem Sabinum schnell präsent, als der Dichter von Todesgefahr bedroht war.

Nicht daß der arkadische Pan sich in den sabinischen Faun verwandelt, ist jedoch die Pointe von c. 1,17, sondern daß der sabinische Faun, der

[206] Zur Gleichsetzung von Pan und Faunus in der Dichtung vgl. W. F. Otto, s.v. Faunus, RE VI 2 (1909), Sp. 2072.

Schutzgott des Sabinertals und des Horaz, gleichsam aus dem arkadischen Pan entwickelt und mit ihm kontaminiert wird. Warum hat Horaz das in diesem Gedicht so gewollt?

Der sabinische Faunus ist im Digentiatal zu Hause, und es müßte im Zusammenhang mit seinem Kommen nicht an ein Verlassen von Heimat und Kultort gedacht werden. Wird er aber als sabinische Erscheinungsform des arkadischen Gottes vorgestellt, so muß er aus seinen Heimatbergen herüberkommen, diese um des sabinischen Tals willen aufgeben. D. h. Pan verläßt Arkadien, wenn und weil es ihm in den Sabinerbergen besser gefällt, und es ist klar, daß er für einen solches Urteil Pansmotive, arkadische Gründe haben muß. Die Aufpfropfung des sabinischen Faunus auf den arkadischen Pan macht demnach für die Fälle des Ortswechsels aus dem Sabinum ein Über-Arkadien. Doch wieso ist das schöne Tal nicht konstant Arkadien überlegen, sondern nur 'oft'? Und also wann?

v. 2f. *igneam / defendit aestatem* Die Präsenz des Gottes wehrt feurige Hitze ab, wie es auch für Horazens Quelle gilt: „te flagrantis atrox hora Caniculae / nescit tangere, tu frigus amabile / . . . / praebes . . . pecori vago" (c. 3,13,9–12), wozu wieder in unserer Ode v. 17f. die Parallele bietet: „hic in reducta valle Caniculae / vitabis aestus".

v. 3f. *capellis / . . . meis* Es spricht der Besitzer des Landguts, doch, in der Auswahl gerade der Ziegen, stellt sich der Dichter auch als Ziegenhirt dar, in Nachfolge theokritischer und vergilischer Hirten der Bukolik, eines Corydon oder des bukolischen Sängers Vergil selbst, der z. B. singt, 'während die stumpfnasigen Ziegen zartes Gesträuch abzupfen', „dum tenera attondent simae virgulta capellae" (ecl. 10,7). Diese Stilisierung des lyrischen Ichs auf einen theokritisch-vergilischen Hirten paßt jedenfalls gut zum Angezogensein des arkadischen Herden- und Hirtengottes Pan durch das Sabinertal. Ein zweites Motiv für die Wahl der Ziegen mag der Umstand sein, daß Faunus Böckchenopfer liebt (vgl. c. 3,18,5; c. 1,4,11f.).

v. 4 *usque* 'durchgehend, kontinuierlich', d. h. ein 'immer', das einerseits noch intensiver als dieses ist, lückenloser, stetiger, andererseits nicht unbegrenzt gilt, sondern nur für die Zeit der Präsenz des Gottes, dann aber konsistent-kompakt.

v. 4 *pluviosque ventos* Wenn Faunus nicht nur feurige Hitze, sondern auch Regenstürme von den Ziegen abhält, so zeigt das erstens, daß er nicht nur im Sommer, sondern auch im Winter kommt, und zweitens, daß seine Wirkung die des Ausgleichs ist: das sabinische Tal hat dann ein von 'temperies' (epist. 1,16,8) bestimmtes Klima, wie es hier den Ziegen zugutekommt.

v. 5 *inpune* 'ohne Gefahr' und daher 'furchtlos': „nec ... metuunt" (v. 8).

v. 5 *tutum* 'sicher', weil im Schutz des Gottes; der Hain ist 'geschützt'.

v. 7 *olentis uxores mariti* Die Ziegen werden humoristisch vermenschlicht als Gattinnen eines stinkenden Gemahls, dessen Gestank der seiner sprichwörtlichen Geilheit ist: „libidinosus ... caper" (epod. 10,23).

v. 8f. *nec ... metuunt colubras / nec Martialis ... lupos* Das Motiv des Tierfriedens, von N. & H. zur Stelle gut dokumentiert, ist im Faunushymnus c. 3,18,13: „inter audaces lupus errat agnos" ebenfalls mit Faun verbunden und bezieht sich dort ebenfalls auf Wölfe. Einen Wolf im Sabinerwald – „silva lupus in Sabina" (v. 9) – nennt auch noch eine dritte Sabinum-Ode, das Gedicht „Integer vitae" (c. 1,22). Dort sind es nicht die „capellae", die „per nemus" „deviae" „inpune" einhergehen, sondern der Dichter selbst, der „curis ... expeditis" „ultra terminum" 'umherstreift' („vagor"), den der Wolf meidet, weil und während dieser seine Lalage besingt: „dum meam canto Lalagen" (v. 10).

'Martialisch' heißen die Wölfe als dem Mars heilig und zur Unterstreichung des Paradoxes des Tierfriedens, wenn selbst das Martialische friedlich wird. So heißt es in Pindars erster pythischer Ode von der Wirkung der goldenen Phorminx, selbst Ares, der gewaltige, lasse die rauhe Kraft der Speere einmal beiseite und erquicke sein Herz mit Schlaf (v. 10–12).

v. 9 *haediliae* ἅπαξ λεγόμενον; haedilia, -ae f.: 'das weibliche Zicklein', wie 'porcilia' = 'die junge Sau'. Wird hier die 'Ziegenfamilie' vervollständigt, zu Vater und Mutter noch Kind zugefügt? Wenn das der Fall sein sollte, dann jedenfalls signifikant anders als im Kontext der Bandusia-Ode (c. 3,13), wo wieder das lyrische Ich als Besitzer einer Ziegenherde erscheint, aus der ein Böckchen für das Opfer ausgewählt wird, dem die Stirn, von ersten Hörnern schwellend, Liebeskämpfe („et venerem et proelia") als Bestimmung zuweist, der Sproß einer Herde munteren Sexualverlangens, „lascivi suboles gregis". Nichts Vergleichbares in c. 1,17, wo vielmehr die jungen Ziegenfrauen oder Geißmädchen allein in der Klammer von „Martialis ... lupos" stehen. Als Assoziationsfeld stellt sich vielmehr Wehrlosigkeit gegenüber Gewalt ein, vielleicht in der Liebe, also Vergewaltigung, weil das Weibliche von martialisch Männlichem umgeben ist, d. h. die vor Augen geführte

Realität hat, von unseren Leseerfahrungen her, auch eine mögliche metaphorische Bedeutung, die Furcht- und Gefahrlosigkeit weiblicher Wehrlosigkeit vor männlicher Gewalt dank Fauns Präsenz im Sabinertal.

v. 10 *utcumque* 'so bald nur', 'immer gleich dann, wenn', eine beinah als Lieblingswort Horazens zu bezeichnende Temporalkonjunktion. Sie kommt noch zweimal in den Oden in dieser Bedeutung vor: c. 2,17,11; c. 3,4,29.

v. 10 *dulci, Tyndari, fistula* Erst jetzt erfährt der Leser, daß die Ode an eine Tyndaris gerichtet und also, als einer 'Tyndareustochter' = Helena heißenden schönen Frau geltend, ein Liebesgedicht ist. Die vorangegangene Ode redet ein Mädchen an: „O matre pulcra filia pulcrior", wie es auch von der Ledatochter Helena heißen müßte. Jenes Gedicht verhieß ein Ende von Jamben, Zorn und Rasen und kündigte einen Wandel zur Milde an: „nunc ego mitibus / mutare quaero tristia" (c. 1,16,25f.).

Erst jetzt auch erfährt der Leser, warum Pan das Sabinertal oft schnell gegen sein Arkadien eintauscht. Er kommt immer dann sogleich, wenn das lyrische Ich wie ein Hirtensänger sein süßes Syrinxspiel ertönen läßt. Sogleich, wenn das Lied das Tal erfüllt und dessen felsige Wände widerhallen läßt, setzen Tierfriede und ausgeglichenes Klima ein, wie sie die Präsenz des Gottes bewirkt.

> Dicunt in tenero gramine pinguium
> custodes ovium carmina fistula
> delectantque deum, cui pecus et nigri
> colles Arcadiae placent. (c. 4,12,9–12)

Pan verläßt Arkadien, weil das süße Schalmeienlied des Ziegenhirten und Hirtensängers und Arkadiers Horaz das sabinische Tal arkadisch macht, arkadischer als Arkadien macht. Aber auf italischem Boden angekommen, wird er Faun, verursacht er faunische Wirkungen: Ausgeglichenheit und Mäßigung des Wetters, Tierfrieden. Von Pan sind solche Wirkungen nicht bekannt, vielmehr panischer Schrecken, den sein Jähzorn und Galle auslösen (vgl. Theocr., id. 1,17f.).

Faun bekam von Horaz also Pan zum Ursprung, um dadurch musisch zu werden, denn von einer Freude am Syrinxspiel ist bei dem alten Italiker Faunus nichts bekannt. Pan aber muß zum Faun werden, um für Frieden und Segen im Sabinertal zu stehen. Der Römer wird griechisch-musisch; der Grieche wird römisch-sittlich.

Arkadische Hirten spielen auf ihrer Syrinx, der Erfindung Pans (vgl. Verg., ecl. 2,32f. und 8,24), Liebeslieder: „tamen, cantabitis, Arcades, ... / montibus haec vestris; soli cantare pariti / Arcades. ... ,/ vestra meos olim si fistula dicat amores!“ (ecl. 10,31–34). Und von dem arkadischen Gebirge Maenalus sagt Vergil: „semper pastorum ... audit amores“ (ecl. 8,23).

Auch das Ich der Tyndaris-Ode spielt ein Liebeslied, ein Liebeslied auf Tyndaris, wie die wunderbare Wortstellung des Vokativs „Tyndari“ zwischen „dulci“ und „fistula“ verrät. Der Vokativ ist zugleich Anrede der Tyndaris in und mit diesem Gedicht und Chiffre der Werbung des Liebesliedes auf der Syrinx. Doch diese beiden Funktionen verschmelzen: der Dichter spielt auf der Syrinx eben das werbende Liebeslied an Tyndaris, das die Ode 1,17 ist.

Diese Deutung ist neu (bzw. war 1977 - vgl. Anm. 205 - neu) und weicht von der traditionellen Lesung ab, die ‘dulcis fistula’ sei die des Gottes Faunus. Daher begründe ich sie über die bisherige Interpretation hinaus, diese z. T. resümierend, noch durch die folgenden Überlegungen:

(i) Der italische Gott Faunus spielt nicht die Hirtenflöte; er wird mit ihr weder in der bildenden Kunst noch sonst in der Literatur dargestellt.

(ii) Der Klangraum des Syrinxspiels, Tal und Widerhall von der Ustica, scheinen besser zum Sabinergut im Talgrund als Ort des Flötens und Singens zu passen als zum Lucretilisberg, wo Faunus weilt.

(iii) Mit dem Dichter als Syrinxspieler wird „dulci, Tyndari, fistula“ nahezu ein Zitat von Vergil, ecl. 1,1–5: „Tityre, tu patulae recubans sub tegmine fagi / silvestrem tenui musam meditaris avena;/ ... / ... ; tu, Tityre, lentus in umbra / formosam resonare doces Amaryllida silvas.“ Vgl. auch Theocr., id. 3, wo die Ziegen am Berg weiden und der Ziegenhirt seine Geliebte besingt: ὦ χαρίεσσ᾽ Ἀμαρυλλί (v. 6).

(iv) Der Einwand, daß ein Lyriker sich als die Lyra spielend hätte darstellen müssen, läßt sich - auch abgesehen von der deutlichen Stilisierung auf einen arkadischen Hirtensänger - weder von der frühgriechischen Lyrik noch von antiken Grammatikerzeugnissen zur Gattung Lyrik[207] noch auch gerade von Horazens lyrischer Selbstdarstellung her mit Belegen absichern. Schon das Eröffnungsgedicht der Odenbücher, c. 1,1, nennt programmatisch ‘tibiae’ und ‘barbitos’ (v. 32–34). Das Schlußgedicht des durch

[207] Vgl. Herwig Görgemanns, Zum Ursprung des Begriffs „Lyrik“. In: M. v. Albrecht u. W. Schubert (edd.), Musik und Dichtung. FS V. Pöschl. (Quellen und Studien zur Musikgeschichte von der Antike bis in die Gegenwart, Band 23), Frankfurt am Main / Bern / New York / Paris 1990, S. 51-61; hier: S. 54f.

c. 1,1,29–36 exponierten Eingangszyklus metrischer und musikalischer Formenvielfalt nimmt das auf und stellt der Muse Clio frei, auf der 'lyra' oder der 'tibia' zu spielen (c. 1,12,1f.). Ähnlich die große Musenode (c. 3,4) in der Anrufung der Calliope (v. 1–4). In c. 4,15,30 ist sogar nur von 'tibiae' mit Gesang die Rede[208].

(v) Eine enge Sachparallele stellt c. 1,22,10 dar: „dum meam canto Lalagen", d. h. in einem auch sonst vergleichbaren Gedicht (vgl. u. S. 95–99) finden wir die Vorstellung göttlichen Schutzes während (Temporalkonjunktion 'dum') des Vollzugs des Liebesliedes.

(vi) Nur mit dem Dichter selbst als Flötenspieler hat das Kommen Pans eine konkrete Motivation und fügen sich „velox", „saepe" und „utcumque" zu einer stimmigen begründbaren Gesamtkonstellation zusammen. Kaum beginnt das Liebeslied auf der Syrinx („utcumque"), da kommt schnell („velox") der Gott aus Arkadien herbei und schützt die Ziegen des Hirtensängers vor Hitze, Regen und gefährlichen Tieren. Oft („saepe") kommt er, weil der Liebende oft um die Tyndaris musisch wirbt. Der arkadische Gott tauscht gegen seine Heimatberge das von dem Liebenden und Dichter noch arkadischer gemachte Sabinum ein, so wie in c. 1,30 Venus ihr Zypern und Paphos um des ihr noch angemesseneren, durch die Liebenden Glycera und den Betenden noch venushafter gewordenen Hauses der Geliebten willen aufgeben soll[209].

(vii) Nur mit dieser Auffassung entfaltet sich die Fortsetzung der Ode organisch aus dem Bisherigen. Das gilt zumal für den Anfang der nächsten Strophe.

v. 13 *di me tuentur* Der göttliche Schutz, in dem das lyrische Ich steht, faßt das Bisherige zusammen („Faunus ... defendit", „inpune tutum per nemus", „nec ... metuunt"), verallgemeinert es (statt Faunus nun 'die Götter') und führt es weiter: von der Herde auf den Hirten (in Analogie zu Vergil, ecl. 2,33: „Pan curat ovis oviumque magistros"). Friede und Segen des Tals werden als dem Herrn des Tals geltender Götterschutz begriffen. Der Musenfreund ist „unice / securus", heißt es in c. 1,26 („Musis amicus"), v. 5f.

208 Weitere Belege: Schmidt, Dichterlandschaft, S. 105, Anm. 31.

209 Vgl. Schmidt, Horazische Liebeslyrik, S. 44–47.

v. 13f. *dis pietas mea / et musa cordi est* Das Kommen Fauns aus Liedlust und seine segensreiche Präsenz als Antwort auf das Syrinxspiel des Liebenden werden verallgemeinernd aufgenommen von „dis ... musa (sc. mea) cordi est". Doch wo ist dessen 'pietas' bisher angedeutet worden? Auch sie muß im 'süßen Tyndarislied' impliziert sein, wie schon die Sachparallele des „meam canto Lalagen" zeigt, welcher Gesang in c. 1,22 als begründende Illustration („namque", v. 9) für die Charakteristik „integer vitae scelerisque purus" angeführt wird. 'Frömmigkeit', 'frommer Sinn' bzw. Reinheit sind, einmal nachgestellt in Verallgemeinerung, einmal vorweggenommen, um nachher konkret illustriert zu werden, das Allgemeine, das sich spezifisch als Horazens Liebeslied ausspricht. Horaz charakterisiert mit „pietas" sein Lied und damit die es prägende Weise seiner Liebe. Der die Tyndaris liebt, ist in seiner Liebe 'pius'. Das wird das werbende Lied der Verse 14–28 bestimmen. Die Reihenfolge, in der „pietas" und „musa" genannt sind, dreht also die Folge im Gedicht um und verklammert so seine beiden Teile, ihren unauflöslichen Zusammenhang abbildend. Horazens Lied ist beides, „musa" und „pietas", wie Pan-Faunus beides war: griechisch-musisch und römisch-sittlich. Ja, die Wirkungen der dem Lied verdankten Präsenz des Gottes, Ausgeglichenheit und Mäßigung des Klimas sowie Sicherheit der Ziegen und Tierfrieden, sind bereits schon Eigenschaften des horazischen Liebesliedes, charakterisieren seine Liebe. Der Liebesdichter macht das sabinische Tal arkadisch-faunisch.

v. 14 *musa* In dieser nicht-personalen Bedeutung, wie bei Verg., ecl. 1,2 (oben zitiert) oder 6,8 („agrestem tenui meditabor harundine musam"), nur an dieser Stelle in Horazens carmina.

v. 14–17–21 *hic ... hic ... hic ...* Die Anapher deutet auf das lyrische Ich als das Zentrum des Sabinertals und den Ursprung von dessen Segen und Frieden: Die Werbung um Tyndaris geschieht in Form einer Einladung in die Welt des Liebenden, wie diese Liebe seine Welt prägt[210].

v. 14–16 *hic tibi copia / manabit ad plenum benigno / ruris honorum opulenta cornu* Eine geradezu italienische und bei Horaz ganz ungewöhnliche Sprachfülle, zu der N. & H. treffend bemerken: "The opulence of the pleo-

[210] Die hier getroffene Entscheidung zugunsten der schlechter bezeugten Lesart „hic" (und also gegen die besser bezeugte Lesart „hinc") in v. 14 begründe ich aus dem Duktus meiner Gesamtinterpretation folgendermaßen: 1. In v. 14 beginnt die eigentliche Einladung, wie die hier beginnenden Futura erkennen

nasm suits the scene of abundance that Horace is describing". Mit dem Füllhorn wird wie Tellus und Pax auch gerade Faunus in der bildenden Kunst dargestellt[211]. Seine bisherigen Wirkungen, 'temperies' und Tierfrieden, werden um Fruchtbarkeit und Fülle ergänzt.

v. 17f. *Caniculae / vitabis aestus* Schutz vor der Hitze der Hundstage wird Tyndaris im Sabinertal finden. Der Satz erinnert nicht nur an „te flagrantis atrox hora Caniculae / nescit tangere" des Bandusiahymnus (c. 3,13,9f.), sondern auch an v. 2f. unseres Liebesgedichts: „igneam / defendit aestatem capellis". Vgl. auch, von den 'Seligen Inseln', in epod. 16,61f.: „nullius astri / gregem aestuosa torret inpotentia". In einem horazischen Liebesgedicht wird allerdings nicht nur an einen kühlen Ort eingeladen; „aestus" wie „aestas" und „Canicula" haben Obertöne, zumal man heiße Augusttage und selbst die Zeit des Siriusfrühaufgangs auch ganz anders umschreiben und ausdrücken kann, z. B. „plumbeus auster / autumnusque gravis (sat. 2,6,18f.) oder „ficus prima calorque" (epist. 1,7,5) oder „rabiem Canis et momenta Leonis,/ cum semel accepit solem furibundus acutum" (epist. 1,10,16f.) oder „Procyon furit / et stella vesani Leonis / sole dies referente siccos" (c. 3,29,18–20). Warum also heißt die Sommerglut in c. 1,17 so anders als in Satiren und Episteln und in der großen Maecenas-Ode, warum fehlt in ihr der in den Sermonen regelmäßig mit den Hundstagen verbundene Hinweis auf die Sommerernte der Leichengöttin (vgl. sat. 2,6,19; epist. 1,7,6–9)? Geht es in den Sermonen um Leben in Rom und Leben auf dem Sabinum, um Krankheit und Tod oder Gesundheit und Heil, so gilt die Tyndaris-Ode einer gewissermaßen sabinischen Weise zu lieben, werden zwei Liebeshaltungen gegeneinandergestellt.

lassen, die auch die durch dreifache Anapher verbundenen Sätze parallelisieren. 2. Eines „hinc" als expliziter Begründung ('infolgedessen, daher') bedarf der Gedichtfortgang so wenig, wie v. 13f., „di me tuentur, dis pietas mea / et musa cordi est" ein 'nam' oder 'enim' nötig hatte. 3. Bei „hinc" hätte man eher ein 'manat' als das Futur erwarten müssen. 4. Mehrgliedrige Anaphern sind ein regelmäßiges horazisches Stilmittel; vgl. z. B. c. 1,8,2–12 (5mal „cur"); c. 1,16,5–8 (4mal „non"); c. 1,35,5–24 (6mal „te"); c. 1,37,1–4 (3mal „nunc"); c. 2,1,17–24 (4mal „iam"), c. 2,16,1–8 (3mal „otium") usw. Das ist natürlich kein Argument gegen das Vorliegen einer zweigliedrigen Anapher (die Horaz ebenfalls einsetzt), sondern allein gegen das Argument, die Anapher in zweigliedriger Form sei horazischer.

211 Vgl. Schmidt, Dichterlandschaft, S. 102, Anm. 14.

'Aestus', 'wallende Hitze' oder 'brandende Flut', wird, nahezu unmetaphorisch, auch von Heftigkeit, 'Hitze', Leidenschaft gesagt, sei es von politischen Leidenschaften und der Hitze des Kampfes[212], sei es von heftiger Liebesleidenschaft. Hier ist Canicula, der Sirius im Sternbild des Großen Hundes, herausgegriffen um der sprichwörtlichen Schamlosigkeit und Begehrlichkeit der Hündin willen. Das 'Meiden' solcher Sexualbegier wird nun nicht der schönen Hetäre für ihren Besuch im Digentiatal anempfohlen, vielmehr empfängt der Leser der Ode als Adressat ihrer Botschaft das Bild einer Liebe, in der die Leidenschaft auch der Frau mild, ausgeglichen, nicht extrem ist.

v. 18f. *et fide Teia* Tyndaris wird zur Leier singen, offenbar in Antwort auf das Syrinxlied des Liebenden, so wie in c. 3,28 Lyde auf den werbenden Gesang des Dichters „curva ... lyra" (v. 11) reagiert. Die Art ihrer Liebeslieder charakterisiert 'teisch', d. h. wie Anakreon von Teos; im Licht der letzten Strophen wird man darin die Ablehnung wilder Leidenschaft in der Liebe und von Lärm und Gewalt beim Weingenuß erkennen[213].

v. 19f. *dices laborantis in uno / Penelopen vitreamque Circen* Das gewünschte Liedthema sagt wie in c. 3,28 etwas über die Liebesvorstellung aus. Die der Konstellation und Situation am besten entsprechende Erklärung scheint diese zu sein: Wenn den Odysseus zwei Frauen geliebt haben, Penelope und Kirke, hier aber allein Horaz und die Hetäre Tyndaris im Sabinertal vereint sein werden, so ist des männlichen Liebenden erotischer Traum, in einer Geliebten zugleich eine Penelope, keusch, treu, Ehegemahlin, und eine Kirke, eine Göttin, schöne Hexe und Verführerin, zu haben. Ausgleich und Maß in der Liebe sollen nur versehrende Extreme abwehren, nicht Erotik, Farbigkeit, Spannung aus der Liebe nehmen. Penelope soll circeisch werden, Kirke penelopeisch. Die homerische Kirke singt (Od. 10,227: καλὸν ἀοιδιάει, 254: λίγ' ἄειδεν). Die Verschmelzung von Penelope und Kirke entspricht der von Faun und Pan und von 'pietas' und 'musa'.

212 Beispiele aus Horaz: 'civilis belli aestus' (epist. 2,2,47; vgl. c. 2,7,15f.: 'aestuosus'); „stultorum regum et populorum continet aestus" (epist. 1,2,8).

213 Vgl. z. B. Anacr., fr. 300 Page (LGS): ἀνυβρίστως (Konjektur Pauw); μηκέτ' οὕτω / πατάγῳ τε κἀλαλητῷ / Σκυθικὴν πόσιν παρ' οἴνῳ / μελετῶμεν, ἀλλὰ καλοῖς / ὑποπίνοντες ἐν ὕμνοις.

v. 20 *vitreamque* Die Konnotationen von 'gläsern' zu Kirke sind ungeklärt; zur Wahl stehen wohl Schönheit, fehlende Verläßlichkeit (Zerbrechlichkeit des Glases), Rätselhaftigkeit und ominöse Unergründlichkeit der femme fatale[214]. Kein Mann wird sich dem erotischen Zauber dieses Epithetons 'vitrea' entziehen können.

v. 21 *innocentis ... Lesbii* Zur Liebe gehört das Symposion, und die Art des Weingenusses charakterisiert auch die Liebe; der Zusammenhang war schon durch das anakreontische Saitenspiel vorgegeben. Wenn Horaz auf seinem Sabinergut nicht einen Sabiner vorsetzt, sondern einen Lesbier, so ist das nicht der Austausch eines realen Elements gegen ein poetisch-fiktives, sondern, nimmt man einmal eine Auswahlsituation beim Dichten an, die Entscheidung gegen das Element, das für Schlichtheit steht, den Sabinerwein, zugunsten eines berühmten griechischen Weines, der wegen seiner bekannten Süße und Bekömmlichkeit für Kopf und Magen poetische Chiffre für 'Harm-losigkeit', 'Unschädlichkeit', Gewaltfreiheit und Gelassenheit als Gegensatz zu 'furor' und μανία[215] sein kann.

v. 22 *Semeleius ... Thyoneus* Dionysos als Sohn der Semele=Thyone (Θυώνη) und so, als der Feuergeborene ('ignigena'), Leidenschaft, 'aestus', Heftigkeit, Unmaß beim Weingenuß als göttliche Kraft, der der Lyriker in der nächsten Ode, c. 1,18,7 ff. den 'modicus Liber' („ac ne quis modici transiliat munera Liberi, / Centaurea monet cum Lapithis rixa super mero / debellata") und in c. 1,27,3 den 'verecundus Bacchus' gegenüberstellt.

v. 23 *cum Marte* a) Entweder 'zusammen mit', "along with Mars", was N. & H. so begründen: "Bacchus and Mars would not of course be fighting each other, but co-operating, to turn the party into a riot." D. h. stellt man sich vor, für Horaz seien die Götter homerische Gestalten gewesen, so kann man sie als gemeinsam handelnde Akteure und Anstifter wie N. & H. ansehen. b) Oder 'miteinander = gegeneinander kämpfen' (wie in c. 1,18, 8 f.), weil der Dichter ein trunkenes Handgemenge natürlich als Schlacht zwischen Bacchus und Mars betrachten konnte.

Die Strophen 1–3 lesen sich in mancher Hinsicht wie eine Vorwegnahme der Strophen 5–7: „igneam / defendit aestatem capellis" (v. 2 f.) ~ „Caniculae / vitabis aestus" (v. 17 f.); „inpune tutum per nemus arbutos /

[214] Vgl. N. & H.

[215] Vgl. N. & H., bes. ihren Hinweis auf Philodem, A. P. 11,34.

quaerunt latentis . . . deviae“ (v. 5f.) ~ „hic in reducta valle . . . . , / hic innocentis pocula Lesbii duces sub umbra“ (v. 17ff.); „olentis uxores mariti“, „nec (metuunt) Martialis haediliae lupos“ (v. 7ff.) ~ „nec Semeleius / cum Marte confundet Thyoneus / proelia, nec metues protervum // . . . Cyrum“ (v. 22ff.); „haediliae lupos“ (v. 9) ~ „male dispari“ (v. 25). Eine solche Antizipation macht aber aus der ersten Gedichthälfte nicht eine Allegorie der zweiten, in dem Sinne, daß die Geißbockgattinnen und Ziegenjungfern Tyndaris, die Wölfe und der stinkende Bock Cyrus wären und darin ihre (fiktive) Wirklichkeit hätten. Vielmehr sind Ziegen und Bock und Wölfe reale Elemente der Welt, in die der Liebende die Geliebte einlädt. Indem diese Welt als Raum der Liebe diese Liebe charakterisiert und deutet, sind die Konstellationen von Ziegen, Bock und Wölfen (Sicherheit, Schutz, Furchtlosigkeit) zugleich Realmetaphern für die Liebe dieses Liebesgedichts.

v. 27f. *haerentem coronam / crinibus inmeritamque vestem* Indem der gewalttätig-streitsüchtige Cyrus[216] in der Vorstellung abgewehrt ist, bleibt als letztes Bild, von knappster Erotik berührt, das Mädchen, in den Haaren den Kranz des Symposions, einfach und dezent gekleidet, womit zuletzt, wie schon in der fünften Strophe, noch einmal die Liebe von der Seite der Geliebten her charakterisiert wird. Für die Liebe, um die hier geworben wird und für die das horazische Sabinum als Symbol musisch-sittlichen

[216] Dieser Cyrus muß in der Fiktion der Tyndarisode eine konkrete Person, ein Liebhaber in Rom, sein. Er ist zu individuell gezeichnet, auch in seiner Beziehung zu Tyndaris, als daß sich die Auffassung durchhalten ließe, v. 24ff. besagten: ‘hier hast du in mir keinen Kyros zu fürchten’. Zur Unbeherrschtheit und Zudringlichkeit („protervum“, „incontinentis“) des römischen Cyrus tritt noch, daß seine Gewalttätigkeit aus seiner Eifersucht und seinem Mißtrauen gegenüber Tyndaris rühren („suspecta“). Ist Horazens Namenswahl durch den Gegensatz Griechen – Perser motiviert? Ein römischer Liebhaber mit dem Namen „Cyrus“ auch in c. 1,33: ihn liebt eine Lycoris, er aber begehrt Pholoe, die sich jedoch mit dem „turpi . . . adultero“ nicht verbinden wird; in v. 10f. erscheinen Cyrus und Pholoe als ein Fall von „inparis / formas atque animos“ (vgl. c. 1,17,25: „male dispari“). Cyrus ist in den beiden Oden so charakterisiert, daß der eine Name geradezu für eine einheitliche (fiktive) Person zu stehen scheint (Klingner im Index Nominum seiner Ausgabe s.v.: „adolescens amator“), d. h. daß der Leser von c. 1,33 über den Namen „Cyrus“ auf c. 1,17 verwiesen wird und von dorther das Bild des Liebhabers in der späteren Ode ergänzen darf.

Lebensraumes steht, ist nicht nur bestimmend, daß die männliche Liebe nicht heftig, unbeherrscht, gewalttätig, sondern auch, daß die weibliche Liebe zart, dezent, zurückhaltend, unaufreizend ist.

Die Ode 1,17, „Velox amoenum", stellt das Sabinum dar als einen von der horazischen Liebeslyrik geschaffenen Segensraum, der durch Maß und Milde, Gewaltlosigkeit und Friede, Schönheit und Erotik geprägt ist. Das Gedicht gibt jedem Leser sein Sabinum, wenn er sich zu solcher Liebe verzaubern und verwandeln läßt. War Vergils Arkadien überall da, wo von Liebenden musiziert und gesungen wird, z. B. am Mincius, dem Fluß von Vergils oberitalienischer Heimat (ecl. 7), so versittlicht Horaz dieses Dichtungssymbol seines Freundes: zur 'musa' tritt die 'pietas' des liebenden Dichters, des Liebesdichters.

b Integer vitae (c. 1,22)

Zur Interpretation der Tyndaris-Ode (c. 1,17) waren neben dem Faunus-Hymnus (c. 3,18) vor allem die Bandusia-Ode (c. 3,13) sowie „Integer vitae" herangezogen worden, das letztere Gedicht so ausgiebig, daß damit auch seine Erklärung schon gegeben worden ist. Für den von „Velox amoenum" herkommenden Leser – die dazwischen gestellten Oden gelten Themen wie Wein und Gewalt (c. 1,18: „rixa super mero / debellata", v. 8f.), grausam brennender Leidenschaft, vom Sohn der Semele intensiviert, und dem Gebet um sanfteres Lieben (c. 1,19: „saeva", „urit", „lenior"), der Einladung des Maecenas zu Sabinerwein (c. 1,20), einem Dianahymnus (c. 1,21) – erscheint c. 1,22, wo der Dichter sich als einen am waldigen Sabiner Talhang Liebeslieder auf eine Lalage singenden Spaziergänger darstellt, vor dem ein plötzlich auftauchender Wolf Reißaus nimmt, als eine anekdotische Variation über das Thema der Tyndaris-Ode, jenes „Frommer Sinn und Melodie" der Goethischen Novelle.

Integer vitae scelerisque purus
non eget Mauris iaculis neque arcu
nec venenatis gravida sagittis,
    Fusce, pharetra,

sive per Syrtis iter aestuosas
sive facturus per inhospitalem

Caucasum vel quae loca fabulosus
    lambit Hydaspes.

namque me silva lupus in Sabina,
dum meam canto Lalagen et ultra
terminum curis vagor expeditis
    fugit inermem,

quale portentum neque militaris
Daunias latis alit aesculetis
nec Iubae tellus generat, leonum
    arida nutrix.

pone me pigris ubi nulla campis
arbor aestiva recreatur aura,
quod latus mundi nebulae malusque
    Iuppiter urget,

pone sub curru nimium propinqui
solis, in terra domibus negata:
dulce ridentem Lalagen amabo,
    dulce loquentem.

Wer in Unschuld lebet und rein des Frevels,
Der bedarf nicht Maurische Speer' und Bogen,
Noch daß ihm voll giftiger Pfeil', o Fuscus,
    Strotze der Köcher;

Ob er durch aufgährende Syrten-Strudel,
Ob er Bahn durch Kaukasus Fremdlingshasser
Suchen woll', ob Orte, bespült vom fabel-
    reichen Hydaspes.

Denn ein Wolf im Graun des Sabiner-Waldes,
Als ich meine Lalage sang, und über
Mein Gefild' hinschweifte, der Sorg' entlöst, floh
    Mich unbewehrten:

Welchem gleich kein Scheusal die kriegserfahrne
Daunus-Flur aufnährt' in den Eichen-Berghöhn,
Noch des Juba Wüste gebar, der Löwen
Sengende Heimath.

Setze mich, wo weit in erstarrten Feldern
Keinen Baum anathmet die Sommerfrischung,
Wo die Welt mit Nebelgedünst ein harter
Jupiter lastet;

Setze nah zum Gleise des Sonnenwagens
Mich in Gluthland hin, das Bewohner weigert:
Meine Wonn' ist Lalage, hold im Lächeln,
Hold im Gespräch mir!

v. 1 *Integer vitae scelerisque purus* Auch wenn nicht c. 1,17 vorausgegangen wäre und das lyrische Ich diese Unschuld unvermittelt beanspruchte, würden wir uns sogleich auf eine Spur gesetzt sehen, nämlich im Gedanken an Catulls Anspruch in c. 76, wo die Treue und Hingabe in der Liebe geradezu zur Selbstheiligung führen. Eine solche Assoziation bestätigt Horaz durch die Wahl der sapphischen Strophe und das Sappho- und Catullzitat in v. 23 aus ihren berühmten sapphischen Oden (fr. 2 D.; c. 51). Catullisch sind auch die sive-sive-Sätze mit Wegen in extreme und gefährliche Gegenden, nach Catulls c. 11, seiner anderen sapphischen Ode.

v. 4 *Fusce* Aristius Fuscus wird auch der Adressat einer Sabinum-Epistel, epist. 1,10, sein, ein 'urbis amator', der die Welt außerhalb Roms für eine Wildnis hält, in der nur der Schwerbewaffnete eine Überlebenschance hat.

v. 9 *me silva lupus in Sabina* Die abbildende Wortstellung setzt den Wolf mitten in den Sabinerwald; die abbildende Wortstellung trennt das Objekt 'mich' von dem Subjekt 'Wolf' nur durch das Wort „silva“: bis auf fünf Buchstaben und kaum mehr Bäume ist der Wolf an das Ich herangekommen und –

v. 10f. *dum meam canto Lalagen et ultra / terminum curis vagor expeditis, / fugit* – hört sich das Liebeslied des sorgenfrei durch die Wildnis Schweifenden an und flieht dann. War das Ich nur durch „silva“ noch (räumlich) vom Wolf getrennt, so bannen diesen doch (zeitlich) zwei sapphische Elfsilbler, in denen von Liebeslied und Sorgenfreiheit die Rede ist, bis er das Weite sucht. Das unerhörte Ereignis dieser selbsterlebten Novelle ist nicht allein eine lakonische Chiffre für c. 1,17, indem die Realmetapher des Tierfriedens, die dort für die gewaltfreie Liebe steht, hier unmittelbar den Schutz des Liebenden bedeutet, sondern auch die sabinische Variation von c. 1,26, „Musis amicus". Dort trennt das Wort „securus" (v. 6) in der Mitte der Ode die Welt des Bedrohlichen ('tristitia', 'metus', 'metuere', 'terrere') von der musischen Welt.

v. 10 *meam canto Lalagen* Das Gegenstück zu „dulci, Tyndari, fistula" (c. 1,17,10). War dort Tyndaris der Inhalt des süßen Schalmeienlieds gewesen, so ist hier der Sänger („canto") ganz 'in seiner Lalage'.

v. 10f. *ultra / terminum* An der Versgrenze überschreitet der Sänger die Grenze seines Besitzes (vgl. c. 2,18,24f.).

v. 23 *amabo* Die übliche Aufbau-Analyse der Ode, die je ein Strophenpaar als allgemeine These, konkreten Beleg und als Folgerung (oder ähnlich) versteht, macht sich mit dem dritten Teil, der Folgerung, einer logischen Unklarheit schuldig. Denn eine Folgerung ist insofern überflüssig, als sie nur eine Wiederholung der These sein könnte. Horaz wiederholt in den Strophen 5-6 aber nicht die Strophen 1-2, und er folgert auch nicht aus den Strophen 3-4 (oder: 1- 4), sondern er sagt etwas Neues und Überraschendes. Statt nämlich fortzufahren: 'Selbst in bleierner Nebelkälte des Nordens und in sengender Sonnennähe des Südens brauche ich keine Waffen, denn mein Liebeslied wird mich schützen (sc. weil ich mich im Singen meiner Liebe als „integer vitae scelerisque purus" erweise)', heißt es: 'Selbst dort werde ich Lalage lieben'. Auch wenn damit vom übrigen Gedicht her die Implikation gegeben ist: 'und als solcher geschützt sein', hat sich doch etwas verschoben. Extreme Weltgegenden und ihre Gefahren könnten Liebe und Liebeslied unmöglich machen, eine von der Elegie her vertraute Vorstellung, das Gedankenexperiment des 'remedium amoris' durch fernen Norden oder Süden. Allerdings besiegt Amor schon bei Gallus in Vergil, ecl. 10,64-69 die Kälte des Hebrus, sithonischen Schnee und die Dürre im Äthiopierland am Wendekreis des Krebses. So sagt Horaz also nicht 'Meine Liebe schützt mich selbst dort', sondern 'Meine Liebe ist stärker als die bedrohenden Weltgegenden (und, als stärker, Sieger über sie und mein Schutzschild)'.

Der (fiktive) Erfahrungsraum des (authentischen) Sabinums wird hier von einer ersten Grenzüberschreitung aus („ultra / terminum") - nicht mehr auf dem Boden des Landguts, aber noch in der Landschaft, zu der es gehört –, auf Überall übertragen. Das symbolische Sabinum ist dort, wo der Dichter ist, der Liebende und Singende.

3 Die beiden Sabinum-Gedichte des zweiten Odenbuches Überwindung der Gewalt des Todes

a Todesgefahr auf dem Sabinum (c. 2,13)

Ille et nefasto te posuit die,
quicumque primum, et sacrilega manu
produxit, arbos, in nepotum
perniciem opprobriumque pagi;

illum et parentis crediderim sui
fregisse cervicem et penetralia
sparsisse nocturno cruore
hospitis; ille venena Colcha

et quidquid usquam concipitur nefas
tractavit, agro qui statuit meo
te, triste lignum, te caducum
in domini caput inmerentis.

quod quisque vitet, numquam homini satis
cautum est in horas. navita Bosphorum
Poenus perhorrescit neque ultra
caeca timet aliunde fata,

miles sagittas et celerem fugam
Parthi, catenas Parthus et Italum
robur: sed inprovisa leti
vis rapuit rapietque gentis.

quam paene furvae regna Proserpinae
et iudicantem vidimus Aeacum
sedesque discretas piorum et
Aeoliis fidibus querentem

Sappho puellis de popularibus,
et te sonantem plenius aureo,

Alcaee, plectro dura navis,
dura fugae mala, dura belli.

utrumque sacro digna silentio
mirantur umbrae dicere, sed magis
pugnas et exactos tyrannos
densum umeris bibit aure volgus.

quid mirum, ubi illis carminibus stupens
demittit atras belua centiceps
auris et intorti capillis
Eumenidum recreantur angues?

quin et Prometheus et Pelopis parens
dulci laborem decipitur sono
nec curat Orion leones
aut timidos agitare lyncas.

Der hat am Unglückstage dich hingepflanzt,
Wer auch gepflanzt hat, und mit verruchter Hand
Dich aufgenährt, o Baum, den Enkeln
Einst zum Verderb, und zur Schmach des Dorfes.

Der hat dem Vater, Glauben verdient's! er selbst
Geknirscht den Nacken, und in dem Schlafgemach
Umhergesprengt bey Nacht des Gastfreunds
Blut; ja mit kolchischem Gift und Zauber

Hat der, und was je gräßliches dacht' ein Geist,
Gefrevelt: wer dich meinem Gefild' erhob,
Dich argen Stamm, dich, der herabfiel
Aufs unverschuldete Haupt des Eigners!

Nie ward, was stündlich meide der Mensch, genau
Ihm ausgerätselt. Bosporos Fluth durchsteur't
Angstvoll der Pöner, nicht ist furchtbar
Anderswoher ihm das blinde Schicksal.

Es zagt des Parthers Pfeilen und schneller Flucht
Der Krieger; Fesseln der und italischer
Obmacht: doch unversehne Tode
Rafften und raffen dahin die Völker.

Wie nahe sahn wir, düstre Proserpina,
Dein Reich, und dich urtheilenden Äakus;
Fern abgehegt den Sitz der Frommen,
Und zur äolischen Saite jammernd

Um Landesjungfraun Sappho die Sängerinn,
Und dich, Alcäus, voller mit goldenem
Anschlage rauschend Graun der Meerfahrt,
Graun der Verbannung, und Graun des Krieges!

Der beyden Wohllaut, heiliger Stille werth,
Entzückt die Schatten; aber berauschter horcht
Auf Schlachten und verstoßne Herrscher
Dürstender Schwarm mit gedrängten Schultern.

Was Wunder? jenem Wonnegesang' erstaunt,
Senkt auch der hunderthäuptige Beller schwarz
Die Ohren; auch den Eumeniden
Laben sich, schlängelnd im Haar, die Nattern.

Ja selbst Prometheus, Pelops Erzeuger selbst,
Verträumt im Wollusthalle die Kümmerniß;
Nicht sorgt Orion mehr die Löwen
Oder den bebenden Luchs zu jagen.

Friedrich Klingner hat in seinem Aufsatz „Ohnmacht und Macht des musischen Menschen. Horazens Ode 'Ille et nefasto' (2,13)“[217] gezeigt, wie in diesem Gedicht die Macht der Dichtkunst als lösende und klärende Gegenkraft gegen den Schrecken des Todes wirkt und sich in der Bewegung der Ode in der Weise verwirklicht, daß der Gedichtprozeß selbst das Bild der beruhigenden und sänftigenden Gewalt des Liedes ist. Nach dem heftigen Ausbruch der ersten drei Strophen, in denen Empörung durch Stilisierung von Horazens eigener Jambensprache dargestellt wird, ist am Ende der Ode dieser Anfang nahezu vergessen. Der Leser wird „dulci laborem decipitur sono“ (v. 38) wie die Büßer der Unterwelt durch das Barbitoslied mit 'goldenem Plektron' (v. 26f.) des Alkaios. Denn wie die Bewohner der Unterwelt ihre Mühsal im Hören der Lieder vergessen, so verarbeitet und

[217] In: ERMHNEIA. FS O. Regenbogen, Heidelberg 1952, S. 119–126. Abgedruckt in: F. K., Studien zur griechischen und römischen Literatur, Zürich und Stuttgart 1964, S. 325–333.

verwindet das lyrische Ich seine Angst in der Vorstellung lyrischen Gesanges, der seinerseits, bei Sappho („querentem / Sappho puellis de popularibus“, v. 24f.) und mehr noch bei Alkaios („sonantem . . . / . . . dura navis,/ dura fugae mala, dura belli“, v. 26–28), als lyrische Überwindung von Leiden und Übeln verstanden wird.

Die Ode, das erste Gedicht nach dem Lebenskreise-Zyklus des zweiten Buches, ist mit großer Wahrscheinlichkeit Horazens erste Sabinumdichtung und sogar noch früher als Satire 2,6, nämlich auf 33 v. Chr. zu datieren. Das habe ich in dem Artikel “The Date of Horace, Odes 2,13” (1988) auf dem Fundament meiner Arbeiten „Alter Wein“ (1980) und „Lyrische Wirklichkeit“ (1982)[218] begründet. Metrik und Stil, das Alkaiosbild und das Fehlen von Horazens lyrischer Theologie sprechen für Frühdatierung, und das Datum ergibt sich aus c. 3,8 im Zusammenhang aller Alters- und Jahrgangsangaben zu Festweinen und deren Funktion für den Festanlaß in Horazens Gedichten: Der Baum auf Horazens Landgut im Sabinertal (v. 4: „pagi“: v. 10: „agro . . . meo“; v. 12: „domini“) stürzte, den Besitzer beinahe tödlich treffend, an den Kalenden des März 33 v. Chr. zu Boden.

Da weder Klingners Interpretation noch die genannten Analysen hier im einzelnen zu wiederholen sind, muß nur die Frage nach dem Sabinum gestellt und beantwortet werden. Das Landgut ist Raum zupackenden Todes wie jeder andere Ort der Welt. Es ist Illusion, wie in anderen Situationen auch, sich hier geschützt und sicher zu fühlen (v. 13–20). Die Gewaltsamkeit des Todes ist gerade seine Unvoraussehbarkeit (v. 19f.: „inprovisa leti / vis rapuit rapietque gentis“). In seiner Empörung über den Anschlag wendet der Gutsherr gegenüber dem mörderischen Baum seine Unschuld ein: „domini caput inmerentis“ (v. 12), während später das Sabinum das unschuldige Gewand seiner Tyndaris vor den unbeherrschten Händen des Cyrus schützen wird (c. 1,17,28: „inmeritamque vestem“). Der Sturz des sabinischen Baumes ist in der Logik der Empörung geplantes Werk dessen, der ihn pflanzte, eines Mannes, der daher als einer, der zu jedem Frevel fähig ist, als Vater- und Gastfreundmörder, als Giftmischer erscheinen muß (v. 1–12), der den ‘Unglücksbaum’ (v. 11) an verbotenem Tag und mit frevlerischer Hand setzte und aufzog (v. 1–3). Und hat nicht der Vater ein Recht, sich vor seinem Sohn sicher zu fühlen, garantieren die „penetralia“ (v. 6) nicht die Heiligkeit der Gastfreundschaft? So daß also auch der Herr

[218] Sowie „Horatius és a Múzsák“.

Loyalität und Schutz auf seinem Besitz erwarten kann? Der Tod kennt solche Regeln, solche Ansprüche nicht, auch nicht auf dem Sabinum.

Aus Horazens anderen Sabinumgedichten kennen wir das Sabinum anders. Was ist in ihnen gegenüber unserer Ode geschehen, und wie steht sie also zu den späteren Dichtungen? Sie ist, selbst ein Prozeß, der bedeutsame Anfang eines Prozesses, der zunächst zu sat. 2,6 führt und sich dann in den lyrischen Sabinumdichtungen und schließlich in den Sabinumbriefen vollzieht.

'Mit wie knapper Not – „quam paene" (v. 21) – bin ich dem Tod entronnen!' Die vor das geistige Auge gebannte Vorstellung, nicht des Sterbens, sondern des Todes als des Totseins bzw. des Daseins nach dem gestorbenen Tod hellt sich in der sechsten Strophe, Wort für Wort, auf, vom Todesschwarz „furvae" über die „regna Proserpinae" zum Gericht („iudicantem"), aber des (gerechten und frommen) Aeacus (den Horaz später auf den Seligen Inseln denkt: c. 4,8,25–27), zu den 'Wohnsitzen', den 'abgetrennten' (von den Orten der Frevler), der Frommen („sedesque discretas piorum", v. 23). Hinabgestiegen in das Reich der Todesgottheit Proserpina, vor den Richter Aeacus geführt, wäre der erschlagene Herr des Sabinums von Schuld freigesprochen (vgl. v. 12: „domini ... inmerentis") und den Frommen zugesellt worden (vgl. Hor., epod. 16,63: „Iuppiter illa piae secrevit litora genti"; Verg., Aen. 8,670: „secretosque pios"). Er weiß sich selbst also unschuldig und fromm; er ist „integer vitae scelerisque purus" (c. 1,22,1) und kann von „pietas mea" (c. 1,17,13) sprechen. So wie in den beiden Sabinum-Oden des ersten Buches das Musische als Begründung für das Ethische jeweils folgt – „dum meam canto Lalagen" (c. 1,22,10) und „et musa" (c. 1,17,14), so schließt sich hier die Vorstellung an, Sappho und Alkaios gehörten zu den Frommen der Unterwelt und sängen unter diesen[219] ihre Lieder, denen die ganze Unterwelt staunend (v. 30: „mirantur"; v. 33: „stupens") lauscht: liedsüchtig die Menge der dichtgedrängten Schatten, die nur 'eines Ohres' 'Schlachten und Tyrannenvertreibung trinkt' (v. 31f.) – „densum umeris bibit aure volgus" eines der großartigsten Bilder lyrischer Dichtung überhaupt –; besänftigt der hundertköpfige Höllenhund, der seine (zweihundert) Ohren senkt – gegenüber „aure" in v. 32 wird

[219] N. & H. 2, S. 216 machen gegen die Lesart „discretas" (gegenüber „descriptas") geltend, es betone zu sehr die Abgetrenntheit der Frommen und damit der äolischen Sänger, denen doch auch das „volgus" in v. 32 zuhören könne (das N. & H. demnach als Sündermasse verstehen). Sie hätten besser auf Cerberus, die

der Plural „auris" in v. 35, unmittelbar hinter „centiceps", sprechend, und Ovid hätte sich die je zwei schwarzen Cerberusohren an jedem der einhundert Hundeköpfe zu expliziter Demonstration kaum entgehen lassen; erfrischt das Schlangenhaar der Eumeniden (v. 35f.); Mühsal und Leiden vergessend die Büßer, in ihrer Buße, im Zwang ihres Trachtens für einmal erlöst (v. 37–40).

Und das lyrische Ich? „Willkommen dann, o Stille der Schattenwelt! / Zufrieden bin ich, wenn auch mein Saitenspiel / Mich nicht hinabgeleitet" (Hölderlin, An die Parzen). Die Vorstellung lyrischen Gesanges wirkt wie das Barbitoslied selbst als „laborum / dulce lenimen" (c. 1,32,14f.). Nicht weil der Dichter hier selbst lyrisch gedichtet und gesungen hätte (nicht also wie in Hölderlins Ode: „Doch ist mir einst das Heil'ge, das am / Herzen mir liegt, das Gedicht gelungen:// . . . ; v. 7f.), sondern durch die Verwandlung der Rede und des Affekts in der Vorstellung äolischen Liedes. Es ist für das Verständnis der Ode entscheidend, daß man sich bewußt macht, daß Horaz sich nicht selbst als lyrischen Dichter darstellt, daß die Ode sich nicht als Lyraspiel ausgibt, sondern Rede ist, jambische Rede, die sich, in alkäischen Strophen, erst über die Vorstellung von alkäischer Lyrik in lyrische Rede und Gesang, in 'süßen Ton' (v. 38) verwandelt.

„Ille et nefasto te posuit die" stellt die Entstehung der horazischen Lyrik dar, gibt ihre Aitiologie: sie ist erwachsen aus dem Todesschrecken und dem Bewußtsein der Unentrinnbarkeit und Allgegenwart des Todes,

Eumeniden und die Büßer verwiesen, die eindeutig einer anderen Unterweltsregion angehören. Aber abgesehen davon, daß die Abtrennung der Frommen auch bei Lesung „discretas" nicht räumliche Distanz im Sinn eines entfernten Ortes meinen muß, sondern durchaus ihren gesonderten Bezirk bezeichnen kann, sind auch die Frommen selbst als eine Menge vorzustellen, und es spricht mehr dafür, in „umbrae" und „volgus" (v. 30 und 32) die umgebenden Frommen zu sehen, als schon hier an die Seelen der benachbarten Totenregionen zu denken. Denn „quid mirum, . . ." und „quin et . . ." (v. 33 und 37) werden besser verständlich als Überleitung von den Frommen zu den Höllendämonen und Büßern, während sie sich als Übergang von 'allen Toten, seligen Frommen und gepeinigten Tartarusfrevlern' oder, nach N. & H., sogar nur von 'der Menge der impii' zu den danach genannten Gruppen weniger gut eignen. Auch wenn „sacro digna silentio" (v. 29) das „favete linguis: carmina non prius / audita" von c. 3,1,2f. vorwegnimmt, ist „volgus" (v. 32) wegen c. 3,1,1: „Odi profanum volgus" doch nicht notwendig die Menge der Sünder und Büßer. Und sollten den Sängern von Lesbos wirklich nur die Bösen und gar kein Frommer zuhören, Horaz sich allein in ihrer Nähe denken?

in die hinein die frühgriechische Lyrik, verzaubernd und besänftigend, wirkt. Horaz nimmt beide in seine dichterische Existenz auf und arbeitet an ihnen, sie verbindend, lyrisch auf zwei Wegen der Metamorphose von c. 2,13: der göttlichen Errettung, die ich 1982 in der Studie „Lyrische Wirklichkeit bei Horaz“ zu deuten versucht habe, und dem Sabinum in der Lyrik, dem dieses Kapitel gilt. Das physische Entronnensein aus Todesgefahr verbindet sich mit der seelisch-geistigen Verarbeitung der Todesverfallenheit zur lyrischen Sinngebung des Überlebens. Die dichterische Existenz weiß sich rettenden göttlichen Kräften verdankt, musischen Göttern, die nicht nur den stürzenden Baum abfingen, sondern auch in anderen Gefahren physischer und geistiger Existenz wirkten. Die lyrische Verarbeitung der Todesgefahr auf dem sabinischen Landgut in c. 2,13 rückt die dichterische Existenz in das Sabinum, das der Lyriker in den symbolischen Raum der lyrischen Überwindung von Tod und Gewalt, in den Segensort von Friede und Freundlichkeit verwandelt.

b Non ebur neque aureum (c. 2,18)

Non ebur neque aureum
    mea renidet in domo lacunar,
non trabes Hymettiae
    premunt columnas ultima recisas
Africa neque Attali
    ignotus heres regiam occupavi
nec Laconicas mihi
    trahunt honestae purpuras clientae.
at fides et ingeni
    benigna vena est pauperemque dives
me petit: nihil supra
    deos lacesso nec potentem amicum
largiora flagito,
    satis beatus unicis Sabinis.
truditur dies die
    novaeque pergunt interire lunae:
tu secanda marmora
    locas sub ipsum funus et sepulcri
inmemor struis domos
    marisque Bais obstrepentis urges

submovere litora,
  parum locuples continente ripa:
quid quod usque proximos
  revellis agri terminos et ultra
limites clientium
  salis avarus? pellitur paternos
in sinu ferens deos
  et uxor et vir sordidosque natos.
nulla certior tamen
  rapacis Orci fine destinata
aula divitem manet
  erum. quid ultra tendis? aequa tellus
pauperi recluditur
  regumque pueris, nec satelles Orci
callidum Promethea
  revexit auro captus. hic superbum
Tantalum atque Tantali
  genus coercet, hic levare functum
pauperem laboribus
  vocatus atque non vocatus audit.

Weder Elfenbein durchblinkt
  Noch goldnes Prunkgetäfel mir die Wohnung,
Nicht Hymettus-Balken ruhn
  Auf Säulen, fern am letzten Strand des Afers
Ausgehaun, nicht Attalus
  Palast, ein unbekannter Erb', erlangt' ich;
Nicht durch Schutz verpflichtet drehn
  Mir edle Frauen fein Lakonen-Purpur.
Aber Treu und reges Sinns
  Ward milde Ader mir, und selbst mich Armen
Sucht der Reiche. Nichts erfleh'
  Ich mehr von Göttern; nicht vom hohen Freund auch
Fordr' ich Überhäufungen,
  Genug durch Ein Sabiner-Feld beseligt.
Schnell verscheucht den Tag der Tag,
  Fort wandeln neu zum Untergang die Monde.
Du, dem Tode nah, verdingst
  Zu haun noch Marmorblöck', und nicht des Grabmals

Denkend thürmst du Häuser auf,
Und drängst dem Meere, das an Bajä herrauscht,
Sein Gestade weit hinaus,
Zu knapp an festem Uferland begütert.
Ja, noch rückst du immerfort
Des nächsten Feldes Scheidestein, und über
Schutzverwandter Gränze springst
Habsüchtig du: auswandernd trägt der Väter
Heiligthum im Schooß hinweg
Gemahl und Weib, ach! und die armen Kindlein.
Aber nicht gewisser, als
Das vorbestimmte Ziel des Raffers Orcus,
Wird ein Hof den reichen Herrn
Empfahn. Was strebst du fürder? Gleiches Erdreich
Schließt dem armen Mann sich auf,
Und Königskindern. Nicht des Orcus Scherge
Löst' um Gold des listigen
Prometheus Fessel. Jener hält den stolzen
Tantalus und seinen Stamm
Gekerkert; und mit Leichterung dem Armen
Unter hartem Druck zu nahn,
Gerufen oder nicht gerufen, hört er.

Die Ode mit ihrer Kritik an Luxus und der Zuspitzung zur Verurteilung zeitgenössischer Bauwut kann so kommentiert werden, daß sie sich als Wiederholung hundertfach in der Antike geäußerter Gedanken darstellt. Das ist bei N. & H., zurückhaltender auch bei Syndikus, geschehen, so daß schon deshalb nicht alle von ihnen herangezogenen Parallelen wiederholt werden müssen. Aber die Interpretationshinsicht ist hier ohnehin von vornherein eine andere, nämlich durch die Fragen bestimmt: Was ist neu an diesem Gedicht? Welche Funktion hat das Sabinum? Was haben die beiden Sabinum-Oden des zweiten Buches miteinander gemein?

Schon der Befund, daß uns die Ode als ein individuelles Gedicht ganz eigenen Tonfalls in der Erinnerung präsent ist, daß uns ihre Bilder lebhaft vor Augen stehen – vor allem das vertriebene Bauernpaar mit den Göttern und Kindern im Arm –, daß uns ihre Fügungen verzaubern, von dem τηλαυγὲς πρόσωπον des Eingangs, dem (verneinten) Elfenbein und Gold der Kassettendecke eines Palast-Atriums, bis zu dem Paradox „non vocatus audit", ihren letzten drei Worten: all das spricht wie auch das von Horaz hier das einzige Mal verwendete, nach dem Zeugnis des Caesius Bassus (Gramm. Lat. 6,270,21 Keil) von Alkaios häufig benutzte Versmaß (Distichen aus katalektischen trochäischen Dimetern und katalektischen jambischen Trimetern) für die Einzigartigkeit und Neuheit des Gedichts. Tatsächlich ist die Verbindung der Themen Bauluxus und Unerbittlichkeit des Todes einmalig und neu.

Die dreiteilige Ode (v. 1–14; 15–28; 29–40) führt in ihrem ersten Teil auf das Sabinum zu (v. 14: „satis beatus unicis Sabinis"). Die Verneinung luxuriösen Baubesitzes ist ein integrierendes Element der durch das Sabinum repräsentierten Lebensform des lyrischen Ichs, von der aus Bauwut und Prachtbauten kritisiert und analysiert werden können. Der Interpret ist gefordert, den Sinn dieser Antithese aufzuschließen.

An Gemeinsamkeiten mit der vorangegangenen Sabinum-Ode des zweiten Buches, „Ille et nefasto te posuit die" (c. 2,13), lassen sich sogar noch vor einer tiefer dringenden Interpretation die folgenden benennen: (1) Wie c. 2,13[220] ist c. 2,18 mit großer Wahrscheinlichkeit ein frühes lyrisches Gedicht. Sowohl N. & H. als auch Syndikus verweisen generell auf die Nähe zu Satiren und Epoden. Vgl. z. B. N. & H. 2, S. 291f.: "The ode has affinities with the satires in subject-matter and with the epodes in metre". Im Blick auf das Sabinum läßt sich c. 2,18 in eine Reihe stellen mit sat. 2,6,1–5 (bes. v. 4: „nil amplius oro"), epod. 1,23–34 (bes. v. 31f.: „satis superque me benignitas tua / ditavit") und c. 3,1,41–48. Wenn Horaz gegenüber Vergil, Georg. 2,461–471 die Priorität haben sollte (was N. & H. für wahrscheinlich halten), "the poem must be assigned to the triumviral period soon after the acquisition of the Sabinum" (N. & H. 2, S. 291), also in die Zeit von c. 2,13. Aber auch bei umgekehrter Reihenfolge bleibt Frühdatierung möglich, da Horaz die Georgica kaum erst nach ihrer Publikation kennengelernt hat.

(2) In unserer Ode erscheint Prometheus in der Unterwelt. Diese ungewöhnliche Abweichung von der mythologischen Vulgata begegnet nur noch einmal in der antiken Literatur, nämlich in der anderen Sabinum-Ode des zweiten Buches (c. 2,13,37f.). Auffälligerweise ist an beiden Stellen mit Prometheus Tantalus verbunden (c. 2,13,37f.; c. 2,18,36–38), und während c. 2,13 den Unterweltsbüßer umschreibt als „Pelopis parens", fügt c. 2,18

[220] Vgl. o. S. 102.

den Sohn Pelops in der Umschreibung „Tantali genus" hinzu. Epode 17,65–69 verbindet Tantalus, Prometheus und Sisyphus in ihren Qualen; eine Lokalität ist nicht genannt, die Stellung des Prometheus zwischen zwei Unterweltsbüßern rückt ihn jedoch gedanklich auch hinsichtlich des Straforts in ihre Nähe.

(3) Wichtiger als dieses ungewöhnliche Insistieren auf der Sterblichkeit und endgültigen Orkusverfallenheit auch des Prometheus, welches die beiden Oden mit Vorstellungen von c. 4,7 (vgl. v. 14–16. 21–28) verbindet, ist die Gemeinsamkeit der Sabinumgedichte des zweiten Odenbuches in Unterweltsbildern und in der Todesthematik, sowohl untereinander als auch mit anderen Oden des Buches. Unterweltsbilder finden sich in sieben Gedichten des zweiten Odenbuchs (c. 2,3.13.14.17.18.19.20), d. h. in jedem dritten Gedicht. Die Dichte in Buch 1 ist 1:6 (c. 1,3.4.10.24.28.34), in Buch 3 nur 1:15 (c. 3,4.11). Es ist o. S. 101ff. gezeigt worden, wie in c. 2,13 das Todesthema mit dem Sabinum zusammenhängt; die analoge Aufgabe ist jetzt für c. 2,18 gestellt.

v. 1–5 Das Bild eines prunkvollen Atriums zeitgenössischer Paläste mit der goldelfenbeinernen Kassettendecke zwischen graustreifigem Marmorgebälk vom Hymettos in Attika auf Säulen aus buntem numidischem oder libyschem Marmor verbindet Lucr. 2,27f.: „nec domus argento fulget auroque renidet / nec citharae reboant laqueata aurataque templa" (vgl. N. & H. 2, S. 291) mit Catulls Beschreibung des thessalischen Peleuspalastes anläßlich seiner Hochzeit mit Thetis (nicht bei N. & H. oder Syndikus): „ipsius at sedes, quacumque opulenta recessit / regia, fulgenti splendent auro atque argento./ candet ebur soliis, collucent pocula mensae,/ tota domus gaudet regali splendida gaza" (Catull, c. 64,43–46). Horaz selbst wird dieses Bild nochmals variieren in c. 3,1,41–48.

v. 4 *premunt* Das Verb ist zwar durchaus mot juste für das lastende Aufliegen von Marmorgebälk auf Säulen, erhält aber im Zusammenhang der Oden 13–20 des zweiten Buches einen ominösen Oberton (vgl. c. 2,16,11f.: „curas laqueata circum / tecta volantis"), der Last und Bedrohung im Sinn von c. 3,1,17f. („destrictus ensis cui super inpia / cervice pendet") oder c. 3,24,8 („non mortis laqueis expedies caput") andeutet.

v. 6 *ignotus heres* Mit der Vorstellung des Erben wird unüberhörbar der Todesgedanke präsent (vgl. c. 2,3,17–20; c. 2,14,25 in seinem Kontext), mit der Vorstellung eines unbekannten Erben die Sinnlosigkeit des Reichtums angedeutet.

v. 6 *occupavi* besagt nicht die unrechtmäßige Aneignung. Es betont einerseits nochmals den Verlust des bisherigen Besitzers, andererseits das gewaltsame Platzergreifen durch den neuen Besitzer, der, zwar durchaus unter einem Rechtstitel, die Beute mit Beschlag belegt, dem aber jede Beziehung zu dem Erworbenen fehlt. Vgl. c. 3,24,3f.: „licet occupes / terrenum omne ... et mare publicum".

v. 7f. *mihi / trahunt ... purpuras clientae* Die von N. & H. (die überall in dieser Ode Anspielungen auf den Reichtum des Maecenas zu erkennen glauben) favorisierte Auffassung 'sie tragen Purpurschleppen', nämlich die Klientinnen, die sich in meinem Atrium versammeln (ohne Kommentierung von „mihi", das in diesem Fall dat. sympatheticus wäre), ist wohl doch, zumal wir von 'salutatio' des Patrons durch Klientinnen nichts wissen, gegenüber der traditionellen Vorstellung zurückzuweisen: die Klientinnen, dem Zusammenhang nach eines Königs, spinnen Purpur, versorgen also den königlichen Patron mit Purpurstoffen. Purpur als Exempel für Luxus bei Catull, c. 64, 48–50 und 163, Horaz, c. 1,35,12 („purpurei ... tyranni"), c. 3,1,42f. („purpurarum ... / ... usus"), c. 2,16,7f. und 35–37 („te bis Afro / murice tinctae // vestiunt lanae").

v. 8 *honestae .. clientae* Die Habsucht und Rücksichtslosigkeit eines solchen Reichen kann nicht schlagender belegt werden als dadurch, daß der einzige historische Analogiefall aus einer Verresrede Ciceros stammt (2,4,58f.): eine reiche und vornehme Dame in Segesta stellte Purpurstoffe für die Speisesofas des während seiner Amtszeit relativ unbefangen Kunstgegenstände und Luxusgüter mit Kennerschaft sammelnden Statthalters von Sizilien her.

v. 9–14 Dieser Passus ist gewissermaßen, wie o. S. 108 schon angedeutet, eine weiterführende Kontamination des Eingangs von sat. 2,6 und der Verse 23–34 der ersten Epode: der verneinte Komparativ („nec ... largiora" – „nil amplius", sat. 2,6,4), die Genüge („satis"), die Beendigung des Bittens und Wünschens gegenüber Maecenas und den Göttern. Auch „fides" und 'ingenium' verbinden Motive jener Gedichte: das Gebet um schlankes 'ingenium' und Beistand Merkurs (in sat. 2,6,14f.) und die Zusage der Gefolgschaft gegenüber Maecenas (in epod. 1), wie sie in c. 2,17, der hier unmittelbar vorausgehenden Ode, erneuert und intensiviert worden ist (vgl. bes. v. 9f.: „non ego perfidum / dixi sacramentum").

Neu und weiterführend gegenüber sat. 2,6 und epod. 1 sind die Worte „benigna vena" und „beatus", die noch eine Steigerung darstellen, neu auch die Verben des Bittens. Statt 'orare' (sat. 2,6,4 und 13) mit 'votum' und „hac prece" (v. 1 und 13), statt „in tuae spem gratiae,/ non ut ..." (epod. 1,24ff.) hier nun 'lacessere' und 'flagitare', 'reizen, bedrängen, belästigen'. In beiden Verben erhält das Beten, Wünschen, Verlangen eine Nuance von Gewaltsamkeit, den Aspekt der Rücksichtslosigkeit, Unverschämtheit, Grenzüberschreitung, deren Ablehnung wiederum die in „fides", „benigna vena" und „satis beatus" implizite Vorstellung der Umgrenzung und Grenzeinhaltung aus dem Bewußtsein von Fülle, Sättigung und Glück intensiviert.

v. 14 *unicis Sabinis* 'mein einziges und einzigartiges Sabinergut'. Vgl. o. Anm. 70 zur Widerlegung der Auffassung von N. & H., 'Sabini' könne nicht 'sabinisches Landgut' heißen. Mit 'unicus' spielt Horaz; er hat im Unterschied zu den Reichen (vgl. o. S. 25f. u. 75 und hier in der Ode v. 17–22, bes. v. 19, "struis domos") nur ein einziges Landgut; mit ihm ist er beglückt: er sieht es also als einzigartig an. Während Pleonexie, das Verlangen nach mehreren Villen, den Wert des schon vorhandenen Besitzes herabsetzt bzw. von dessen Unvollkommenheit ausgeht, sieht die Lebenskunst der Glückssicherung durch Maß und Begrenzung das einzige Gut als einzigartig an, als vollkommen und durch Addition, Multiplikation, Zahl und Plural nicht zu steigern.

v. 15f. *truditur dies die / novaeque pergunt interire lunae* Der überraschende Neueinsatz erklärt sich an der Oberfläche so, wie N. & H. feststellen: "the theme of luxury is not interrupted as the sentence is subordinate in sense to what follows". Aber damit ist noch nicht verstanden, warum der subordinierte Satz vorangestellt ist und also dem Vers „satis beatus unicis Sabinis" unmittelbar folgt, warum Parataxe statt Hypotaxe gewählt ist und warum die 'Flucht der Zeit' so gewalttätig und todessüchtig dargestellt ist.

„Satis beatus" ist der implizite Gegensatz zu der Gewaltsamkeit und Untergangsverfallenheit der vergehenden Zeit und alles Zeitlichen und Zeitabhängigen. Wer dagegen den Tag pflückt (c. 1,11,8), wer so lebt, daß er sich 'beatus' nennen kann, wird, wenn seine Zeit abgelaufen ist, zufrieden wie ein 'satter Gast' („conviva satur") gehen (sat. 1,1,117–119), wer von Tag zu Tag „vixi" sagen kann, lebt seiner selbst mächtig und froh, und das Gelebte vermag auch der Himmelsgott nicht zu nehmen (c. 3,29,41–48): der wird von der Zeit unabhängig.

Statt vom 'Fliehen' der Zeit oder der Jahre (vgl. c. 1,11,7f.; 2,14,1f.) spricht Horaz hier vom Fortgestoßenwerden des Tages durch den Tag und vom Vergehen der Monde und Monate. Synonyme zu 'trudere' sind 'urgere' (vgl. epod. 17,25: „urget diem nox et dies noctem") und 'pellere'. Beide Verben kommen im Folgenden vor: „urges / submovere litora" (v. 20f.) und „pellitur . . . / . . . / et uxor et vir" (v. 26–28). Die gewaltsame Pleonexie des Reichen ist ein Abbild der Zeit, offenbart seine Zeitverfallenheit. Aber es gilt auch: die Bauwut und Besitzgier des Reichen läßt die Zeit als rücksichtsloses Verdrängen der Gegenwart in die Vergangenheit und als Eile in den Untergang erscheinen. Der Einzig(artig)keit des Sabinums steht die gleichförmige Vielheit der Tage („dies die") und Monde/Monate gegenüber. Aber die Zeit ist dies nur für den Besitzvervielfacher, den pleonektischen Zähler, der nur die Pluralität von Einheiten kennt, nicht die Singularität und Einzigartigkeit eines Gutes oder eines Tages. „Vixi" zum einzelnen Tag und „satis beatus" zum einzigen Sabinum sind ein und dieselbe Grundhaltung.

v. 17–22 Die beiden vorangegangenen Verse waren diesem Passus nicht hypotaktisch zugeordnet, weil die Beziehung zwischen ihnen und der Charakteristik des Bauens komplexer ist. Das Diatriben-Du handelt in der beschriebenen Weise, *obwohl* Tage und Monde vergehen; seine Aktivität hat die charakterisierte Form aber auch, *weil* die Zeit gewaltsame Pleonexie und Rennen zum Tod ist, und schließlich: weil der Unzufrieden-Gierig-Aktive so handelt, wie er handelt, ist seine Zeit eine Zeit des Verdrängens, des Vergehens, des Nicht-Festhaltens.

v. 23–28 War schon das Bauen ins Meer hinaus eine Überschreitung von Grenzen gewesen[221], Grenzen, die die Natur festgesetzt hat, so gilt dies in höherem Maße für das Ausreißen des geheiligten Grenzsteins und die Vertreibung der eigenen Klienten: Hier wird einerseits Grenze im eigentlichen Sinn verletzt, und zugleich wird göttliches und römisches Sittengesetz mißachtet.

v. 23–26 *proximos / revellis agri terminos et ultra / limites clientium / salis* Wie der Ausdruck 'Grenzen der Klienten', über die der Habsüchtige springt, erkennen läßt, bezeichnet „agri" nicht ein Feld (wie Voß übersetzt), sondern das Landgut[222] und zwar nicht das des Nachbarn (N. & H. fassen „proximos . . . agri terminos" als Hypallage auf für „proximi agri terminos"), sondern das eigene, dessen jeweils nächste (und dem Habsüchtigen zu nahe) Grenzsteine entfernt werden. So hat bereits Ps.-Quint., decl. mai.

[221] Belege bei N. & H. zu v. 21.

[222] Vgl. Anm. 163.

13,2 die Stelle verstanden: „postquam proximos quosque revellendo terminos ager locupletis latius inundavit". In diesem Satz, der Horaz imitiert (vgl. N. & H. 2, S. 304), ist „proximos (terminos)" keine Enallage, bedeutet nicht 'des Nachbarn', sondern (mit „quosque") 'die jeweils nächstgelegenen (Grenzsteine)' und ist „ager" das Latifundium des Reichen.

v. 29 *tamen* Die unumstößliche Gewißheit des Orcus-Hofes als zukünftiger Wohnung auch des Reichen ist mit „tamen" dem ganzen Abschnitt v. 15–28 entgegengesetzt. Diese Entgegensetzung besagt nicht nur, daß der Besitz vieler Häuser im Blick auf den Tod sinnlos ist, sondern auch und vor allem, daß die rastlose Tätigkeit des Bauens der dem Reichen unerkannte und sinnlose Versuch ist, dem Tod zu entgehen, ihn zu verdrängen. Pleonexie ist Verdrängung von Todesangst. Lebensglück ist nur möglich in einer Bescheidung, die den eigenen moriturus-Status in das Leben hineinnimmt (vgl. c, 2,3 und 1,4, c. 4,7 und 12).

v. 30 *rapacis* Vgl. c. 2,13,19f.: „sed inprovisa leti / vis rapuit rapietque gentis".

v. 32 *quid ultra tendis?* Hier wegen des zu „tamen" (v. 29) Bemerkten der Gegensatz zu v. 11–14.

v. 34 *satelles Orci* Charon. Das gilt allerdings nur, wenn man „hic ..., hic ..." von v. 36ff. auf Orcus selbst zurückbezieht. Sieht man dagegen ein und dieselbe Person im Diener des Orcus und im Subjekt von v. 36–40 (so N. & H.), dann handelt es sich im Licht von c. 1,10,17–20 und der vorangegangenen Ode 2,17 um Merkur (so N. & H.), im Licht von epist. 1,16,73–79 und der hier nachfolgenden Ode, 2,19 um Bacchus. Da aber beide kaum Gefolgsleute (Diener, Schergen) des Orcus genannt werden können, da außerdem ein Befehlsempfänger des Orcus nicht selbst die autoritative Instanz sein kann, die einen Toten festhält oder im Gebet eines Armen um Erlösung angerufen wird, empfiehlt es sich, für den Orcusgefolgsmann bei Charon zu bleiben und die hymnische Anapher „hic ..., hic ..." als Prädikation des Orcus zu betrachten.

v. 38–40 *hic levare functum / pauperem laboribus / vocatus ... audit* Anrufung des Orcus in Not bezeugt Lucr. 5,994–998 (vgl. Ov., met. 7, 604f.: „ultroque vocant venientia fata"). Nur hier in den Oden bedeutet Tod Erlösung; in epist. 1,16,73–79 ist diese Vorstellung mit Dionysos Λυαῖος wieder aufgenommen. 'Labor' hat hier die gleiche Farbe wie in c. 2,13,38.

v. 40 *atque non vocatus audit* Das wunderbare Oxymoron unterstreicht die Befreiung und Erlösung, die der Tod sein kann. Keine Rede davon, daß "here the words make a sinister climax" (N. & H.), vielmehr ist die Bewegung von „rapacis Orci" (v. 29–31) zu „non vocatus audit" von der Art, daß man die Verszeile eines Epigramms von Rudolf Borchardt („Die verwundete Schwalbe") dazuschreiben kann: „Sahe den schrecklichen Tod freundlicher werden und starb". Der Tod, der den Reichen und Gierigen hart und gewaltsam, gierig zupackend, wie dieser selbst ist, überrascht, hört den Armen und Leidenden auf dessen Rufen, und er erhört auch das nicht ausgesprochene Gebet: er kommt freundlich und sanft, weiß sich willkommen.

4 Die beiden Sabinum-Gedichte des dritten Odenbuches Gebet und Segen

a Die Bandusia-Ode (c. 3,13)

Schutz, Frieden, Freundlichkeit, Gewaltlosigkeit war in der Tyndaris-Ode (c. 1,17), weniger im Gedicht „Integer vitae" (c. 1,22), als Mäßigung von Leidenschaft, als Abwesenheit von Eifersucht und Streit dargestellt worden, ohne daß an deren Stelle Apathie, Emotionslosigkeit, Verzicht getreten wären. Sondern eben Maß ist das Prinzip und gibt die Gestalt: Wein soll getrunken werden, aber eben der 'harmlose' ('innocens') Lesbier; Erotik und Liebe sind da, aber 'unschuldig' ('inmerita'), mit 'pietas' verbunden, nicht mit 'proelia'. Der Bandusia-Hymnus wird die Maßvorstellung als Prinzip des Segens im Sabinertal leitend machen.

O fons Bandusiae, splendidior vitro,
dulci digne mero non sine floribus,
   cras donaberis haedo,
      cui frons turgida cornibus

primis et venerem et proelia destinat –
frustra, nam gelidos inficiet tibi
   rubro sanguine rivos
      lascivi suboles gregis.

te flagrantis atrox hora Caniculae
nescit tangere, tu frigus amabile

fessis vomere tauris
praebes et pecori vago.

fies nobilium tu quoque fontium
me dicente cavis inpositam ilicem
saxis, unde loquaces
lymphae desiliunt tuae.

O Bandusia-Quell, blinkender als Krystall,
Werth balsamisches Weins unter dem Blumenkranz!
Dir wird morgen ein Böcklein,
Dem die Stirne von Hörnchen keimt,

Und schon bräutliche Lust, tapfere Kämpfe schon
Vorbestimmet; umsonst! Färben mit rothem Blut
Soll die kühlenden Bäche
Dir der üppigen Herde Sproß.

Dich weiß Sirius-Glut, ob sie in Flammen tobt,
Nicht zu treffen; du hauchst labende Frischungen
Hold dem lässigen Pflugstier,
Hold dem schwärmenden Wollenvieh.

Auch du mehrest hinfort edeler Quellen Zahl.
Denn ich singe die Steineiche der Felsenkluft,
Wo aus hoher Umschattung
Dein redseliger Sprudel hüpft.

v. 1 *O fons Bandusiae* Bandusia ist der Name der Quelle und ihre Nymphe. Der weiblich-personale Aspekt wird am Schluß mit „loquaces / lymphae desiliunt tuae“ erneuert, wo in ‘lympha’ ‘nympha’ mitgehört wird. Vgl. c. 2,11,18–20: „praetereunte lympha“ (als Beimischung zu den ‘pocula ardentis Falerni’). Der römische Quellgott Fons hat der Interpretation fernzubleiben.

v. 1 *splendidior vitro* Also schöner noch als die ‘vitrea Circe’ von c. 1,17,20.

v. 2 *dulci digne mero non sine floribus* Es handelt sich nicht um zwei Opfergaben an den Bandusiaquell, Blumenkränze und Wein. Denn wenn die Kränze, die Varro als Spenden an den Fontinalia (13. Oktober) bezeugt („in fontes coronas iaciunt“, De ling. lat. 6,22), das wären, müßte es auch der

Wein sein, der aber als Opfer für Quellen und Quellnymphen im griechischen und römischen Kult nicht nur nicht bezeugt ist, sondern sogar ausgeschlossen wird[223]. Damit entfällt auch die Anbindung an die Fontinalia. Der Charakter eines eigenen privaten Festes ist ohnehin evident, und der Verzicht auf die Oktobermitte als fiktives Festdatum wird sich als förderlich erweisen. Die als einheitlich zu verstehende Prädikation von v. 2, wie sie noch bis in die Mitte des 18. Jhs. richtig verstanden wurde, besagt, daß das Quellwasser in seiner Reinheit würdig sei, süßem lauteren Wein beigemischt zu werden, was an Festen in blumenbekränzten Mischgefäßen geschah. Diese Auffassung wird nicht allein durch den Aufbau des Verses nahegelegt, sondern auch durch die Fülle der Sachparallelen (Hesiod, Theokrit, Vergil) gestützt. Auch die mit 'dignus' ausgesagte Relation widerspricht nicht. Denn der Satz, zu dem wir die vokativische Prädikation umformulieren können, 'fons dignus mero est', kann zweierlei bedeuten: 1. 'der Quell ist würdig / verdient es, den Wein zu erhalten' (vgl. etwa „hominem mille mortibus dignum") oder 2. 'der Quell entspricht an Wert / ist angemessen dem Wein' (vgl. z.B. „tibi di dignum factis exitium duint"). Wenn jemand seiner Vorfahren würdig ist ('dignus maioribus suis'), wenn ein Geschenk Apollos würdig ist ('munus Apolline dignum'), dann meint dies nicht, der Nachfahre oder Apollo verdienten es, solche Vorfahren oder eine bestimmte Gabe zu erhalten (1), sondern diese Sätze prädizieren Wertentsprechung und Angemessenheit: das Subjekt von 'dignus' bleibt hinter dem Nomen, das im Ablativ steht, nicht zurück (2).

v. 3 *cras* Vertrauliche Zwiesprache" (K.-H.) am Vorabend des (fiktiven) Festes.

v. 3 *haedo* Böckchenopfer, auch sonst für Quellgottheiten bezeugt, verbinden auch die beiden Sabinumgedichte des dritten Odenbuches; vgl. c. 3,18,5: „si tener pleno cadit haedus anno" für Faunus am 5. Dezember im Sabinertal.

v. 5 *venerem et proelia* Zwar kein Hendiadyoin, aber ein einheitlicher Komplex: Liebe und Kämpfe, Kämpfe aus Liebe, Kämpfe in der Liebe, gewalttätige Liebe, brünstige Schlachten. Als Formel würde dies auch c. 1,17,22–28 (Streit beim Symposion, Gewalt des Liebhabers Cyrus) charakterisieren.

[223] Vgl. Schmidt, Dichterlandschaft, S. 106f. mit Anm. 43–47.

v. 6f. *gelidos inficiet tibi / rubro sanguine rivos* Zur obliquen Antithese 'kalt'-'rot' (statt: 'kalt'-'warm' bzw. 'gläsern-klar' - 'rot') und ihrer Funktion lyrischer Verdichtung durch lakonische Synekdochen (indem die Opposition 'kalt'-'rot' vermöge ihrer Verschiebung 'kalt und durchsichtig-klar' - 'rot und warm' bedeutet) vgl. Schmidt, Σχῆμα Horatianum.

Das Verständnis der ersten beiden Strophen wird verfehlt, wenn man in ihnen Nüchternheit oder sogar Askese dargestellt sieht. Die Festlichkeit des Gedichts, das Preisen, die Farbe der Dankbarkeit sprechen von vornherein gegen den Ausdruck eines solchen Lebensprogramms. Es geht vielmehr um Maß, wobei Mäßigung sogar nicht einmal als Ernüchterung und Reduktion, sondern als festliche und wirkende Kraft erscheint. Das Quellwasser wird süßem Wein beigemischt (was keine 'Verwässerung' oder Verneinung, sondern umgekehrt Zurüstung zum Fest ist; vgl. c. 2,11,18–20). Damit wird dem Wein nicht nur Heftigkeit und 'blutiger Streit' („sanguineis . . . rixis", c. 1,27,4; vgl. c. 1,18,8), zerstörerisches Unmaß und barbarische Maßlosigkeit genommen, der feuergezeugte Dionysos 'modicus' und 'verecundus' gemacht (c. 1,18,7; c. 1,27,3), sondern er wird im Blumenschmuck der Kratere festlich gesteigert. Die sexuell muntere Ziegenherde ('lascivus grex', v. 8) oder ihre Böcke ('olentes mariti', vgl. c. 1, 17,7) werden nicht insgesamt hingeschlachtet, sondern ein einziges Böckchen wird geopfert, dessen rotes Blut und Liebesleidenschaft sich doch dem kühlen Quellwasser vermischt. Reines Quellwasser und süßer Wein, kaltes Quellwasser und Lebensblut: in diesen Mischungen, in solcher Temperierung findet die sabinische Lebenskunst ihr Symbol, erweist sich ihre Mäßigung als Kultivierung und Zivilisierung, als Steigerung und Glücksbedingung, nicht als moralisierende Langeweile und Triebnegierung.

v. 9f. *te flagrantis atrox hora Caniculae / nescit tangere* Vgl. c. 1, 17,17f.: „Caniculae / vitabis aestus". Wie für die Tyndaris-Ode machen für dieses Gedicht als fiktive Zeit die Glutwochen des Sirius (23.7.–23.8.) am meisten Sinn.

v. 10 *frigus amabile* Auch die Erquickung der von Hitze Erschöpften durch Kälte ist eine Temperierung und Mischung und zwar wohl im Ausgleich eines Zuwenig (ἔλλευψις) wie vorher eines Zuviel (ὑπερβολή). Die Quelle wird zum Prinzip von μεσότης.

v. 13 *fies nobilium tu quoque fontium* Bandusia tritt in den Katalog der Inspirationsquellen ein wie der Hippokrene oder Aganippe am Helikon, wie der Camenenquelle vor Rom (deren altes Opferfest am 13.8. war), wie der Arethusa in Syrakus u. a. – so wie der Lyriker Horaz in c. 1,1,35f. sich in den Kanon der (griechischen) Lyriker aufgenommen wünscht. Horaz macht die Bandusia auf seinem Sabinum zu seiner Inspiration, zum Urquell spezifisch horazischen und sabinischen Dichtens, weil er mit ihr in dieser Ode den Kraftquell seines Dichtens, gleichsam sein Programm, symbolisiert. Denn sie ist bisher nicht berühmt und also noch keine Inspirationsquelle gewesen. Erst dieses Gedicht macht sie dazu (v. 14: „me dicente"). Die Beziehung von Dichter und Muse ist die gleiche wie in c. 3,30,14–16: „sume superbiam,/quaesitam meritis ... / ... Melpomene, ...", 'fasse hohen Mut (das 'Annehmen des Stolzes' nicht als ein Akzeptieren, sondern wie in 'Mut fassen' ein 'Ergreifen', 'mit Beschlag belegen', ein 'Anlegen' wie eines Gewandes), den mein Verdienst dir errungen, ..., Melpomene, ...'. Bandusia, die 'Allesschenkerin' Πανδοσία, ist das Kraftzentrum und die Eigenart der horazischen Lyrik, der er in dieser Ode die Quelle auf seinem Sabinum als Symbol gegeben hat, ein so zugleich reales und konkret authentisches, wie auch seine Lyrik Aneignung und Transformation griechischer Dichtung in die Gelegenheiten und Gegebenheiten seines individuellen Lebens hinein ist.

Die Schlußstrophe präsentiert damit eine für Horaz generell und die Sabinumdichtungen insbesondere typische Volte. Mußten wir in den ersten drei Strophen annehmen, daß der bandusische Quell der Ursprung der Maßethik der horazischen Lyrik ist, so erfahren wir in der vierten Strophe, daß diese Mäßigung aus dem Lyriker Horaz selbst kommt, der sie zuallererst hier in diese Quelle hineinprojiziert. Die Bandusia ist nicht schon ein berühmter Musenquell, sondern erst dieses Gedicht macht sie dazu und zwar eben als Symbol spezifisch horazischer Lyrik: 'Auch du wirst eine der berühmten Quellen sein, weil ich singe ...' Diese Verwandlung der Wirklichkeit, derart, daß der Dichter seinen geistigen Innenraum auf den Außenraum seines realen Lebenszentrums überträgt, hat Horaz schon mit der 'Taufe' der anonymen Quelle begonnen. Seine Dichtungen führen mehr und mehr dazu, die Welt des Sabinums mit horazischer Bedeutung zu füllen, es zum μουσεῖον zu machen zur Anschauung einer geistigen Welt.

b Der Faunus-Hymnus (c. 3,18)

Faune, Nympharum fugientum amator,
per meos finis et aprica rura

lenis incedas abeasque parvis
    aequus alumnis,

si tener pleno cadit haedus anno
larga nec desunt Veneris sodali
vina creterrae, vetus ara multo
    fumat odore.

ludit herboso pecus omne campo,
cum tibi nonae redeunt Decembres;
festus in pratis vacat otioso
    cum bove pagus;

inter audacis lupus errat agnos,
spargit agrestis tibi silva frondes,
gaudet invisam pepulisse fossor
    ter pede terram.

Faunus, o Liebkoser um scheue Nymphen,
Durch die Feldmark mir und die Sonnenäcker
Wolle sanft hinwandeln, und hold den kleinen
    Zöglingen abgehn;

Wenn am Jahrfest blutet ein zartes Böcklein,
Und der Mischkrug dir, ein Genoß der Venus,
Reiches Weins nicht darbt, und des Moosaltares
    Vieler Geruch dampft!

Alles Vieh frohlockt in dem grünen Anger,
Wenn gekehrt dir sind die December-Nonen;
Müßig feyrt durch Wiesen das Dorf, und müßig
    Weidet der Pflugstier.

Ohne Furcht sehn Lämmer den Wolf gesellet;
Ehrend streut dir ländliches Laub die Waldung;
Fröhlich stampft Erdreich, das ihn quält, der Gräber
    Hüpfend im Dreyschlag.

v. 1 *Faune, Nympharum fugientum amator* Faunus erscheint sogleich hellenisiert, nämlich mit Pan gleichgesetzt, der fliehende Nymphen liebt. Den Kommentatoren fällt es nicht schwer, zu Pan als musischem Nymphenführer oder -gefährten Belege anzuführen (vgl. K.-H. und Syndikus), aber zum Nymphenliebhaber zitieren sie an vorhorazischen Zeugnissen nur Eur., Helena 187–190. Es ist zwar richtig, daß sich aus den nachhorazischen Belegen (Ovid, Longos) die Existenz der Vorstellung auch schon für die Zeit vor Horaz ergibt, aber es ist immerhin zu notieren, daß die hellenistische Bukolik mit einer Ausnahme und Vergils Eklogen den Nymphenverfolger Pan nicht kennen und daß von den über 80 Pan-Epigrammen der Anthologie neben dem Nymphenführer (vgl. A.P. 9,142,1; 9,823; 16,226) der Nymphenliebhaber - auf die häufigere Verliebtheit in Daphnis einzugehen, ist hier nicht der Ort - nur in sechs Stücken erwähnt ist. Es handelt sich immer um Echo, dreimal als seine Gefährtin und Gattin, dreimal als Fliehende, wobei dann Pan als unglücklich Verliebter und Umherirrender vorgestellt ist (A.P. 6,87; 9,825; 16,225); auch alle diese Gedichte sind spät. Die eine Ausnahme in der griechischen Bukolik gilt ebenfalls Pan und Echo: Ἤρατο Πὰν Ἀχῶς (Moschos, id. 2,1 Gow).

Der zeitgenössische Leser dürfte daher bei der überraschenden Epiklese aufgehorcht, die auffällige Differenz des erfolglosen Liebhabers Pan mit der Flucht der Nymphen gegenüber der munteren Gesellung von Nymphen und Satyrn in c. 1,1,31 („Nympharumque leves cum Satyris chori“) registriert und seine mythologischen Kenntnisse aktiviert haben. An Nymphen, die vor dem liebenden Pan geflohen sind, fielen ihm dann wohl nur diese zwei ein: die Syrinx und die Echo.[224] Und sogleich wurde ihm und wird uns dieser erste Vers sprechend: Faunus-Pan ist angerufen als der, dessen (unerfüllte) Liebe zur Erfindung der Syrinx und zur Entstehung des Echos geführt hat. Damit erkennen wir den Eingang dieser letzten Sabinum-Ode als einen mythologischen Lakonismus für die erste, die Tyndaris-Ode: das Sabinum als Echoraum des Syrinxspiels, mit dem der liebende Dichter die Präsenz und den Schutz des Gottes Faunus/Pan bewirkt.

[224] Zu Echo und Syrinx als Pan-Erzählungen vgl. Ph. Borgeaud, Quelques remarques sur la mythologie divine à Rome, à propos de Denys d'Halicarnasse (ant. Rom. 2,18–20). In: F. Graf (ed.), Mythen in mythenloser Gesellschaft. Das Paradigma Roms. (Coll. Rauricum Bd. 3), Stuttgart und Leipzig 1993, S. 175–187; hier: S. 186.

v. 2 *per meos finis et aprica rura* Das Landgut als Teil des Tales, sofern es nicht waldbestanden ist, in der Dezembersonne; die 'fines' also das Land innerhalb des 'terminus' (vgl. c. 1,22,10f.), der Bereich, zu dem das lyrische Ich 'mein' sagen kann. Das Gebet geht von einem Ich zum Du des Gottes für das Ich und seine Sphäre.

v. 3 *lenis incedas* Nicht das Kommen des Gottes wird erbeten - in solchen Bitten nie 'incedere' oder 'ingredi' -, sondern eine bestimmte Weise seines göttlichen 'incessus' (vgl. Verg., Aen. 1,405), seines Einhergehens, welches βαινειν ποσί oder ἐπινίσσεσθαι ([Theocr.], id. 8,47 und 43) das betretene Land segnet. „Deine Fußstapfen triefen von Fett", sagt der Psalmist vom segnenden Gott (Ps. 65,12). Die spezifische Segensweise des Faunuswandels ist bezeichnend für die Oden und zumal die Sabinumgedichte: Der Gott, den auch wilde Züge zeichnen, gerade auch als Liebenden, wird um Sanftheit gebeten, ähnlich wie das Opfer für die grausame Erotenmutter in c. 1,19,16 ihr Kommen milder machen soll: „mactata veniet lenior hostia". Vom Wein wird in c. 3,21,13 prädiziert: „tu lene tormentum ingenio admoves". Die Musen geben „lene consilium" (c. 3,4,41); der im Gebet angerufene Barbitos ist in c. 1,32,14f. „laborum / dulce lenimen". Augustus ist „iacentem / lenis in hostem" (c. s. 51f.); 'lenis' ist der Schlaf der Bauern in niedrigen Häusern (c. 3,1,21f.); „lene merum" bietet der Einladende dem Gast Maecenas (c. 3,29,2). Als Synonyma oder verwandte Vorstellungen darf man den 'modicus Liber' (c. 1,19,7) oder 'verecundus Bacchus' (c. 1,27,3), den 'innocens' genannten Lesbierwein in c. 1,17,21, die 'mitia' in c. 1,16,25 betrachten. Von den hier genannten Belegen des Stammes 'len-' (incl. c. 3,18,3) beziehen sich fünf auf Götter, davon drei im dritten Odenbuch.

v. 3f. *abeasque parvis / aequus alumnis* Während „lenis" wohl generell gesagt ist, d. h. ohne mitzudenkenden Dativ, hat „aequus" den speziellen Bezug auf die Lämmer und Zicklein. So wenig „incedas" ein Herbeikommen von einem entfernten oder nur anderen Ort impliziert, so wenig „abeas" notwendig ein völliges Verschwinden. Eher scheint die Junktur „incedas abeasque" die Einheit eines 'Hin- und Widergehens', eines Umherwandelns innerhalb der 'fines' und 'rura' des Horaz zu besagen. Daß „aequus" zu „abeas" gestellt ist, bedeutet wohl, daß der Segen der göttlichen Schritte über das Land Gedeihen und Fruchtbarkeit des Jungviehs nach sich ziehen wird: „Die Anger sind voll Schafe" (Ps. 65,14; vgl. [Theocr.], id. 8,45-47.44; 41-43.48).

v. 5 *si* Der Betende begründet sein Gebet nicht mit der Berufung auf früher dargebrachte Gaben und auch nicht einmal mit dem Hinweis, daß er „das alljährlich wiederkehrende Opfer am Festtag des Gottes" darbringe (wie die Kommentatoren, K.-H., Syndikus, unter dem Traditionsdruck antiker Gebete wollen, um mit dem Gedanken der Wiederholung die Berufung auf frühere Leistungen des Betenden zu retten), sondern, ohne die Vorstellung von (früherer oder gegenwärtiger) Eigenleistung und erwarteter Gegenleistung des Gottes, mit der gegenwärtigen Schaffung eines dem Gott angemessenen, sein Wesen spiegelnden Raumes. So geschieht es auch in dem Venushymnus 1,30, und die Verwandlung des Sabinums durch den Liebesdichter in ein Über-Arkadien wird in c. 1,17 der Grund für Pan-Faunus, dort vom Lykaios hinzueilen. Die Gaben für den Gott in Strophe 2 entsprechen denen für die Bandusia (c. 3,13), für Venus in c. 1,30 und 1,19,13–15 und auch denen für Liber in c. 3,8. Beim Weinmischkrug als 'sodalis' der Venus darf man an c. 1,18,6 und 1,19,1f. sowie an c. 3,21,1–3 denken; hier entspricht diese Festvorbereitung der Epiklese im ersten Vers.

v. 9 *ludit* Die Eigenart des von den Kommentatoren nicht befragten Präsens (K.-H. und Syndikus: „Schilderung" des ländlichen Festes) enthält die Pointe der beiden Strophen der zweiten Gedichthälfte. Das Fest wird nicht uns beschrieben, sondern dem Gott des Festes. Faunus wird weiterhin angeredet (v. 10 und 14), die Ode ist geschlossen-einheitlich Gebet. Was da beschrieben wird, ist aber weder eindeutig iterativ – der generelle Festcharakter in der Wiederholung des Tages von Jahr zu Jahr (so K.-H.: „... Schilderung ..., um durch die Erinnerung ... den Gott vollends gnädig zu stimmen") – noch eindeutig das gegenwärtige Fest. Und sofern das letztere vorgestellt werden kann, ist wieder nicht festgelegt, ob die Festfreude die Antwort auf die Präsenz des Gottes darstellt, also die Zeit vom ersten Gebetsanruf an mit dem Sprechen des Gebets fortgeschritten ist bzw. der Gott vom Anfang des Gebetes an anwesend ist und wirkt, oder ob, gewissermaßen in Fortsetzung des „si" von v. 5, weiterhin gegenwärtige Festlichkeit in Bildern anschaulich wird, die für die erbetene Präsenz des Gottes den Raum als ihm angemessen und lieb charakterisieren. Diese Offenheit ist nicht Ambiguität, sondern Komplexität. Dargestellt ist das Wesen von Fest: seine Gegenwärtigkeit; und die scheinbare Unentschiedenheit, ob die Festfreude den Gott herbeiruft oder seiner Präsenz antwortet, ist ebenfalls von der Sache her bedingt bzw., als Aussage im Horizont horazischer 'Theologie', gar nicht als offene Alternative zu verstehen: die Festfreude *ist* die Präsenz des Gottes.

v. 9–12 *ludit herboso pecus ... campo, / ... / ... otioso / cum bove* Der Segen des göttlichen Einherschreitens hat schon gewirkt: die Flur steht dick voll Gras und Kräutern. Das vom Vieh gesagte 'ludere' ist zuerst ganz unauffällig, wird aber im Verein mit 'otiosus' spezifisch und prägnant: das Vieh hat an menschlicher Festfreude teil und feiert wie der Mensch in 'otium' und 'ludus'.

v. 9–12 *pecus omne ... / ... / festus in pratis vacat otioso / cum bove pagus* Die umfassende Festfreude, die niemanden ausschließt (vgl. c. 4,2,51: „civitas omnis"), ergreift alle Menschen der Landgemeinde des Sabinertals (vgl. epist. 1,18,104f.: „gelidus Digentia rivus,/ quem Mandela bibit, rugosus frigore pagus") und all ihr Vieh. Analogien findet man nur in anderen Sabinum-Oden (c. 1,17; c. 3,13). Die Gemeinsamkeit wird von der Wortstellung unterstrichen: „cum bove pagus" steht im Adoneus für sich zusammen. Benachbart sind im vorangehenden Vers „vacat" (von der Landgemeinde) und „otioso" (vom Pflugstier); „festus" und „pagus" rahmen den ganzen Satz der Verse 11f., „vacat" steht in der Mitte, Wiese und Stier symmetrisch dazwischen.

v. 10 *tibi nonae redeunt Decembres* Der Dativ bezeichnet den Gott nicht als durch die Wiederkehr der Dezembernonen Begünstigten (dat. commodi), sondern als an dem Vorgang Beteiligten (dat. sympatheticus) in dem für diese Kasusfunktion charakteristischen Spektrum, das von der Funktion eines im Blick auf den Vorgang betonten Possessivpronomens beim Subjekt des Vorgangs ('prädikativer Possessivus') – 'deine Dezembernonen kehren wieder' – bis zur Veranlassung der Handlung reicht, wenn diese aktivisch ausgesagt ist ('Dativus auctoris beim Aktiv'; vgl. z. B. Vergil, Georg. 1,14f.: „cultor nemorum, cui ... / ... tondent dumeta iuvenci"; 1,343: „cuncta tibi Cererem pubes agrestis adoret") – 'du läßt die Dezembernonen wiederkehren'.

v. 13 *inter audacis lupus errat agnos* Der Tierfriede, den die Kommentatoren für ein altes und konventionelles Element des Goldenen Zeitalters halten – was er nicht ist[225] –, ist hier über die von ihnen (K.-H., Syndikus) als Parallelen angeführten Stellen hinaus (Vergil, ecl. 5,60; 4,22; Hor., epod. 16,51f.; c. 1,17,8f.; Tib. 2,1,20) gesteigert, nicht so sehr durch „audacis" (das der Furchtlosigkeit an den genannten Stellen entspricht) als durch die

[225] Vgl. Bodo Gatz, Weltalter, goldene Zeit und sinnverwandte Vorstellungen. (Spudasmata Band 16), Hildesheim 1967, S. 171.

friedliche Präsenz des Wolfes inmitten der Lämmer (in der Wortstellung abgebildet) und also durch friedliches Miteinander: „inter ... errat" entspricht einem 'cum'. Damit ist Horaz hier, sieht man von Adynata und Monstra ab (die nicht mit dem Motiv des Tierfriedens verwechselt werden dürfen[226]), unser erster Beleg in der antiken heidnischen Literatur[227]. Horazens Erstheitstat besteht aber nicht in der Realisierung eines traditionellen Adynaton, auch nicht in der Übertragung der messianischen Prophetie Jesajas (11,6f.: „Die Wölfe werden bei den Lämmern wohnen [...] Kühe und Bären werden auf der Weide gehen") auf die italische Gegenwart, ganz zu schweigen von angeblicher Topik des Goldenen Zeitalters, sondern in der durch das spezifische Wesen Fauns und die Festfreude von Mensch und Tier in Strophe 3 nahegelegten Übertragung der zum Fest gehörenden Friedensidee auch noch auf die Tierwelt. Wie zum Fest wesentlich Freude und Muße und Gemeinschaft (Herauslösung aus dem Alltag, das Miteinander einer Gemeinde) gehören, so auch der Friede.

v. 14 *spargit agrestis tibi silva frondes* Auch wenn uns, wegen Jesu Einzug in Jerusalem (Mc 11,8; Mt 21,8; Io 12,13), wegen Palmsonntag und Chorälen, das Motiv ganz vertraut scheint und K.-H. es als solches behandeln, weisen doch einerseits schon die späten Belege, die sie geben, daraufhin, daß der Brauch, mit Laub-, Zweige- oder Blumenstreu für seinen Weg einen Gott (oder Herrscher) zu ehren, keineswegs ganz üblich ist, und muß andererseits wohl gelten, daß eben diese Vorstellung hier gar nicht gemeint ist, sondern entweder die von Vergil, ecl. 5,40 („spargite humum foliis") und 9,19f. („quis humum florentibus herbis / spargeret ...?") oder Ovid, fast. 4,737 (Schmuck der Hürden mit Laub und Zweigen für Pales), also eine Huldigung allgemeinerer Art, Verschönerung eines ganzen Ortes (und nicht eines Weges, nicht für die Tritte des Gottes), oder in Analogie zu Ov., fast. 4,656 (Bekränzung der Schläfen „faginea ... fronde" für Faunus): die Landschaft schmückt sich für den Gott des Waldes mit dessen Laub. In diesem Fall wäre „tibi" wohl wieder wie in v. 10 nicht Dativus commodi, sondern sympatheticus: 'dein Wald streut auf deine Veranlassung hin sein Laub'. Das jahreszeitliche Naturgeschehen im Dezember, die Entblätterung der Laubbäume – vgl. epod. 11,5f.: „... December, ... / ..., silvis

[226] Vgl. Gatz, a.O.

[227] Und selbst unter den Adynata ist das friedliche Mit- und Nebeneinander gegenüber der Paarung die Ausnahme; vgl. z. B. Verg., ecl. 8, 28: „cum canibus timidi venient ad pocula dammae".

honorem decutit" – wird verstanden als Mitwirkung des Faunus an der Verwandlung der Landschaft in einen ihm angemessenen und willkommenen Festraum.

v. 15f. *gaudet invisam pepulisse fossor / ter pede terram* Der sakrale Dreischritt-Tanz als Ausdruck der Freude des Sieges über den Boden und der Befreiung von der Knechtschaft der Arbeit. Landarbeit als Kampf mit der Erde passim im ersten Georgicabuch Vergils.

v. 15 *fossor* Der dritte Beleg der seltenen und konkret-präzisen Bezeichnung für den, der als Landmann den Boden bearbeitet, in der römischen Literatur, nach Catull, c. 22,10 und Vergil, Georgica 2,264. Wie bei Catull und bei Vergil ist auch bei Horaz der Beleg singulär. Muße und Freude des ländlichen Festes bleiben auf den Alltag, die Alltagsmühe, das 'urgere ligonibus arva' (epist. 1,14,26f.), bezogen; sie gewinnen aus dem Kontrast (der Nachbarstellung „gaudet invisam"; des 'terram pellere pede' statt der Handarbeit des 'fossor', des 'humum fodere', Verg., georg. 2,408) ihre festliche Intensität. Im Fest sammelt sich das Glückspotential des Sabinertals.

C Sabinum-Dichtungen im Buch der Briefe

1 Horazens Briefdichtung

Das Fortschreiten Horazens von Gattung zu Gattung ist nicht ein Hinüberwechseln zu immer Neuem, kein Türenzuschlagen beim Verlassen früherer Räume, kein Brückenabreißen und Schiffeverbrennen bei der Ansiedlung im anderen Land. Der Gattungswechsel ist Metamorphose, in der das Frühere teils als Nebenmotiv, teils verwandelt weiterwirkt. Nur in diesem Sinn ist der Dreischritt Zufriedenheit, Friedlichkeit und Freiheit zu verstehen, in welchem sich das Sabinum mit horazischer Bedeutung füllt und seine Maßethik konkret und authentisch wird, gelebtes Leben und plastische Gestalt sinnlichen Zaubers.

Den Interpretationen der Sabinum-Episteln ist eine doppelte Exposition voranzustellen. Die Gattung der horazischen Epistel ist zu bestimmen, weil das Mißverständnis von Form und Funktion der Briefe das hartnäckigste Hindernis bei dem hermeneutischen Unternehmen der Einzelinterpretation darstellt. An zweiter Stelle ist das Vorverständnis zu entwikkeln, das die Hinsicht der einzelnen Interpretationen leiten wie auch von ihnen geprüft werden soll: die vorrangige Problematik der Freiheit und ihr Zusammenhang mit der horazischen Maßethik, deren vorangegangene Metamorphosen wir bereits betrachtet haben.

Wenn ich hier von Horazens Briefen spreche, meine ich das sog. Erste Epistelbuch, also die Sammlung von 20 Versbriefen, die Horaz im Jahre 20 v. Chr. publizierte, „Das Buch der Briefe“, wie es Richard Heinze in seinem Aufsatz von 1919 und danach auch wieder Carl Becker in seiner Monographie „Das Spätwerk des Horaz“ (Göttingen 1963) einfach bezeichneten, und berücksichtige also nicht die drei großen selbständigen Literaturepisteln, den Augustusbrief (epist. 2,1), den Florusbrief (epist. 2,2) und den Brief an die Pisonen bzw. die spätestens seit Quintilian sog. Ars poetica, einen eigenen, ebenfalls als solchen schon bei Quintilian (inst. or. 8,3,60) bezeugten liber, der in den Handschriften auf die Oden folgt[228].

[228] Zu den Ausnahmen siehe ed. Klingner[3], app., p. 131, 135, 294.

Das Buch der Briefe entsteht im sog. intervallum lyricum, d. h. in den Jahren nach Vollendung und Edition der ersten drei Odenbücher 23 v. Chr. und vor der Rückkehr zur Lyrik mit dem Carmen Saeculare und, in der Wirkung und Konsequenz der in diesem Hymnus zur Jahrhundertfeier ergriffenen Dichteraufgabe und öffentlichen Dichterrolle, mit dem vierten Odenbuch (17–14/13 v. Chr.).

Die Briefe im lyrischen Intervall entstanden: diese Formulierung ist Ausdruck der Perspektive (oder legt eine solche zumindest nahe), daß der eigentliche Horaz der Lyriker sei. Wie, wenn das eine zu korrigierende Perspektive wäre? Aber verdanken wir diesen Blickwinkel auf das horazische Werk nicht Horaz selbst? Seine rühmenden Selbstaussagen, seine eigenen Apotheosen betreffen ihn doch gerade und nur als Lyriker! Von den letzten Versen der Ode 1,1 (v. 35f.: „quodsi me lyricis vatibus inseres,/ sublimi feriam sidera vertice") über das Schlußgedicht des zweiten Odenbuches (c. 2,20,5–8: „non ego, [... / ... / ...] obibo / nec Stygia cohibebor unda") bis zur Sphragis der ersten Odenedition (c. 3,30,1: „Exegi monumentum aere perennius" und v. 14–16: „sume superbiam / quaesitam meritis et mihi Delphica / lauro cinge volens, Melpomene, comam"), vom Anfang der ersten Römerode (c. 3,1,3: „Musarum sacerdos") über c. 4,3 (v. 23: „Romanae fidicen lyrae") zu c. 4,6 (v. 29f.: „spiritum Phoebus mihi, Phoebus artem / carminis nomenque dedit poetae" und v. 44: „vatis Horati") durchziehen die lyrischen Selbstrühmungen die Odensammlungen. Und in den Briefen und für die Briefe fehlt Vergleichbares. Sprechen wir also nicht nur dem Horaz selbst nach, wenn wir seine eigentliche Leistung in der Lyrik sehen, folgen wir nicht seinem eigenen Selbstverständnis, wenn wir die wahre poetische Kreativität in den Jahren lyrischer Produktion ansiedeln?

Alle Äußerungen wie die zitierten stehen in der Lyrik; sie sind Äußerungen des Lyrikers über seine Lyrik und über sich als Lyriker innerhalb der Lyrik. Sie gelten 'nur' innerhalb der Lyrik und sind in ihrem Kontext und im Zusammenhang der lyrischen Tradition und Formensprache zu interpretieren. Das Fehlen analoger Selbstrühmungen und Auto-Apotheosen in den Briefen muß nicht, weder für ihren Verfasser noch für ihre Leser, deren poetische Zweitrangigkeit bedeuten, nicht bloßen Parergon-Charakter in Produktionsintervallen des lyrischen Ingeniums, sondern kann gattungsbedingt sein, nicht im Sinn leerer Konvention, automatischer Tradition und funktionsloser Topik, sondern im Gegenteil als bedeutungsvolle und funktional-sinngeladene Eigenart im Kontext eben der Gattungsrealisierung, die die horazischen Briefe sind. Das Fehlen lyrischer Selbstrühmung in den Briefen könnte demnach verstanden werden als Teil jener Strategie des Briefverfassers, wonach das Schreiben dieser Episteln nicht als Dichten erscheinen soll, oder auch als Ausdruck der Bescheidenheit und Zurückhaltung des Autors, wenn nicht schon das Schreiben selbst von Briefen im schlichten sermo-Stil jene Zurücknahme des Ich abbilden soll.

Für den Leser der horazischen Episteln empfiehlt sich durchaus eine Umdrehung der Perspektive, die sich zwar nicht an die Stelle der alten setzen, sondern sich mit dieser dialektisch verbinden soll, wobei beide Perspektiven je ihren Totalitätscharakter aufzugeben haben. Horazens publiziertes und von ihm als lesens- und bewahrenswert betrachtetes poetisches Œuvre entsteht in einem Zeitraum von etwa drei Jahrzehnten, von etwa 42 v. Chr. (vielleicht epod. 13: „Horrida tempestas")[229] bis 14/13 v. Chr. (der Augustusbrief, epist. 2,1, nach Carl Beckers Datierung). Die lyrischen Produktionsphasen sind die Jahre 30–23 und 17–14/13, zusammen etwa zwölf Jahre. Voraus gehen ihnen, neben den Epoden, die Satiren (erstes Satirenbuch publiziert 35 v. Chr., zweites Buch 30 v. Chr.); zwischen und nach ihnen arbeitet Horaz an den Briefen des ersten Epistelbuches und den Literaturbriefen. Diesen nicht-lyrischen Dichtungen sind also die übrigen 18 Jahre zuzuweisen. Die Briefdichtung knüpft formal und thematisch an die Satirendichtung an – beide bezeichnet Horaz als „sermones" (vgl. sat. 1,4,42: „sermoni propiora"; sat. 2,2,60: „Bioneis sermonibus" sowie die Titel der Satirenbücher in den Handschriften und, zu den Briefen, epist. 2,1,250: „sermones") –, und in beiden Dichtungen hebt ihr Verfasser sie von 'Dichtung', 'Poesie', 'Verskunst' ab (vgl. sat. 1,4,39–63; epist. 1,1,10). Faßt man Satiren und Episteln zu „Sermonendichtung" als einer Form zusammen – was man mit dem gleichen Recht darf, mit dem man die erste Odenedition und das sog. Vierte Odenbuch zur horazischen Lyrik als einer Kunstform in eins zieht – und charakterisiert man die Sermonendichtung als moralistisch oder ethisch – wie man den 'Horatius ethicus' vom 'Horatius lyricus' abhebt –, so wird die Perspektive möglich, Horazens lyrische Gedichte seien in seinen 'intervalla ethica' entstanden. Und eben dies ist die Perspektive, die Horaz im programmatischen Eröffnungsgedicht des Buchs der Briefe dem Leser vorgibt: 'Ich bin alt und anderen Sinnes, Maecenas, Verse und andere Spielereien lege ich ab. Meine Sorge, mein Wunsch, meine Inständigkeit gilt dem Wahren und dem Sittlichen'

[229] Vgl. Schmidt, Philippi, S. 379–382, bes. S. 379, Anm. 8.

(epist. 1,1,4.10f.: „non eadem est aetas, non mens"; „nunc itaque et versus et cetera ludicra pono:/ quid verum atque decens, curo et rogo et omnis in hoc sum"). Diese Perspektive wird am Anfang des Vierten Odenbuches indirekt bestätigt: Neue, unerwartet wiederkehrende Liebesverzauberung schließt das lyrische Ich über eine Epoche gleichsam der Nüchternheit und vernünftigen Lebensführung hinweg wieder an eine frühere Phase der Liebesherrschaft (und lyrischen Liebesdichtung) an.

Worum geht es im Epistelbuch? Dilke[230] macht die gute Bemerkung: "One of the most prominent words in the Epistles is vivere, often in the connotation of living rightly". In der Tat ist das Verb vivere in den Briefen des ersten Buches 28mal belegt. Es geht um das Leben, um die rechte Lebensführung. Und die mit vivere verbundenen Adverbien, prädikativen Adjektive, abhängigen Nomina und parallel gestellten Verben geben, aufeinander bezogen und (sei es gleichgesetzt sei es als Ursache und Wirkung) kombiniert, ein Programm der rechten Lebensführung, eine ethische Lebensphilosophie zu erkennen: bene (3x), (male 1x), recte (4x), sapienter (1x), libenter (1x), convenienter naturae (1x), beatus (1x), sanus (1x), laetus (1x), abstemius (1x), patriae et nobis cari (1x) (und, negativ, metuens 1x, ineptus 1x), valere (1x), regnare (1x) sowie, all dies begründend und bekrönend, mihi vivere (epist. 1,18,107)[231].

Bei der Bestimmung der Merkmale der Versepistel im Sinn der Gattungskennzeichen muß man sich bewußt halten, daß man einer Gattung gegenübersteht, die sich in Horazens Buch der Briefe erstmalig und letztmalig realisiert. So ist also die nur in Horazens Briefen und als Horazens Episteln existente Gattung zu beschreiben als die Form, die sich der Dichter als Instrument seiner Aussageabsicht, als Methode seiner lebensphilosophischen Arbeit geschaffen und ausgeprägt hat[232]. Bei dieser

[230] Horace and Verse Letter, S. 108.

[231] Zum Vergleich: In den beiden Satirenbüchern (zusammen 2113 Verse) ist 'vivere' 35 (21+14)mal belegt; das bedeutet einen Beleg auf 60 Verse. Die 28 Belege in den 1006 Versen des Epistelbuches führen auf die Frequenz von einem Beleg in immer 36 Versen.

[232] Heinze, Buch der Briefe, S. 305 betont nachdrücklich, daß der Horaz der Briefe im Altertum weder Vorgänger gehabt noch Nachfolger gefunden habe: „sein Werk steht in der gesamten antiken Literatur völlig einzig da."

Beschreibung ist der Blick vergleichend immer mit auf den nicht-literarischen Prosabrief und auf die horazische Satire gerichtet.

1. Jeder Brief hat einen Adressaten, und zwar nur einen. Sein Name wird, meist im Vokativ, gelegentlich in anderen obliquen Kasus in briefformelähnlichen Sätzen, am Anfang genannt: im ersten Vers (insgesamt 16x, davon: am Versanfang: 3x; am Versende: 5x; in der Versmitte: 7x; cognomen und nomen gesperrt am Versanfang und -schluß: epist. 1,8,1: „Celso ... Albinovano") oder in v. 2–5 (v. 2: 1x; v. 3: 2x; v. 5: 1x). Zum Anschluß an Briefformeln vgl. epist. 1,8,1: „Celso gaudere et bene rem gerere Albinovano" (vgl. χαίρειν καὶ εὖ πράττειν, so K.-H.) und 1,10,1: „Fuscum salvere iubemus". Demgegenüber sind von den zehn Satiren des ersten Satirenbuches nur die Stücke 1 und 6, beide an Maecenas, Anreden (jeweils in v. 1).

2. Auch der Schluß der Episteln kann – dies fehlt natürlich gänzlich in den Satiren – Schlußformeln von Alltagsbriefen stilisieren oder für konventionelle Floskeln Bedeutung zurückgewinnen. Zur Stilisierung von Briefschlußcharakter möchte ich auch kurze Zusammenfassungen zählen, wenn sie dabei die epistolarische Ich-Du-Konstellation wiederholen. Für diese Charakteristika lassen sich die Briefe 2, 3, 4, 5, 6, 8, 9, 10, 13, 15 nennen. Am schönsten ist vielleicht epist. 1, 6,67f.: „vive, vale" knüpft an die Brieferörterungen an ('vivere' zuletzt noch in v. 66) und füllt so die Floskel „vale" mit der Bedeutung 'vivere sanum recteque valentem' (epist. 1,7,3). Daß zehn Stücke einen andersartigen Schluß haben, sei es Illustrierung oder Pointierung oder Abbruch nach unerwarteter Wendung, besagt nicht, daß Horaz echte und fiktive Briefe gemischt hätte – denn warum sollten Brieffiktionen weniger echt aussehen als realiter mit der Post versandte? –, sondern daß für den *Gesamt*eindruck des Gedicht*buches* die bezeichnete Anzahl von Briefschlüssen ihm ausreichend schien, die Fiktion Brief aufrechtzuerhalten, ohne repetitiv und lästig zu werden.

3. Wieder im Unterschied zu den Satiren erinnert Horaz im Briefbuch gelegentlich an die Brieffiktion durch die Erwähnung von Schreiben bzw. Diktieren oder an die erwartete briefliche Antwort, das erstere allerdings nur einmal (epist. 1,10,49: „haec tibi dictabam"), das zweite explizit im Briefstil ebenfalls nur einmal (epist. 1,3,30: „debes hoc etiam rescribere"), aber als Aufforderung zur Mitteilung und durch Fragen (die also auf Antwort aus sind) noch öfter (insgesamt 5x: epist. 3, 4, 11, 15 und 1,6,67f.: „siquid novisti rectius istis,/ candidus inperti"). Andererseits sind die Briefe durchaus Rede (epist. 1,17,4f.: „tamen adspice, siquid / et nos, quod

cures proprium fecisse, loquamur"), die gehört werden soll (epist. 1,2,5: „cur ita crediderim, nisi quid te detinet, audi", 'falls dich gerade nichts anderes abhält'); wobei dies letztere die Situation mündlichen Gesprächs fingiert, aber doch eben darin dem Stil des Alltagsbriefs entspricht.
4. Briefstilisierung liegt ebenso vor (und fehlt in den Satiren), wenn immer wieder, und zwar stärker und ausdrücklicher als in echten Briefen, die pragmatische Voraussetzung für briefliche Kommunikation, die Verschiedenheit und Entfernung der Aufenthaltsorte von Sender und Empfänger, genannt und betont werden. Die reale Außenbedingung des Briefschreibens, dessen 'Sitz im Leben', Telekommunikation zwischen verschiedenen und entfernten Lokalitäten zu sein, wird in der Fiktion in den Brieftext selbst integriert. Diese Ortsdifferenz kann darüber hinaus von Horaz funktionalisiert werden als Verschiedenheit zweier Lebensformen und dient dann geradezu als Vehikel der Briefbotschaft, der brieflichen Erörterung, nicht viel anders als wenig später Ovid in seinen Heroides, deren Thema eben die Trennung von Briefschreiberin und Adressat ist, die dem Briefschreiben als Bedingung zugrundeliegt. Am nächsten stehen dem unliterarischen Alltagsbrief die Stücke des Epistelbuches, in denen der Brief ausdrücklich zur Aufhebung des räumlichen Ferne von Sender und Empfänger auffordert - so bei den Einladungsbriefen (epist. 1,5 und 1,4,15f.) - oder wo die Distanz durch Fragen und Erzählen ihren Trennungscharakter verliert - so bes. in epist. 1,3 und 1,12, deren Adressaten auch die fernsten sind, indem sie sich zur Zeit außerhalb Italiens aufhalten (vgl. auch epist. 1,8 und 1,15).

Die Ortsverschiedenheit als Symptom der Differenz von Lebensformen verstanden und derart zum Motor des Briefthemas funktionalisiert, so daß also die Briefkonstellation geradezu der Briefinhalt selbst wird, finden wir am deutlichsten ausgeprägt in epist. 1,10,1ff.: „Urbis amatorem Fuscum salvere iubemus / ruris amatores, hac in re scilicet una / multum dissimiles, at cetera paene gemelli / fraternis animis". Wenn am Schluß dieser Epistel der Briefschreiber sagt: „haec tibi dictabam post fanum putre Vacunae, / excepto quod non simul esses, cetera laetus" (v. 49f.), so ist die Briefvoraussetzung der räumlichen Abwesenheit des Adressaten und der Brieftopos des Schmerzes über die Abwesenheit und der Sehnsucht nach dem Abwesenden wieder thematisch funktionalisiert zu verstehen: der Freund soll zur Lebensform des Briefautors herübergewonnen werden; 'simul esse' ist auch Teilnahme an Horazens Lebensform.

In ähnlicher Weise, wenn auch meist zurückhaltender oder weniger ausdrücklich, wird in noch drei anderen Episteln die Ortsdifferenz als Verschiedenheit von Lebensform und Welthaltung funktionalisiert (vgl. epist. 1,2,1f.; 1,7; 1,14)[233].

Die einem Brief zugrundeliegende Realerwartung der Zustellungsmöglichkeit - weshalb sich ein Brief des 20. Jhs. an Sokrates oder an Petrarcas Laura als fiktiv bzw. als Spiel erweist - wird in epist. 1,13 offen desavouiert. Jemanden, der zu einem Botengang aufgebrochen ist - denn das besagt „proficiscentem" in v. 1 (es handelt sich nicht um ein Verlassen von Horazens Haus, von dem ein irgendwann später erfolgender Gang zu Augustus als eigenes Unternehmen abzutrennen wäre) -, zu ermuntern: „nitere porro" (v. 18: „ziehe weiter"), also unterwegs, und ihm dabei noch eine Briefformelvariation zuzurufen: „vade, vale" (v. 19): das ist geradezu übermütiges Spiel mit der Brieffiktion - das Heinze ganz ernst und wörtlich nahm: Horaz habe seine dem Vinius Asina beim Abschied ans Herz gelegten Mahnungen „dem Reisenden noch einmal schriftlich nachgesandt"[234]. Der Adressat, auf seinem mühsamen und langen Weg (von wo aus?[235]) zu Augustus, noch nach Brieferhalt und -lektüre steile Steigungen, Flüsse, Moräste vor sich (v. 10: „viribus uteris per clivos flumina lamas"), muß entweder genaue Instruktionen beim Abschied bekommen haben, wann er einen ihm mitgegebenen Brief unterwegs zu lesen habe, oder der ihm mit dem Brief nachgesandte Bote muß jene Urwaldroute genau kennen, um den Adressaten unterwegs überhaupt zu finden und auch noch so rechtzeitig, daß dann die Götter vor Rom noch den Schweiß der Berg-, Strom- und Sumpfüberquerung gesetzt haben. Und all dies muß der Briefschreiber schon im Akt des Schreibens vorauswissen und berechnen, mit solcher Präzision, daß nicht einmal ein ‘wo auch immer du bist, wenn dieser Brief dich erreicht’ mehr einzufließen braucht[236].

[233] Vgl. dazu auch Hirth, Horaz Dichter der Briefe, S. 43, 72f., 76.

[234] Heinze, Buch der Briefe, S. 295.

[235] Vgl. u. S. 142.

[236] Heinze, Buch der Briefe, S. 295 geht übrigens davon aus, daß der dem Vinius Asina realiter zugestellte Brief von diesem dem Augustus vorgelesen werden und die Übergabe der Odenrollen erst erfolgen sollte, wenn der Kaiser dann nach ihnen verlangte (ähnlich Fraenkel, Horace, S. 351f.). Das hieße, der Inhalt des Briefes wäre gerade nicht als direkte Handlungsanweisung zu verstehen,

5. Die Briefe sind kürzer als die Satiren. Die Bücher sind gleich lang (Erstes Satirenbuch: 1030 Verse; Zweites Satirenbuch: 1083 Verse; Epistelbuch: 1006 Verse). Das erste Satirenbuch besteht aus zehn, das Epistelbuch aus 20 Stücken. Ein horazischer Brief ist also durchschnittlich halb so lang wie eine horazische Satire (des ersten Buches): 50 gegenüber 100 Versen. Die Extreme unter den Satiren (beide Bücher) sind: längstes Gedicht: 326 Verse (sat. 2,3); kürzestes Gedicht: 35 Verse (sat. 1,7); im Epistelbuch: längster Brief: 112 Verse (epist. 1,18); kürzester Brief: 13 Verse (epist. 1,9).
6. Die Thematik der Stücke des Epistelbuches ist einheitlicher als in den Dichtungen der Satirenbücher, ihre Gedankenführung eher noch komplexer und ihre Textur von lyrischer Dichte.
7. Briefe als Gebrauchsform der Alltagskommunikation sind im allgemeinen (und d. h. von spezifischen Ausnahmen abgesehen) schriftliches Gespräch zwischen Gleichgestellten, ja, vertrautes Gespräch zwischen Freunden und Vertrauten, wobei der Schreibende am Empfänger interessiert ist und dessen Interesse wiederum am Schreiber fraglos voraussetzt. Diese uns allen selbstverständliche Eigenart von Briefen, wie sie auch nahezu dem ganzen ciceronischen Briefcorpus eignet, ist das Grundmotiv für Horazens Wahl der Briefform und der Nerv von Form und Gehalt der Episteln. Der da über die rechte Lebensführung spricht, tritt weder als Lehrer, Prediger, Missionar auf, noch als Autobiograph, Tagebuchschreiber, Bekenner und Beichter. Heinzes Auffassung, Horaz habe „mit vollbewußter Absicht" „in seinem Briefbuch" „systematisch erschöpfend" „ein Bild seiner Seele oder sagen wir seiner Persönlichkeit dargeboten"[237], wird im Grunde schon durch die eigene gedankenreiche Gesamtdeutung, die der Gelehrte gibt, in Frage gestellt bzw. eingeschränkt. Wenn das Brief-

sondern träte geradezu an die Stelle der Handlung. Ein Brief mit Handlungsanweisung an einen Adressaten A, der von diesem einer Person B vorgelesen wird, die dann möglicherweise die Handlung auslöst, kann kaum mehr als eigentlich realer Brief verstanden werden, zumal wenn diese Umfunktionalisierung im Brief selbst nicht angeordnet ist, sondern wir uns eine zweite Botschaft (mündlich oder brieflich) vorstellen müssen, die besagt, daß der Brief nicht so aufzufassen sei, wie er sich gibt, sondern als eigentlichen Adressaten Augustus habe, diesen jedoch wiederum nur in Gegenwart des im Brief genannten Adressaten. So auch McGann, Studies in Horace's Epistles, S. 91 mit Anm. 1: "if it (sc. the letter) fulfilled this purpose, it did so as a poetic fiction".

[237] Heinze, Buch der Briefe, S. 298.

buch ein moralphilosophischer Protreptikos sein soll - so Heinze[238] -, dann kann die Selbstdarstellung nicht in Absicht eines individuellen Selbstporträts geschehen sein.

Die Briefe sind ein Freundschaftsgespräch über gelingendes Leben. Darin hat die Selbstdarstellung ihren Platz wie auch die Charakteristik der Adressaten. Der Anfang von Brief 17 faßt dies erhellend in diese kurze Form (v. 3-5):

disce, docendus adhuc quae censet amiculus, ut si
caecus iter monstrare velit; tamen adspice, siquid
et nos, quod cures proprium fecisse, loquamur.

Der Briefschreiber lehrt, aber als einer, der noch selbst gelehrt werden muß („docendus adhuc") und als lieber Freund („amiculus"), der sich sogar - so auch nur im Freundschaftsbrief möglich - ironisch als Blinden bezeichnen darf, der den Weg zeigen wolle („ut si caecus iter monstrare velit"). Die Lehre ist von der Art, daß der angeredete Freund sie daraufhin prüfen soll, ob er sich etwas aneignen, sich zu eigen machen könne („adspice, siquid et nos, quod cures proprium fecisse, loquamur"), nämlich selbst von dem, was der Blinde zeigen will („*tamen* ..., siquid *et* nos ...")

Die Briefe sind gerade darin eine neue und in die Zukunft, d. h. auf Senecas Luciliusbriefe und Marc Aurels Selbstbetrachtungen weisende Form des Philosophierens, als in ihnen das Individuelle, das Ich und das Du, Gegenstand und Zentrum der Philosophie wird.

Heinzes Anbindung des horazischen Buchs der Briefe an Epikurs Briefe scheitert nicht nur wegen des programmatischen Eklektizismus des Epistologengraphen Horaz, sondern auch an dem Fehlen des Gestus der philosophischen Lehrerautorität. Vom Gegenbild her, der dogmatischen Schulwahrheit und ihrem autoritären Meister, erscheinen Eklektik und Freundschaftsgespräch als zusammengehörige Aspekte einer einzigen Grundhaltung: das Briefgespräch wie das Leben als Weg und gar als Suche nach einem Weg. Epikureisch indessen ist an den Briefen Horazens wohl die Freundschaftskultur[239], auch das Insistieren darauf, daß der Weise des Freundes bedarf[240].

238 a.O., S. 300.

239 Dilkes Ablehnung der Briefe Epikurs als Anregung für Horaz (Interpretation of Horace's Epistles, S. 1845), mit Becker gegen Heinze, berücksichtigt die Fragmente offenbar nicht. Vgl. Epicuro, Opere, ed. G. Arrighetti, Turin 1973^2, S. 419-

8. Am Kunstcharakter der Briefe hätte nie ein Zweifel aufkommen dürfen in dem Sinn, daß es sich vielmehr um ursprüngliche und primäre Realkommunikation handle; also mit Realzustellung an den Adressaten als der technischen Kommunikationsprozedur und der Lektüre durch den angeredeten Freund allein als der originären und eigentlichen Wirkungsweise. Es hat, weder in der Antike noch in nachantiken Gesellschaften, briefliche Realkommunikation in Versen gegeben - Alltags- und Gebrauchssprache ist immer Prosa -, und selbst wenn der eine oder andere der Briefe vor der Buchpublikation seinem jeweiligen Adressaten auch übergeben worden sein sollte (wovon wir weder etwas wissen noch aus den Texten erschließen können), so erhielt dieser doch nicht *den* Brief (von dem der Verfasser eine Kopie zurückbehielt oder später für die Edition sich eine solche vom Empfänger erbat), sondern eine Abschrift, wie auch andere, in dem Brief nicht angeredete Freunde eine hätten erhalten können oder tatsächlich bekamen; der Adressat bekam die Versepistel nicht *als* Brief[241], und er las sie, einschließlich der Anrede, nicht als angeredeter Briefpartner, sondern als Literaturfreund, Kenner und Kritiker.

Das Sphragisgedicht des Buches - das übrigens kein Brief ist, sondern direkte Ansprache an das Buch, sich aber in der Form der Anrede von den brieflichen Wendungen an ein Gegenüber ebensowenig unterscheidet wie der von Heinze vom übrigen Corpus als „Programmgedicht" abgehobene eröffnende Brief an Maecenas - läßt von einer Transformation eines ursprünglich pragmatischen Zweckes der Einzelstücke nichts erkennen und legt vielmehr das Gegenteil nahe. Das Buch, das es in die Welt hinaus drängt, das es nach der Öffentlichkeit der Vielen lüstet und lockt, sei „non ita nutritus" (v. 5), sondern, da es heißt „paucis ostendi gemis" (v. 4), womit nicht die Summe der Einzeladressaten gemeint ist, von denen jeder nur seinen Brief zu sehen bekäme, eben für die Lektüre Weniger. Nicht die Spur einer Andeutung, daß die Briefe jeweils nur Einem zugedacht gewesen seien, nicht der schwächste Oberton, der das Mithören ursprüng-

481. Daß Horaz sie kannte, wie Heinze überzeugt ist (S. 298), scheint mir sicher, ebenso daß sie zu den Texten zu zählen sind, in deren Horizont man Horaz betrachten sollte.

[240] Epikur, fr. 132 Arr.

[241] Vgl. auch Seel, Sabinisches Glück, S. 57: „Aber der Brief als postalisches Faktum: der ist Fiktion, sonst gar nichts; als Realität ist er schlechterdings nicht zu denken" (anläßlich epist. 1,8).

licher Privatkorrespondenz erlaubte. Wenn K.-H. hier anmerken: „Die einzelnen Briefe aber waren natürlich (!) größtenteils (?) den Adressaten zugestellt und von diesen ihren Freunden mitgeteilt worden“, so ist dies nicht Interpretation, sondern Einschärfung eines Vorurteils aus Anlaß seiner größten Gefährdung. Wenn Versbriefe eines Dichters einen solchen Charakter haben, daß die Empfänger sie sogleich ihren Freunden mitteilen, ist es Haarspalterei, hier noch an einem Gegensatz zum Kunstbrief als literarischer Gattung festzuhalten.

So sehr Horaz insgesamt die Tatsache, daß die Briefe Dichtungen sind, im Unterschied zur Lyrik, versteckt hält, so eindeutig weist er doch im ersten Vers des Buches auf sie hin: „Prima dicte mihi, summa dicende Camena“. Die ‘letzte Camene’, die den Maecenas feiert, ist eben dieses Briefbuch, dessen erstes, siebentes und vorletztes Gedicht Maecenas anreden, Musenwerk wie alles bisherige Dichten[242]. Und sollte der Leser unter dem Eindruck der ‘am Boden kriechenden Gespräche’ (epist. 2,1,250f.: „sermones [...] / repentis per humum“) trotz der Prägung ‘Musa pedestris’ in sat. 2,6,17 vergessen, daß diese Briefe Musenkunst sind, so erinnert der Dichter ihn in Brief 8, der Anrede an die Muse ist, Bitte und Aufforderung, nochmals daran: „Celso gaudere [...] Albinovano / Musa rogata refer“ (epist. 1,8,1f.).

2 Die Freiheit als Zentralthema

Ist der Horaz der Moralbriefe ein Philosoph? Er ist es nicht im Sinn der Methode und der Diskursform – und hier doch auch wieder mit ähnlichem Recht wie der Seneca der Epistulae morales an Lucilius, wie Montaigne in seinen Essais, wie La Rochefoucauld oder Chamfort in ihren Maximen. Horaz ist kein Philosoph im Sinn der Anhängerschaft und Zugehörigkeit zu einer der klassischen philososophischen Schulen, weder einer der sokratischen noch der hellenistischen Denk- und Lehrtraditionen (Stoa, Epikureismus). Er ist wie die meisten Gebildeten des Hellenismus inclusive des hellenistischen und dann auch kaiserzeitlichen Roms, sofern sie nicht Schulphilosophen sind, kein Dogmatiker, sondern ein Eklektiker. Er ist aber insofern gerade wieder ein Philosoph, als sein Eklektizismus sein

[242] Vgl. Hirth, Horaz Dichter der Briefe, S. 110f.

Einheitsprinzip in der Intention auf die rechte Lebensführung hat und von dieser umfassenden und grundlegenden Sorge um das Gelingen des eigenen Lebens her die Notwendigkeit des Eklektizismus 'philosophisch' begründet und d. h. den Dogmatismus als unphilosophisch abweist. Denn das ist der Sinn der berühmten Verse 11–19 der ersten Epistel.

quid verum atque decens, curo et rogo et omnis in hoc sum:
condo et conpono quae mox depromere possim.
ac ne forte roges, quo me duce, quo lare tuter:
nullius addictus iurare in verba magistri,
quo me cumque rapit tempestas, deferor hospes.
nunc agilis fio et mersor civilibus undis
virtutis verae custos rigidusque satelles,
nunc in Aristippi furtim praecepta relabor
et mihi res, non me rebus subiungere conor.

Was wahr und was angemessen ist, das besorge ich und das erfrage ich
und darin bin ich ungeteilt:
ich sammle an und häufe auf, was ich in Zukunft hervorholen kann.
Und damit du nicht vielleicht fragst, unter wessen Führung, in wessen
Haus
mit seinem Schutzgott ich meinen Schutz suche,
(so erfahre:) keines Meisters Worte (in Selbstverpflichtung) nach-
zusprechen in Abhängigkeit gebunden,
kehre ich ein als Gast, wohin auch immer der Sturm mich entführt.
Bald werde ich aktiv und tauche ein in die Wellen der Politik,
ein Wächter der wahren Tugend und ihr strenger Gefolgsmann,
bald gleite ich unvermerkt wieder zu den Lehren Aristipps zurück
und versuche, mir die Dinge, nicht mich den Dingen, unterzuordnen.
(Übersetzung EAS)

So sehr die Metapher der stürmischen Seereise des Lebens einen negativen Unterton mitschwingen läßt und so sehr die lakonischen Referenzen auf stoische Unbedingtheit der Moral und die von der Stoa geforderte vita activa in Staat und Öffentlichkeit oder auch die Art der Hinwendung zu Aristipp von ironischer Distanz begleitet zu sein scheinen, so liegt hier doch keine Kritik an einer angeblichen Kehrseite der Medaille glücklicher Freiheit vor, wie K.-H. meinen, die hier die Beschreibung des Fehlens von festem Kurs sehen, wobei das Ich „von einem Extrem zum andern geworfen“ werde[243]. Nein, was Horaz dem Leser sagen will, ist gerade, daß auch bei aller Sorge um die rechte Lebensführung und das Glücken des Lebens doch dieses Leben nicht aufhört, stürmische Meerfahrt zu sein, oder, mit Heidegger zu sprechen, das Dasein seinen Lastcharakter nicht verliert. Nicht nur ist es eine Illusion, die Philosophie und philosophische Lebensführung als ‘seligen Hafen’ zu verstehen[244], der vor den Lebensstürmen sichere Geborgenheit verleihe, sondern eben auch die Erwartung eines ‘festen Kurses’, eines einzigen zuverlässigen Steuermannes und Führers, dessen Schiffsführung den Stürmen überlegen wäre und ihnen zum Trotz Kurs hielte, während der Passagier untätig-gelassen an der Reling lehnte und seine Augen am Aufruhr der Elemente weidete - auch diese Vorstellung ist unphilosophische Illusion. Es gibt für das Leben im Sinn verantwortlicher Lebensbewältigung nicht den einen dux, nicht den einen Lar, und der Steuermann unseres Lebensschiffes sind immer nur wir selbst.

Horaz weist den Anspruch der dogmatischen Schulen ab, Führung und schützendes Dach, Heilsgarantien, zu gewähren; denn ein solcher Anspruch schließt die unphilosophische Forderung ein, die eigene Freiheit aufzugeben, und ist illusorischer lebensfremder Schein. Die partielle Wahrheit der ethischen Lehren philosophischer Schulen bewährt sich erst in der Freiheit des Lebens, wenn ich ihre spezifischen Hilfen je nach Gelegenheit ergreife, im präsenten Bewußtsein, immer nur ein einkehrender Gast zu sein, der weiterhin in den Lebensstürmen unterwegs ist.

Es geht also nicht um die Kehrseite einer Entscheidung, sondern um die Erkenntnis der Entscheidung in ihrer Totalität: das Wagnis der selbstbestimmten Freiheit[245], das Philosophieren ohne Netz: „sapere aude“ (epist. 1,2,40). Und der Ton ironischer Distanz besagt nicht schlechthin Distanzierung von stoischem Tugendrigorismus oder aristippischer Lebenskunst, sondern nur von ihrem jeweiligen Totalitätsanspruch. In scherzhafter Form greifen die Schlußverse des Briefes darauf zurück. Das stoische Paradox vom Weisen ist gültig - solange man schnupfenfrei ist.

[243] Ähnlich auch Maurach, Horazens erstes Epistelbuch, S. 84f. und 87.

[244] Vgl. zur Metapher ‘Hafen’ für die Philosophie Westendorp Boerma zu Vergil, Catalepton 5,8.

[245] Die Freiheit als höchstes Gut im Briefbuch wird zu Recht stark betont von Heinze, Buch der Briefe, S. 300 und, zu epist. 1,1,11-19, von Hirth, Horaz Dichter der Briefe, S. 162ff.

Der erste deutsche Übersetzer von Chamfort, Konrad Engelbert Oelsner, bemerkte über Chamforts 'Witz', er sei das „Vehikel der Wahrheit, jenes Flügelpaar, wodurch der Bildner den abstrakten Begriff zum Genius macht."[246] Horazens Briefe in ihren Metaphern und Junkturen geben der Philosophie des Lebens Flügel; sie wird zu einem gestalthaften voranschwebenden Genius. Jedenfalls kann man sich wohl keine lebendigere und keine philosophischere Begründung der philosophischen Notwendigkeit eines moralischen Eklektizismus[247] vorstellen als in diesem Passus des ersten Briefes: Lebensmut und Lebensführung, Lebensengagement und Lebensverantwortung setzen den freien, unabhängigen und mündigen

[246] Zitiert nach: Nicolas Chamfort, Früchte der vollendeten Zivilisation. Maximen, Gedanken, Charakterzüge. Französisch/Deutsch, Auswahl, Übersetzung und Nachwort von Ralph-Rainer Wuthenow, Stuttgart 1977, S. 144.

[247] Übrigens ist wohl schon v. 11: „quid verum atque decens" bewußt eklektisch, indem nämlich „decens" auf das πρέπον des (in seiner Ethik bewußt eklektischen, Platon und Aristoteles mitverpflichteten) Stoikers Panaitios verweist (vgl. Dilke, Interpretation of Horace's Epistles, S. 1848) und „verum" auf die skeptische Akademie. Zwar fassen die Kommentatoren die Bedeutung von „verum" als „recht, richtig" (K.-H.; Dilke) und verweisen auf sat. 2,3,312; epist. 1,7,98; 1,12,23. Aber einerseits unterscheidet Horaz in epist. 2,2,43-45 „rectum" und „verum" („scilicet ut vellem curvo dinoscere rectum / atque inter silvas Academi quaerere verum"), und andererseits hat er im ersten Briefbuch für „recht, richtig" das Wort „rectus", gerade auch im gleichen Brief (epist. 1,1,60.63.66: „recte"; 1,2,41: „recte"; etc.). Zwar geht „verum" sicher nicht „auf theoretische 'Wahrheiten'" – da ist K.-H. zuzustimmen –, aber es besagt wohl doch mehr als „die 'richtige' Entscheidung in den Fragen der praktischen Lebensführung" (K.-H.) oder gar als das richtige Handeln selbst. Es geht eher um die Wahrheit der dem Handeln zugrundeliegenden Maximen und gehört in den semantischen Zusammenhang mit sapientia, sapere, stultus, discere, docere, mens. Insbesondere stehen dem „verum" von v. 11 im gleichen Gedicht die Verse 71 und 97 nahe: „non ... iudiciis fruar isdem" und „mea cum pugnat sententia secum". Und so haben wohl doch die Übersetzer recht, die „verum" mit „wahr", „das Wahre" oder „die Wahrheit" wiedergeben (Wieland, Voß, Wili u. a.). Vgl. in den Satiren: „ridentem dicere verum" (sat. 1,1,24) und „usus rectumne" (sat. 2,6,75); vgl. ferner epist. 1,10,29: „vero distinguere falsum"; epist. 1,12,23.

Umgang mit den Lehren der Philosophen voraus; Dogmatik und Heilslehre, Hafen, Führung, Haus machen den Anhänger unfrei und liefern ihn Illusionen aus[248].

Der letzte Vers des betrachteten Abschnitts, „et mihi res, non me rebus subiungere conor“ (epist. 1,1,19) ist einerseits die eine Seite einer Alternative, das aristippische Teilprogramm der Lebensführung gegenüber der stoisch-politischen Orientierung, andererseits die Summe der Passage: Freiheit als Herrschaft über die Dinge und Verhältnisse, als Unabhängigkeit von ihnen. Die Interpretation der Episteln hat also von der Einleitung des ersten Briefes und damit des Briefbuches als zentralen Scopus die Problematik der Freiheit erhalten, d. h. die Aufgabe, zu untersuchen, in welcher Weise Selbstbestimmung und Unabhängigkeit Bedingungen des Glücks sind und in welcher Weise auch Freiheit eine spezifische Ausprägung der horazischen Maßethik ist und mit dem Grundmotiv der Genüge zusammenhängt.

Im Buch der Briefe (also in 1006 Versen) sind die Wörter ‘liber’ und ‘libertas’ 7 bzw. 2mal belegt, ebensooft wie in den beiden Satirenbüchern zusammen (2113 Verse). Alle 4 Belege von ‘liber’ im ersten Satirenbuch haben die Bedeutung von ‘freimütig’ (sat. 1,3,52; 1,4,90. 103. 132); von den 3 Belegen des zweiten Satirenbuches bedeutet ‘liber’ in sat. 2,8,37 wieder ‘freimütig’, nur in sat. 2,7,83 und 92 (die beiden Belege in dem einen Vers nur als einer gerechnet) dasselbe wie in den Briefen. Die Belege im Epistelbuch sind: 1,69. 107; 7,36; 16,63. 66; 18,1; 19,21, immer in der Bedeutung ‘frei’. ‘Libertas’ in den Satiren (sat. 1,4,5; 2,7,4) meint παρρησία, ‘Redefreiheit’, im Briefbuch (10,40; 18,8) ‘Freiheit’. Die Relation Episteln zu Satiren ist also (bei 9 Belegen in 1006 gegenüber 2 in 2113 Versen) im Reden von Freiheit 9:1.

Die spezifische Interpretationsaufgabe im Blick auf das Sabinum besteht in der Frage, ob auch die Sabinum-Episteln und wenn ja, in welcher Weise, zu dem Hauptthema des Briefbuches beitragen. Das vorläufige Ja wird schon durch den Anfang der ersten Epistel nahegelegt. Als Exempel

[248] Auch W. S. Maguinness, Der Eklektizismus des Horaz. (Zuerst englisch in: Hermathena 38, 1952, S. 27–46). Deutsch in: G. Maurach (ed.), Römische Philosophie. (Wege der Forschung), Darmstadt 1976, S. 169–189; hier: S. 172 (zu epist. 1,1) bezieht den horazischen Eklektizismus und seinen Unabhängigkeitswillen aufeinander.

oder Realmetapher für seine eigene Lebensentscheidung führt der Dichter den Gladiator Veianius an (v. 4–6):

Veianius armis
Herculis ad postem fixis latet abditus agro,
ne populum extrema totiens exoret harena.

Vejanius, kampfsatt,
Hängt' an Herkules Pfosten die Wehr und barg sich im Landhof,
Um nicht öfter dem Volke zu flehn am Geländer des Kampfplans.

Das Land ('ager') ist nicht nur Ort des Rückzugs, jene „fallentis semita vitae" (epist. 1,18,103), was McGann im Blick auf das Land im Briefbuch betont[249]. Rückzug ist nur ein untergeordnetes Motiv. Veianius zieht sich nicht von Pflichten zurück, sondern entzieht sich der Abhängigkeit, so daß 'ager' zum symbolischen Raum von Freiheit wird. Geben dem Leser also schon die ersten Verse des Briefbuchs den Hinweis, daß für den in die Freiheit entlassenen Gladiator Horaz (v. 2), der sich nicht erneut einschließen lassen will (v. 3), das Sabinum die Freiheit repräsentieren wird, welcher nun als der Mitte der Lebenskunst die geistige und moralische Arbeit des Dichters gilt? Wird Horaz diese Worte Ciceros seinem Sabinum einschreiben? „[...] vixerunt non nulli *in agris* delectati re sua familiari. His idem propositum fuit quod *regibus*, ut ne qua re egerent, *ne cui parerent*, *libertate* uterentur, cuius proprium est sic *vivere* ut velis. [...] se adipisci id posse arbitrantur, [...] si *contenti* sint *et suo et parvo*" (off. 1,20,70).

Von den im Folgenden zu betrachtenden Briefen wird z. B. epist. 1,10, „Urbis amatorem", das Lebensideal der Freiheit aus der Gegenüberstellung von Stadt und Land und konkret von Rom und Sabinum entwickeln, welche Opposition in die von Reichtum/ Luxus/Unnatur versus Einfachheit/Natürlichkeit überführt wird. Dabei werden die Bindungen und Abhängigkeiten des Reichen herausgestellt. Oder epist. 1,16, „Ne perconteris", läßt das Leben auf dem Sabinum in seiner Natürlichkeit und Einfachheit als Vorstufe der letzten Freiheit, der des Todes, erscheinen. Die lebhaften Erörterungen über Glücklich- und Gutsein, über Schein und Sein gelten durchgängig der Opposition von falscher Fremdbestimmung und Abhängigkeit gegenüber Selbstbestimmung und Freiheit.

249 Studies in Horace's Epistles, S. 14. 24ff. 34.

3 Der große Maecenasbrief (epist. 1,7) und die Anordnung der Sabinum-Episteln

Der große Maecenasbrief gehört nicht eigentlich zu den Sabinumdichtungen des Epistelbuches, sondern steht zu den Sabinumbriefen 10, 14 und 16 in analoger Beziehung wie die Maecenasoden 1,20 und 3,16 zu den Sabinumgedichten ihrer lyrischen Bücher. Sein Thema ist die Reflexion über Schenken und Beschenktwerden, über die Freiheit des Beschenkten. Aus „nec, si plura velim, tu dare deneges" und „bene est cui deus obtulit / parca quod satis est manu" (c. 3,16,38 und 43f.) wird „hac ego si conpellor imagine, cuncta resigno" und „inspice, si possum donata reponere laetus" (epist. 1,7,34 und 39), aus der Dankbarkeit des Zufriedenen die Freiheit des Dankbaren.

Der erste Sabinumbrief, epist. 1,10, folgt nach zwei Zwischenstücken auf diese Epistel, während der letzte Sabinumbrief, epist. 1,16, dem abschließenden Maecenasbrief (epist. 1,19) um zwei dazwischengestellte Episteln vorausgeht. Unmittelbar vor dem Schlußbrief an Maecenas geht epist. 1,18 am Ende in einer Weise auf das Sabinum ein (v. 104–112), die an den Maecenasbrief 1,7 erinnert. Der Brief an den Verwalter, epist. 1,14, steht unsymmetrisch zwischen dem zehnten und dem sechzehnten Brief. Die ganze Folge der Briefe 10–16 bildet eine relative Einheit durch das gemeinsame Thema von Orten, Lebensführung und Glück. Eine Ausnahme bildet epist. 1,13[250], das zwischen 1,12 und den Sabinumbrief 1,14 wohl deshalb gestellt ist, weil es dem Weg eines Boten zu Augustus gilt (v. 2), mit dem der vorangegangene Brief geendet hatte (epist. 1,12,27–29: „... Caesaris ..."), und dieser Weg offenbar vom Sabinum ausgeht: zwischen Augustus in seinem Haus auf dem Palatin und dem Ausgangspunkt muß Vinnius Asina „clivos flumina lamas" überwinden (epist. 1,13,10), kaum innerhalb Roms[251]. Epistel 1,15, zwischen dem Brief an den Verwalter des Landgutes und dem an Quinctius, erwähnt in v. 17 das Sabinum: „rure meo".

[250] Maurach, Horazens erstes Epistelbuch, S. 101 nennt epist. 1,9 und 1,13 Trennbriefe („ep. 9 ist wie ep. 13 ein Trennbrief, die andersartige Thematik sondert Briefgruppen"); vgl. auch S. 109: der 13. Brief „sticht [...] von ep. 10–12 einerseits und ep. 14–16 andererseits ab."

[251] Vgl. Mayer, Comm. z. St.

Die erste Sabinum-Epistel (1,10) ist an Aristius Fuscus gerichtet und damit an den einzigen realen zeitgenössischen Adressaten einer Sabinum-Ode (c. 1,22), da die anderen fünf Carmina Gottheiten (Faunus, Bandusia), eine Geliebte (Tyndaris), ein allgemeines Du (c. 2,18) und einen Baum ansprechen. Diese erste Sabinumdichtung des Briefbuches ist entweder als Schlußstück der ersten Buchhälfte oder als genaues Zentrum zwischen erster und letzter Maecenasepistel (epist. 1,1 und 1,19) zu betrachten.

Zu dem schwierigen und umstrittenen Maecenasbrief ist gerade die besonnene und klärende Interpretation von Walter Kißel erschienen: „Krise einer Freundschaft? (Hor. epist. 1,7)". In: S. Koster (ed.), Horaz-Studien. (Erlanger Forschungen, Reihe A, Bd. 66), Erlangen 1994, S. 79–102. Da sie die Aporien bisheriger Deutungen in meinen Augen überwindet, sei sie hier resümiert und als Exposition vor die Analyse der Sabinumbriefe gestellt. Zum ersten Abschnitt (v. 1–13) zeigt Kißel überzeugend, daß nicht eine Apologie gegenüber einem voraufgegangenen Vorwurf des Maeceans vorliegt, der Ton vielmehr heiter bis übermütig ist[252]. Von einer Verstimmung oder Krise der Freundschaft kann auch angesichts der Anrede „dulcis amice" (v. 12) keine Rede sein. Der Sachverhalt, der berichtet wird, ist dem Adressaten offenbar bekannt; er wird erzählt, um als Grundlage für die folgenden Reflexionen zu dienen. Der Abschnitt über richtiges und falsches Schenken (v. 14–28) erklärt Maecenas (indirekt) zum idealen Schenker und Wohltäter (v. 22: „vir bonus et sapiens"), dies auch insofern, als die wahre Kunst des Schenkens nicht nur den Wert des Geschenkes kennt, sondern auch die Würdigung des zu Beschenkenden richtig beurteilt und als solche die Dankbarkeit des Beschenkten impliziert (vgl. v. 24 mit v. 21)[253]. Die Verse 25–28 sind auf der Folie dieser Überlegungen die

[252] Vgl. auch Maurach, Horazens erstes Epistelbuch, S. 96. – Der Scherz der Eingangsverse „Quinque dies . . . / Sextilem . . ." (v. 1f.), mit dem Horaz nach Kißel Maecenas und den Leser auf den Ton des Folgenden einstimmt (S. 81), setzt sich wohl in der Angabe der Dauer der Abwesenheit von „ficus prima" bis „hirundine prima" (v. 5 und 13) fort, die genau sechs Monate beträgt.

[253] Man könnte geradezu sagen, daß die Dankbarkeit des Beschenkten daher der Maßstab der Weisheit und Güte des Schenkers sei. Der Briefschreiber macht die Aussagen über seine Würdigkeit und Dankbarkeit nicht zum Selbstlob, sondern zum Ruhm des Maecenas, also ähnlich wie in sat. 1,6. Umgekehrt stimmt aber ebenso, daß die Weisheit des Schenkens, bei Maecenas gegeben, die Würdigkeit und Dankbarkeit des Beschenkten von vornherein impliziert (vgl. Kißel, S. 87).

Gründe für das lange Fernbleiben (Kißel: „Sachzwänge"); daher können sie nun nicht mehr mißverstanden werden als Kritik an Maecenas oder als Undankbarkeit[254]. Horaz klärt also in moralischer Reflexion die ethische Beurteilung seiner Abwesenheit von Rom.

Die von der Fabel des von Mäusen im Getreidekorb vollgefressenen Fuches, der nicht mehr durch das Loch hinausgelangen kann, einerseits und dem Lob Telemachs in Sparta andererseits intern gerahmte Versgruppe 29–45 artikuliert die horazische Maxime der Unabhängigkeit ähnlich, wie er es in der großen Maecenasode 3,29 getan hatte (v. 53–56)[255]. „Cuncta resigno" (epist. 1,7,34) um der „otia ... liberrima" (v. 36) willen ist, wie schon Becker, Spätwerk, S. 34 gesehen hatte, keine Drohung, die Freundschaft aufzukündigen, sondern eine Einstellung, die gerade auf dem Boden der Freundschaft möglich ist und auch das dignus-Sein des Beschenkten bestätigt, wie es sich in seiner 'verecundia' (v. 37) manifestiert. So wenig Telemachs Abweisung der Rosse König Menelaos verstimmt, so wenig die Freiheit des Briefschreibers, die seine Abwesenheit von Rom bedingt, den großen Freund in der Stadt. Da die 'otia liberrima' (und der 'somnus plebis') für den Briefschreiber schon Realität sind („nec ... nec / ... muto"; vgl. Kißel, S. 92), steckt das Füchslein Horaz (so schließe ich nun weiter) nicht mehr in der Kornkiste, sondern ist, abgespeckt, bereits 'nach draußen gegangen' (v. 31: „ire foras"). Die Fabel als Metapher paßt also in der Weise auf ihn, daß ihre Erzählung gewissermaßen weitergegangen ist bzw. daß die Aussagen des Horaz über sich selbst im eigentlichen Sinn eine Fortsetzung der Fuchsfabel implizieren (und für diese ihrerseits die Metapher sind): Der Fuchs draußen würde seine Freiheit verlieren, wollte er wieder hineinschlüpfen und sich mästen. Daher 'verzichtet er', obwohl er gerade nicht 'satt' ist (v. 34–36). Der Briefschreiber erklärt, warum er sich nicht 'wieder in das alte Leben einschließen lassen' könne (vgl. epist. 1,1,3: „iterum antiquo me includere ludo").

Der zweite, etwas längere Teil des Briefes (v. 46–98 = 53 Verse) wird von der Geschichte eingenommen, wie der vornehme und reiche L. Marcius Philippus den kleinen Makler Volteius Mena mit einem sabinischen Land-

[254] Die Verse 25–28 in epist. 1,7 stehen epist. 1,1,4: „non eadem est aetas" und 1,14,32–34 nahe.

[255] Vgl auch epist. 1,10,39–41.

gut beschenkt, das diesen aber unglücklich macht, so daß er seinen Patron bittet, ihn seinem früheren Leben zurückzugeben (v. 95), was der Briefschreiber in den Schlußversen der Epistel ausdrücklich befürwortet. Kißel zeigt, daß diese Anekdote der Konstellation Maecenas-Horaz entspricht und als Parallelgeschichte eine allgemeine Lebensregel illustriert, von der auch Horazens hier verhandeltes Lebensthema ein Fall ist. Für Mena erwies sich sein sabinisches Landgut - „der Wert des Geschenkes selbst bleibt dabei (sc. bei der Bitte um Wiedereinsetzung in seinen früheren Stand) - wie in der Telemach-Episode - völlig unberührt“ (Kißel, S. 99) - als unangemessen, für Horaz erweist sich angesichts seines Alters Rom (mit den durch Maecenas gewährten Vorteilen) als unangemessen. Da seine Abwesenheit aus Rom gerade auch durch den Genuß der ‘otia liberrima’ auf dem Sabinum (v. 1: „rure“) bedingt ist, wird so implizit nochmals dem Schenker Dank ausgesprochen, wird dem Maecenas gesagt, daß auch noch die Freiheit der Abwesenheit von Rom ihm verdankt sei[256].

Die Vereinigung von Freundschaft und Freiheit, von Dankbarkeit und Unabhängigkeit ist von solcher Kunst und Diskretion, daß der Maecenasbrief als Charta dieser Lebensideale gelten kann. Wenn noch die Unabhängigkeit sich verdankt weiß, wenn die Freiheit sich ohne Ostentation, ohne Trotz und ohne Apologie, ausspricht, ihrer selbst sicher, und als solche dankbar sein kann, dann ist offenbar ein hohes Maß an innerer Freiheit erreicht, auf deren Grund Freundschaft und Dankbarkeit sich frei verwirklichen können.

[256] In v. 34, „cuncta resigno“, ist das Sabinum nicht mitgemeint, dies aber nicht, weil der Briefschreiber einen Vorbehalt machte und es ausgespart hätte, sondern weil es nicht hergehört. Denn ‘resignare’ (ohne Dativobjekt!) heißt nicht ‘jemandem etwas zurückgeben’, sondern ‘auf etwas verzichten, etwas aufgeben, einer Sache entsagen’ (vgl. Kißel, S. 91f.); es geht nicht um Rückgabe früher empfangener Geschenke, sondern um „alles, was du mir heute bietest und in Zukunft zu bieten beabsichtigst“ (Kißel, S. 92). Die Verse 35f. verdeutlichen das. Auch v. 39, „inspice, si possum donata reponere laetus“, schließt nicht das Sabinum ein, wie außer dem Vorangegangenen (vgl. Kißel, S. 93, Anm. 47) die nachfolgenden Erläuterungen erkennen lassen: die Zurückweisung der „dona“ durch Telemach (v. 43) und „mihi iam non regia Roma / ... placet“ (v. 44f.). K.-H. stellen daher zu Recht fest, mit „donata“ seien gemeint „das Leben im großen Stil, das (Horaz) bisher als *convictor* des Maecenas führte, die soziale Stellung, die er diesem Verhältnis verdankt...“

4 Epistel 1,10

v. 1–7

Urbis amatorem Fuscum salvere iubemus
ruris amatores. hac in re scilicet una
multum dissimiles, at cetera paene gemelli
fraternis animis, quidquid negat alter, et alter,
adnuimus pariter. vetuli notique columbi
tu nidum servas, ego laudo ruris amoeni
rivos et musco circumlita saxo nemusque.

Unseren Gruß dem Fuscus, der Stadt Liebhaber, entbieten
Wir Liebhaber der Flur: hierin wahrhaftig allein nur
Sehr unähnlicher Art, im übrigen fast wie verzwillingt,
Brüderlich beide gesinnt; was dem, mißfällt auch dem andern,
Und gleich nicken wir Ja, gleich alten vertraulichen Tauben.
Du liebst heimisch das Nest, ich lob' anmutiger Felder
Rieselnde Bäch' und mit Moos umgrünete Felsen und Waldung.

Der Adressat der Ode „Integer vitae" (c. 1,22), die ein angebliches Erlebnis im Sabinerwald berichtete, Aristius Fuscus, erhält in Rom aus dem Sabinum einen Brief des Horaz, in dem zwei Lebensformen, Stadt und Land, konfrontiert werden und für das Land als das Natürliche und die Natur geworben wird. Die elementare Voraussetzung realer Briefkonstellation, Freundschaft (als geistige und affektische Gemeinsamkeit und Vertrautheit) und Ortsverschiedenheit, welche räumliche Trennung der Brief geistig überwindet, wird in Epistel 1,10 in vielleicht glücklichster Weise in die literarische Kunstform transponiert, indem sie nämlich zum Briefgegenstand selbst funktionalisiert wird. In allen Urteilen und Neigungen brüderlich („fraternis animis", v. 4), zwillinghaft („gemelli", v. 3), wie ein altvertrautes Taubenpaar („vetuli notique columbi", v. 5) und also auf ein gemeinsames Leben angelegt, differieren Briefschreiber und Adressat doch in einem Punkt („hac in re ... una", v. 2), der eben auch die Ursache der Ortsverschiedenheit ist (v. 6f.). Der Brief, schon als solcher Ausdruck von Freundschaft und Gemeinsamkeit, soll die räumliche und zugleich geistige Trennung in Urteil und Lebenswahl überwinden: 'simul esse' (v. 50) ist Ortsgemeinschaft, die der Brief als Urteilsgleichheit verstehen läßt: „adnuimus pariter" (v. 5).

v. 1 *salvere iubemus* 'Ich entbiete Gesundheit'. Ja, es geht dem Briefschreiber um die Gesundheit, das Heil, die 'salus' des Briefempfängers: er fordert ihn auf, gesund zu sein, wie er es in v. 44 „vives sapienter" wiederholt, zugleich um entsprechende Mahnung sich selbst gegenüber bittend: „nec me dimittes incastigatum" (v. 45). Die Brieffloskel in v. 1 ist mit wirklicher Bedeutung geladen und gewissermaßen ent-floskelt.

v. 5f. *vetuli notique columbi / tu nidum servas, ego laudo* ... Wäre „columbi" das Subjekt des Satzes, müßte man „tu" und „ego" als Appositio partitiva oder distributiva auffassen. Da es aber ein (konzessives) Prädikativ in der Funktion einer Metapher ist – die Kommentare sprechen von Gleichnis ohne Komparativpartikel –, sind 'du' und 'ich' die Subjekte, deren distributiver und partitiver Charakter im Prädikativ aufgehoben ist, so daß also gerade die (prädikative) Apposition das Ganze vertritt. Diese Metaphernkonstruktion betrifft hier wie sonst bei Horaz (vgl. epist. 1,2,42; 1,7,73f.) nicht das Subjekt allein, sondern einen ganzen Satz: „tu nidum servas (sc. columbus)" und nicht: 'du hütest Rom wie eine Taube ihr Nest'. Wir müssen also übersetzen: „von uns beiden, obwohl doch ein ältliches vertrautes Taubenpaar, hütest du das Nest, ich preise ..."

Der Liebhaber des Landes wählt immer wieder eine ländlich-bäuerliche Ausdrucksweise, ja bäuerlich-bildlichen Denkstil. Er gebraucht Metaphern aus dem Landleben, er benutzt bäuerliche Vergleiche: lieber Brot als Honigkuchen essen wollen wie der entlaufene Sklave des Priesters (v. 10f.), die Natur mit der Mistgabel vertreiben (v. 24) – dies vom blasierten Städter gegenüber natürlichen Bedürfnissen –, die Fabel von Hirsch und Pferd (v. 34–41) – in sat. 2,6 hatte die Fabel von Stadt- und Landmaus der alte Bauer Cervius erzählt –, der zu weite oder zu enge Schuh (v. 42f.).

v. 6f. *ego laudo ruris amoeni / rivos et musco circumlita saxa nemusque* Gerade beim Übergang zum Land tritt Horaz aus der bäuerlichen Metapher heraus, spricht eigentlich, aus der Perspektive des Menschen und sogar städtischer Landschaftsästhetik: In einen einzigen Vers drängt er die amoenitas seines Sabinums so zusammen daß einerseits der typische locus amoenus entsteht, andererseits dessen spezfiische Ausprägung im Sabinertal erscheint. Der Anfang von Theokrits erstem Idyll wird gewissermaßen auf die Felswand des Bandusiaquells (vgl. c. 3,13,14–16), die Bäche des Tals, Digentia und Zufluß vom Bandusiawasserfall her (vgl. epist. 1,18,104f.; 1,16,12–14), und das Wäldchen am Hang (vgl. sat. 2,6,3) projiziert.

v. 8–11

quid quaeris? vivo et regno, simul ista reliqui,
quae vos ad caelum fertis rumore secundo,
utque sacerdotis fugitivus liba recuso:
pane egeo iam mellitis potiore placentis.

Kurz, ich leb' als König und Herr, seit jenes ich aufgab,
Was ihr dort zum Himmel emporhebt, lärmenden Beifalls.
Mir, wie dem Pfaffenknecht, der entfloh, sind Fladen verleidet;
Brotes bedarf ich, das mehr als Kuchen mit Honig mir anschlägt.

v. 8 *vivo et regno* 'hier lebe ich erst wahrhaft und bin König'. Das ist stoisch und aristippisch zugleich: der Weise ist König (vgl. epist. 1,1,107; sat. 1,3,124f.); er unterwirft sich die Dinge (vgl. epist. 1,1,19). Und es folgt sogleich eine eher kynische oder auch epikureische Variante (v. 10f.): 'Brot statt Honigkuchen' ist eine Illustration der natürlichen und naturnotwendigen Bedürfnisse nach kynischer oder epikureischer Lehre.

v. 8f. *ista reliqui,/ quae vos ad caelum fertis rumore secundo* Indem Horaz allgemein gepriesene Dinge und Verhältnisse räumlich verläßt, befreit er sich zugleich geistig und moralisch von den Wertvorstellungen der δόξα („rumore"). Es geht wie in epist. 1,16,17ff. gerade auch um die Selbstbestimmung des Urteils.

v. 11 *potiore* Dieses komparativische Leitwort des Briefes (insgesamt 4 mal: hier und in v. 14, 39, 48) scheint die Etymologie von 'pot-' aktivieren zu wollen: 'besser, weil mehr zum Herrn machend'. In ihren 50 Versen gebraucht die Epistel insgesamt 17 Komparative, was sich wohl kaum steigern läßt.

v. 12–25

vivere naturae si convenienter oportet
ponendaeque domo quaerenda est area primum:
novistine locum potiorem rure beato?
est ubi plus tepeant hiemes, ubi gratior aura
leniat et rabiem Canis et momenta Leonis,
cum semel accepit solem furibundus acutum?
est ubi divellat somnos minus invida cura?
deterius Libycis olet aut nitet herba lapillis?

purior in vicis aqua tendit rumpere plumbum
quam quae per pronum trepidat cum murmure rivum?
nempe inter varias nutritur silva columnas
laudaturque domus, longos quae prospicit agros:
naturam expelles furca, tamen usque recurret
et mala perrumpet furtim fastidia victrix.

Wenn uns nach der Natur einfach zu leben geziemet,
Und, um ein Haus zu errichten, gesucht muß werden der Grund erst:
Sprich, hat irgend ein Ort Vorzug vor der seligen Landflur?
Sind wohl mildere Winter noch wo? ist frischer die Luft wo,
Welche des Sirius Wut abkühlt und des Löwen Empörung,
Wann von der strahlenden Sonne Geschoß er ein rasender auffuhr?
Stört den ruhigen Schlaf wo weniger neidische Sorge?
Weicht an Geruch und Glanze der Grasplan libyschem Marmor?
Strebt wohl reineres Wasser des Markts Bleiröhre zu sprengen,
Als das jäh abschüssig entbebt in dem murmelnden Bächlein?
Selbst ja zwischen dem Marmorgesäul nährt mancher sich Waldung,
Und man lobet ein Haus, das weit hinschaut in die Felder.
Treib die Natur mit Stangen hinaus, doch kehrt sie beständig
Und durchbricht unversehns die schnöde Beekelung siegreich.

Der Abschnitt v. 12–25 kann als eine übersehene Station der Geschichte des Naturbegriffs betrachtet werden. 'Natur' als stoische φύσις, d. h. Weltlogos, verwandelt sich unversehens, auf dem Weg über die Natürlichkeit des Landlebens, in Natur als Land und Landschaft: „vivere naturae ... convenienter" (v. 12) ist das stoische ὁμολογουμένως τῇ φύσει ζῆν. Der grundlegende erste Schritt sei die Wahl des Platzes für das Haus, und da gebe es keinen besseren Ort als das 'glückliche Land' („rure beato", v. 14). Hier sind lau die Winter, angenehm lindert die Brise die Wut des Hundssterns und die Sprünge des Löwen, die er rasend ausführt, wenn die Sonne bei ihrem Eintritt in sein Sternbild auf dem Tierkreis ihn sticht[257]. Hier ist keine Sorge, die im Neid auf das Mehrhaben anderer den Schlaf stört. Wiesenkräuter duften und leuchten nicht schlechter als afrikanische Fußböden aus libyschen Mosaiksteinen. Das Wasser des murmelnd dem Gefälle fol-

[257] Die Verse 15–17 sind eine variierende Kontamination von c. 1,17,17f., 3,13,9f., 3,29,18–20.

gend dahineilenden Baches[258] ist reiner als das Leitungswasser, das in Roms Wohnvierteln aus Bleiröhren hervorkommt, die es zu brechen droht. ‘Und in der Tat’ (v. 22 „nempe“) zeigt sich die Überlegenheit von ‘rus’ über ‘urbs’ darin, daß ‘man einen Wald im Peristyl aus buntgefleckten Marmorsäulen pflanzt und pflegt und man das Stadthaus rühmt, das einen weiten Prospekt über Felder hat’, beides wie vorweggenommene Kurzformeln plinianischer Villenbriefe. An „silva“ und „agros“ schließt sich an: „naturam ...“. Zwar steht das ‘Austreiben der Natur’ wohl für die Unterdrückung oder mäklige Abweisung („mala ... fastidia“) natürlicher Bedürfnisse, aber indem diese Bedürfnisse durch Wald und Felder vertreten sind und selbst einfach ‘natura’ heißen, werden hier Feld und Wald, sogar ihre Ästhetisierung als Park und Aussicht, Prospekt, zu Natur.

Damit wird hier der Naturbegriff der hellenistischen Moralphilosophie ästhetisiert, wie umgekehrt Horaz ästhetische Begriffe und Metaphern wie Stilideale, Dichterkonzept, locus amoenus moralisch besetzt hat. Die Vernachlässigung solcher Leistungen des Horaz hat zu anachronistischen Deutungen sowohl vor- wie nachhorazischer Literatur geführt: Entweder setzt man solche ästhetischen Doppelbesetzungen schon bei z. B. Vergils Bukolik voraus, oder man läßt sie erst in der nachaugusteischen Kaiserzeit beginnen.

v. 26–33

non qui Sidonio contendere callidus ostro
nescit Aquinatem potantia vellera fucum
certius accipiet damnum propiusve medullis
quam qui non poterit vero distinguere falsum.
quem res plus nimio delectavere secundae,
mutatae quatient. siquid mirabere, pones
invitus. fuge magna: licet sub paupere tecto
reges et regum vita praecurrere amicos.

Keiner, der nicht zu vergleichen mit Sidons köstlichem Purpur
Kennerisch weiß ein Gewand, das Aquinums Schminke gefälscht hat,
Wird so sicheren Schaden empfahn und fühlen so schmerzhaft,
Als wer durchaus nicht kann von der Wahrheit scheiden den Irrtum.

[258] Vers 21 variiert c. 2,3,11f.

Wen anlachendes Glück zu schwindelnden Freuden erhob, den
Senket der Wechsel in Gram. Was mit Staunen dich füllete, legst du
Ungern ab. Flieh Großes! Du kannst auch unter dem Halmdach
Königen leicht an Leben und Königsfreunden voraus sein.

Urteilskraft sollte den Grundfragen gelten, nicht der Kennerschaft („callidus", v. 26) von Purpurfärbung, wo zum Luxuriösen noch Unnatur par excellence tritt. 'Was hülfe es dem Menschen, wenn er die ganze Welt gewönne und nähme doch Schaden an seinem ...' - „Mark", wie Horaz bäuerlich-kräftig sagt. Falsches Urteil liegt vor, wenn günstige Verhältnisse überschätzt werden (v. 30: „plus nimio delectavere"). Ihr Umschlag zerschmettert den vorher Sich-Glücklich-Wähnenden. Staunen ('mirari') beruht auf falschem Urteil; was man anstaunt, legt man nicht freiwillig ab. Meidet man Großes, d. h. Angestauntes, und lebt unter bescheidenem Dach, so überflügelt man in seiner Lebensweise ('vita' = βίος, δίαιτα) Könige und Königsfreunde; solches 'vivere' ist ein 'regnare' und ein „rex... regum"-Sein (epist. 1,1,107).

Dieser Abschnitt wendet sich nach dem Landleben der 'paupertas' zu, dem bescheidenen Besitz, als einem weiteren Aspekt naturgemäßen Lebens. Ihr Zusammenhang war auch im Abschnitt über das 'rus beatum' schon sichtbar geworden, im Vergleich einer Blumenwiese mit afrikanischem Marmormosaik (v. 19), im Bau luxuriöser Villen. Nicht so sehr Stadt als vielmehr Reichtum wird in den Versen 22-25 angeschaut. Und wie also hier die Lebensform Land durch das Motiv 'paupertas' ergänzt wird, so klingt im Abschnitt v. 26-33 neben der 'paupertas' bereits das Motiv Freiheit an, nämlich in der abgelehnten Bindung, wie sie Großes und Angestauntes erzeugt (v. 30-32), und in der lakonischen und sprechenden Fügung „regum ... amicos" (v. 33), die eben nichts anderes sind als 'Honigkuchen essende Priestersklaven". 'Flucht vor Großem' ist ein befreiendes 'Ausreißen' zu 'Brot' hin.

Um diese Freiheit geht es in v. 34ff. In fünf Versen wird die Fabel von Pferd und Hirsch erzählt.

v. 34-41

cervus equum pugna melior communibus herbis
pellebat, donec minor in certamine longo
inploravit opes hominis frenumque recepit.
sed postquam victor violens discessit ab hoste,

non equitem dorso, non frenum depulit ore.
sic, qui pauperiem veritus potiore metallis
libertate caret, dominum vehet inprobus atque
serviet aeternum, quia parvo nesciet uti.

Tapferer kämpfte der Hirsch, und das Roß vom gemeinsamen Anger
Jagt' er oft, bis zuletzt, nach langer Beeiferung sieglos,
Dieses den Menschen um Hilf' anfleht und dem Zaume sich darbot.
Aber nachdem es vom Feind' als trotziger Sieger zurückkam,
Schüttelt' es weder vom Maul das Gebiß noch vom Rücken den Reiter.
So wer, vor Armut scheu, was unschätzbarer denn Gold ist,
Freiheit willig entbehrt, der träget den Herrn unverrückt fort
Und bleibt ewig ein Knecht, weil Weniges brauchen ihm fremd war.

Das Pferd, vom kampffähigeren Hirsch von gemeinsamer Weide verdrängt, wendet sich um Hilfe an den Menschen, besiegt so den Hirsch, wird aber Reiter und Zaumzeug nicht wieder los. Diese Fabel steht in der aristotelischen Rhetorik (2,20,1393 b 8–22) als Beispiel für Fabel (λόγος), die eine Species erdichteter Beispiele sei, und als ihr Autor wird Stesichoros genannt (fr. 104a Page = 281 Poet. Mel. Graec.). Die Situation, in der Stesichoros diese Fabel erzählte, war politisch: Nachdem in Himera Phalaris zum στρατηγὸς αὐτοκράτωρ gewählt worden war und ihm nun auch noch eine Leibwache gegeben werden sollte, warnte Stesichoros mit dieser Fabel.

Horaz nimmt die Fabel in seinen moralphilosophischen Sermo auf und deutet sie, ohne sie Zug um Zug allegorisch auszulegen; so gibt es kein Pendant zum Streit zwischen Pferd und Hirsch. Die Fabel wirkt als Metapher in ihre Nutzanwendung hinein und scheint gerade deshalb gewählt worden zu sein: 'einen Herrn tragen', 'dominum vehere'; nicht nur 'einen Herrn haben'. „Inprobus" muß man vor dem Hintergrund der antiken Sklaverei und antiker Urteile über den Sklaven in seiner vollen Kraft nehmen: 'als schlechter Knecht ewig dienen' und dabei sogar der Möglichkeit des Freien, 'probus', 'rechtschaffen, gut' zu sein, verlustig zu gehen. 'Der Tag der Knechtschaft nimmt einem Manne die Hälfte seines Wertes' (ἀρετή), heißt es in der Odyssee (17,322f.). Der Sklave, 'das Ding mit Menschenfüßen' (τὸ ἀνδράποδον) wird in der Politik des Aristoteles als 'lebendes Besitzstück' und 'lebendes Werkzeug' betrachtet (Pol. 1,4,1253 b 27–32: κτῆμα ἔμψυχον, ὄργανον) und gehört auch bei Varro, Res Rusticae 1,17,1 zu den 'instrumenta', wobei Gerät, Arbeitstier und Sklave als 'mutum', 'semivocale' und 'vocale instrumentum' unterschieden werden.

Den Freiheitsverlust und das inprobus-Sein muß man also ganz kraß auffassen.

Es folgt wieder ein Gleichnis.

v. 42–46

cui non conveniet sua res, ut calceus olim,
si pede maior erit, subvertet, si minor, uret.
laetus sorte tua vives sapienter, Aristi,
nec me dimittes incastigatum, ubi plura
cogere quam satis est ac non cessare videbor.

Wem nicht paßt, was er hat, den wird's, wie manchen der Schuh wohl,
Ist er dem Fuße zu groß, umwerfen, zu klein, ihn beklemmen.
Froh des beschiedenen Loses, Aristius, lebst du als Weiser;
Auch nicht wirst du den Freund ungewarnt entlassen, wofern mich
Mehr denn genug anhäufen und nicht aufhören du siehest.

Die Verse 39–46 sind das genaue Äquivalent im Sermonenstil zu dem o. S. 141 zitierten Passus aus Cicero, De officiis.

In v. 44 wendet sich der Briefschreiber wieder direkt dem Adressaten, dessen Lage und Lebensführung, zu, ihn nun mit seinem nomen Aristius (ἄριστος = optimus) anredend, nachdem er als die erste Briefanrede das cognomen Fuscus (fuscus ~ niger) gewählt hatte. Zum Briefstil gehört auch, daß eine Bitte ausgesprochen wird, die alles dem Adressaten Gesagte nun auch auf den Briefschreiber wenden läßt: „nec me dimittes incastigatum" (v. 45). Die urbane Floskel 'das gilt natürlich alles auch für mich selber' und die urbane Übertreibung in dieser Rückwendung auf sich selbst: 'auch mich laß nicht ohne Zurechtweisung ziehen' – womit erst recht deutlich wird, daß dieser Brief kein solcher Tadel war – sind protreptisch funktionalisiert. Horaz ermahnt und lehrt zwar, aber nicht als der überlegene Weise, sondern selbst des Freundesbeistands bedürftig.

v. 47f.

imperat aut servit collecta pecunia cuique,
tortum digna sequi potius quam ducere funem.

Herr ist oder auch Knecht der eingesammelte Pfennig,
Würdig zu folgen vielmehr als voranzutanzen dem Seile.

Wieder die Sprache von Herrschaft und Sklavendienst in Variation von epist. 1,1,19: „et mihi res, non me rebus subiungere conor". Und wieder ein Vergleich aus dem bäuerlichen Bereich: das am festen Strick geführte Tier soll gehorchen und folgen, nicht ziehen und führen. So gehört es sich („digna") für 'pecu' und 'pecunia'.

Die Gegenüberstellung am Eingang, 'rus' und 'urbs', hat sich über die von Reichtum und Armut in die von Unfreiheit und Freiheit verwandelt. Wenn der Briefschreiber am Schluß sagt, „excepto quod non simul esses, cetera laetus", so bekennt er damit ganz zurückhaltend und mehr für den Augenblick seine Zufriedenheit und Freiheit und wirbt bei seinem Gegenüber um dessen Mut zur Weisheit (v. 44: „vives sapienter"; vgl. epist. 1,2,40: „sapere aude") als fröhliche Zufriedenheit und Freiheit.

v. 49f.

haec tibi dictabam post fanum putre Vacunae,
excepto quod non simul esses, cetera laetus.

Dies hier sagt' ich dem Schreiber am modernden Tempel Vacunas,
Ausgenommen, daß du mir fehletest, übrigens heiter.

Dumézil hat die divergenten antiken Zeugnisse zu Vacuna von einer einheitlichen grundlegenden Funktion der Göttin her zu verstehen versucht, nämlich der der glücklichen Beendigung einer räumlichen Abwesenheit. So verstanden, höre ihre Erwähnung hier bei Horaz auf, eine Bizarrerie zu sein. „'Excepté notre séparation, excepté ton absence ...'. Voilà bien le domaine et la fonction de la déesse. Les rôles des deux pigeons sont seulement inversés: leur véritable nid, suggère maintenant le déserteur, c'est ce coin de campagne sabine, et c'est Fuscus, fidèle à Rome, qui fait figure d''absent en voyage'. Horace l'appelle discrètement, derrière le sanctuaire de Vacuna"[259].

Wenn der Briefschreiber hier schließt, „und, außer daß ich Dich / nicht bei mir hatte, übrigens vergnügt" (Übersetzung Wieland), so steht die vermißte leibliche Nähe und Ortsgemeinschaft auch für die noch bestehende Urteilsdifferenz und Divergenz der Lebensformen, die ersehnte Nähe auch für erstrebte Urteilsgleichheit.

[259] Dumézil, Vacuna, S. 307–311; die Zeugnisse: S. 307f.; das Zitat: S. 311.

5 Epistel 1,14

v. 1–3

Vilice silvarum et mihi me reddentis agelli,
quem tu fastidis, habitatum quinque focis et
quinque bonos solitum Variam dimittere patres

Meier der waldigen Flur und des mir mich schenkenden Gütleins,
Welchem du vornehm thust, da es doch fünf Herde gesiedelt
Und fünf ehrbare Väter gen Varia pflegt zu entsenden

Zu ‘vilicus’, ‘silva(e)’, ‘agellus’, ‘habitatus’, ‘quinque patres’, ‘Varia’ vgl. o. S. 18ff. mit Anm. 43,44 und 29; S. 27 mit Anm. 71 und S. 57 mit Anm. 163; S. 20 mit Anm. 46; S. 28f.

v. 1 *mihi me reddentis agelli* Maurach, Horazens erstes Epistelbuch, sieht in dem ‘se sibi reddere’ eine Art Leitmotiv des Briefbuches[260]. Vergleicht man andere Sätze in den Episteln wie z. B. „quid te tibi reddat amicum“ und „ut mihi vivam“ (epist. 1,18,101.107), so wird deutlich, daß der Briefschreiber schon den ersten Vers von dem Gedanken der Selbstbestimmung, Unabhängigkeit und Freiheit bestimmt sein läßt – weil er ihn vorübergehend nicht verwirklichen könne: er ist in Rom (v. 6–9). Nur so ist ja die Fiktion eines Briefes an den Verwalter des sabinischen Landguts plausibel zu begründen. Aber ist Selbstbestimmung an das Land gebunden, ist in Rom selbstbestimmtes Handeln schlechterdings unmöglich?

v. 4f.

certemus, spinas animone ego fortius an tu
evellas agro, et melior sit Horatius an res.

Gelt’ es die Wett’, ob von Dornen das Herz ich, oder das Feld du
Tüchtiger räumst, ob Horatius besser sei oder sein Landgut[261].

[260] Maurach, Horazens erstes Epistelbuch, S. 109f. mit Anm. 120.

[261] Voß scheint statt „res“ zu lesen: „rus“, die Konjektur von Daniel Heinsius, die Bentley aufnahm. An „res“ ist (pace Mayer, Comm. Horace Epistles) unbedingt festzuhalten: Horaz stellt nicht seinem Landgut oder dem Land sich entgegen, sondern einer Sache eine Person, weshalb er auch statt ‘ego’ hier „Horatius“ hersetzt.

Der doppelte Wettstreit gilt dem Sieg in analogen Tätigkeiten und Erfolgen: Wer ist tüchtiger darin, Dornen auszureißen, ich aus meinem Herzen oder du aus dem Feld? Welches Objekt unserer Tätigkeiten erfährt die stärkere Verbesserung, die Person Horaz oder die Sache (die das Feld ist)? Wir notieren: der Briefschreiber weiß Dornen in seinem Herzen; der ungenannte Sklave auf dem Sabinum hat nicht seinen animus zu kultivieren, sondern den Besitz des Horaz.

Moralische Reflexion des Menschen, der eben deshalb reflektiert, weil er nicht vollkommen ist, kommt sprachlich ohne zwei Ichs nicht aus. Die fast zu überlesende Fügung „mihi me (reddentis agelli)" geht von einem entbehrenden Ich aus („mihi"), das sich selbst („me") als ein vollständigeres Ich wiedergewinnen und dann ganz und ungeteilt sein will. Variiert wird das in „animone ego", und für den 'animus' tritt dann „Horatius" ein. Aber wenn das von 'animus' und „Horatius" repräsentierte Ich als besser den Sieg im Wettstreit davonträgt, dann ist auch das an ihm arbeitende Ich besser (als der Verwalter in bezug auf das Feld), dann sind Subjekt und Objekt der moralischen Arbeit besser und werden als solche zur Einheit, dann ist aus den getrennten „mihi me" „Horatius" geworden.

v. 6–9

me quamvis Lamiae pietas et cura moratur
fratrem maerentis, rapto de fratre dolentis
insolabiliter, tamen istuc mens animusque
fert et avet spatiis obstantia rumpere claustra.

Mich zwar weilet allhier um Lamia Lieb' und Besorgnis,
Der den Bruder beklagt, den entrissenen Bruder bejammert,
Mit untröstbarem Gram; doch strebt dort Sinn und Gedank' hin,
Sehnsuchtsvoll zu durchbrechen der Laufbahn hemmende Schranken.

Können „pietas" und „cura" um einen Freund, der Hilfe braucht, der Selbstbestimmung im Wege stehen? Ist nicht vielmehr das Wegstreben der 'mens' und des 'animus' 'dorthin, wo du bist' („istuc"), zum Sabinum als dem Ort der Selbstversöhnung und Selbstbestimmung, 'ein Dorn im Herzen'?

v. 10–13

rure ego viventem, tu dicis in urbe beatum:
cui placet alterius, sua nimirum est odio sors.

stultus uterque locum inmeritum causatur inique:
in culpa est animus, qui se non effugit umquam.

Mir ist der ländliche Mann und dir der städtische glücklich.
Loben des anderen Los, heißt wohl, sein eigenes tadeln.
Thöricht klagen wir beide den ganz unschuldigen Ort an;
Schuld ist einzig das Herz, das nie sich selber entfliehet.

Hier erkennen wir, daß unsere zuvor geäußerten skeptischen Fragen vom Dichter selbst induziert worden sind. Nicht der Ort ist der Quell der Selbstbestimmung oder deren Hindernis. Horazens Wegstreben aus Rom ist ebenso töricht wie das des Verwalters vom Sabinum weg. Der animus ist schuld, der animus trägt Dornen; mit solcher Selbsterkenntnis beginnt das Dornenausziehen. Da der animus sich selbst nie entflieht (also auch ein 'se sibi reddere' gar nicht möglich ist), ist Horatius Horatius in Rom und auf dem Sabinum. Zu glauben, die Orte veränderten mich, hieße, sich den Orten und damit Sachen zu unterwerfen. Vers 5, „melior ... Horatius an res" nimmt daher noch die Bedeutung an, „mihi res" oder „res mihi subiungere" (epist. 1,1,19).

v. 14–17

tu mediastinus tacita prece rura petebas,
nunc urbem et ludos et balnea vilicus optas:
me constare mihi scis et discedere tristem,
quandocumque trahunt invisa negotia Romam.

Du aufpassender Knecht verlangtest geheim nach dem Lande;
Jetzo schmachtest du, Meier, nach Stadt und Spielen und Bädern.
Ich doch bleibe mir gleich, wie du weißt, und gehe betrübt ab,
Wann auch immer nach Rom ein verhaßtes Geschäft mich hinwegzieht.

Horazens Konsequenz und Konsistenz sind zwar wohl der wechselnden Mempsitopie des Verwalters moralisch überlegen, aber keineswegs schon Tugend und Weisheit. Da 'tristis' (v. 16) und „invisa negotia" (v. 17) das 'odium' (v. 11) wieder aufnehmen, steht das Verhalten des Briefschreibers weiter unter der Qualifikation „stultus" und 'inique causari' (v. 12).

v. 18–30

non eadem miramur; eo disconvenit inter

meque et te; nam quae deserta et inhospita tesqua[262]
credis, amoena vocat mecum qui sentit, et odit
quae tu pulchra putas. fornix tibi et uncta popina
incutiunt urbis desiderium, video et quod
angulus iste feret piper et tus ocius uva
nec vicina subest vinum praebere taberna
quae possit tibi, nec meretrix tibicina, cuius
ad strepitum salias terrae gravis; et tamen urges
iampridem non tacta ligonibus arva bovemque
disiunctum curas et strictis frondibus exples;
addit opus pigro rivus, si decidit imber,
multa mole docendus aprico parcere prato.

Nicht reizt beide dasselbe, darum mißlautet es zwischen
Mir und dir. Denn was *du* für rauhe verödete Wildnis
Ansiehst, nennt anmutig, wer *mir* beistimmet, und hasset,
Was du achtest für schön. Bordell' und schmutzige Kneipen,
Merk' ich, füllen dein Herz für die Stadt mit Lüsternheit; und daß
Pfeffer und Weihrauch eher erzeugt der Winkel, denn Trauben.
Auch nicht wohnt in der Näh' ein Weinschenk, der dir Erquickung
Darreich', oder ein Dirnchen mit schrillender Pfeife, nach deren
Hall du im Sprung auf dem Boden einherstampfst. Dennoch zerwühlst du
Schon vorlängst von dem Karst unberührete Felder und wartest
Deines gelöseten Stiers, mit laubigen Sprossen ihn füllend.
Arbeit mehrt dem Verdroßnen der Bach, falls Regen herabstürzt,
Kaum durch Dämme belehrt, der sonnigen Wiese zu schonen.

v. 18 *non eadem miramur* Wie etwa epist. 2,2,58ff. illustrieren kann („non omnes eadem mirantur amantque:/ carmine tu gaudes, hic delectatur iambis,/ ...“), geht es hier keineswegs um einen Verstoß, weder des Verwalters noch seines Herrn, gegen das „nil admirari“ von epist. 1,6,1, woran jedoch

262 „tesqua“, nach Ps.-Acro angeblich sabinisch, wird von K.-H. als in der Bauernsprache lebendig gebliebenes Wort (sonst alte Dichtersprache und Auguralwesen) betrachtet: „denn Horaz bequemt sich der Ausdrucksweise des vilicus an“ – der hier freilich gerade aus der Perspektive des Städters redet!

alle Kommentatoren denken (K.-H., Dilke, Préaux, Mayer). Einerseits steht der Verwalter unterhalb des Niveaus jener Maxime wie ein Konfirmand unterhalb der 'Grundlegung der Metaphysik der Sitten', und andererseits ist Horazens Urteil, das Sabinum sei amön (vgl. c. 1,17,1; epist. 1,10,6; 1,16,15), nicht jenes Anstaunen, das Glück verhindert (epist. 1,6,1f.), sondern die (auch moralische) Leistung, die zur inneren Aneignung (vgl. sat. 2,6,5) und Zufriedenheit führt. Das Urteil ist auch nicht allgemein; es ist nicht falsche Doxa des 'Man'; die es teilen („mecum qui sentit", v. 20), tun es offenbar sei es Horaz zuliebe, sei es von diesem belehrt: Freunde, die sich vielleicht wie Aristius oder Quinctius überzeugen lassen (vgl. epist. 1,16,15: „et, iam si credis, amoenae [sc. latebrae]") - wobei diese Konkretisierung als Aussage zum Zusammenhang des Corpus der Kunstbriefe zu verstehen ist, nicht als Rätselraten über die Reaktion von zeitgenössischen Lesern auf große Dichtung.

Dem Sabinum fehlt einiges, und die Mängelliste des Verwalters ist in vier Punkten korrekt: Bordell, Garküche, Taverne, Flötenmädchen. Nur in einem fünften Punkt, in der Mitte genannt, übertreibt er:

v. 23 *angulus iste feret piper et tus ocius uva* Das Adynaton, das sabinische Tal werde noch eher die Spezialitäten des exotischen Indien (Pfeffer) und Arabien (Weihrauch) als Weintrauben hervorbringen, widerspricht nicht nur der generellen Idealisierungsleistung der Laudes Italiae in Vergils Georgica (vgl. bes. 2,138f.: „neque Indi / totaque turiferis Panchaia pinguis harenis" [sc. laudibus Italiae certet] und 143: „Bacchi Massicus umor"), sondern sowohl dem Faktum horazischen Weinanbaus auf dem Sabinum (vgl. c. 1,20 und c. 1,9,6–8 zusammen mit epist. 1,16,3 und c. 3,16,29–37) als auch dem glücklichen und sogar festlichen Genüge des Dichters an seinem sabinischen Wein (vgl. c. 1,20; c. 1,9; c. 3,8,9–14).

Daß Horaz die Urteile des Verwalters als negative Folie einsetzt, um sein eigenes Sabinumbild - denn die beiden meinen zweifellos die gleiche Realität - moralisch zu verdeutlichen (nicht um mit einer Leistung zu prahlen, sondern um eine Glücksmethode zu zeigen), wird auch an „angulus iste" sichtbar. Wie abfällig ist das gesagt, „der 'vermaledeite Winkel'" (K.-H.)! Horazens „hae latebrae" (epist. 1,16,15), 'montes et arx' (sat. 2,6,16) und 'reducta vallis' (c. 1,17,17) dagegen vindizieren dem Sabinum den Zauber von „ille terrarum mihi praeter omnis / angulus ridet" und „ille ... locus et beatae / ... arces" (c. 2,6,13f. 21f.: Tarent): „dicas adductum propius frondere Tarentum" (epist. 1,16,11). Schönheit und Fülle des Sabinertals sind Prädikate, die ihm ein Herr und König gibt, einer, der eine *res* sich anzueignen und sich unterzuordnen weiß.

v. 26 *et tamen* Obwohl dies nach K.-H. „keinen Gegensatz zur vorhergehenden Behauptung" einleitet (richtig dagegen zu epist. 1,7,23: „*nec tamen* stellt keinen *scharfen* Gegensatz her"; Hervorhebung EAS), spricht es dennoch einen Gegensatz aus, nämlich zu einem mitzudenkenden 'obwohl du dich nach der Stadt sehnst und es hier keine Schenke usf. gibt, (mußt) du dennoch ...' bzw. 'jedoch auch', 'zugleich aber', 'ebenso sehr', 'cependant', 'at the same time' (vgl. Fraenkel, Horace, S. 332 mit Anm. 2).

Die Verse 26b–30 charakterisieren exemplarisch die Arbeit des Verwalters, eine Variation zu 'spinas evellere agro'.

v. 29f. ... *rivus* ... / ... *docendus* ... War in v. 4f. 'spinas evellere' metaphorisch vom 'animus' gesagt, so ist jetzt das Lehren von seinem eigentlichen Bereich, dem 'animus', metaphorisch auf einen Teil des Landguts übertragen.

v. 31–34

nunc age quid nostrum concentum dividat audi.
quem tenues decuere togae nitidique capilli,
quem scis inmunem Cinarae placuisse rapaci,
quem bibulum liquidi media de luce Falerni

Was Mißhelligkeit bring' in unsere Töne, vernimm jetzt.
Wem die leichtere Toga geziemt' und gesalbetes Haupthaar,
Wem, du weißt, unentgeltlich die gierige Cinara hold war,
Wer von der Mitte des Tags sich bezecht im klaren Falerner

Hatte der Leser schon bei den 'desideria' des Verwalters auch an Freuden des Horaz in Epoden, Satiren und Oden denken müssen, Freuden, die zwar eine Klasse höher standen (nicht jedoch in sat. 1,2), aber doch analog waren – das „devium scortum" Lyde mit der elfenbeinernen Leier (c. 2,11,21–24) z. B. oder andere Weine als schlichten Sabiner (Caecuber, Lesbier, Chier, Massicer) –, so erhält er hier die Bestätigung.

v. 32 *tenues decuere togae* Horaz war einst in Togen „von feinstem Wollstoff, wie ihn Stutzer trugen" (K.-H.), einhergegangen. Solches Dandytum ist auch deshalb vorbei, weil das Alter wärmere Kleidung braucht, besonders einer, der 'solibus aptus' (epist. 1,20,24), ein „Freund der Besonnung" ist. Mit dem Stilideal λεπτός hat das nichts zu tun[263], nicht nur, weil auch der Autor der Briefe das kallimacheische Stilideal nicht aufgegeben, vielmehr im Zusammenhang der von H. J. Mette, „'genus tenue' und 'mensa tenuis' bei Horaz", Mus. Helv. 18 (1961), S. 136–139 demonstrierten horazischen Denkfigur der Einheit von Kunstprogramm und Lebensführung eher noch intensiviert hat (und gerade in epist. 1,14 führt die Gedichtbewegung auf 'mensa tenuis'), sondern insbesondere deshalb, weil in v. 32 kein Textsignal zu entdecken ist, welches eine poetologische Metapher anzunehmen nahelegte oder gestattete. Auch nach Kallimachos blieb 'fein' eine Qualität, die auch andere Stoffe als Dichtung auszeichnen konnte. Der Satz 'Die Togen waren fein und dünn' ist eine eigentliche Aussage, deren Eigentlichkeit durch ihren zugleich synekdochischen Charakter noch intensiviert wird.

v. 32 *nitidique capilli* Durch Parfümsalben beim Symposion: Erotik, Festfreude, Verschwendungslust, Jugend (vgl. epod. 13,8f.; c. 1,4,9; c. 2,7,7f.; c. 3,29,3–5). Von duftender Pomade glänzen Haare nur, wenn man sie hat oder wenn man sie reichlich und (in Italien) schwarz hat (Gegeninstanz: c. 2,11,14–17). Vgl. demgegenüber: epist. 1,20,24: „praecanum"; 1,7,26: „nigros angusta fronte capillos (sc. reddes)".

v. 33 *quem scis inmunem Cinarae placuisse rapaci* Der Verwalter weiß mehr als der Leser; immerhin hat auch dieser schon einmal von dieser Frau gehört: „inter vina fugam Cinarae maerere protervae (sc. reddes)" (epist. 1,7,28). In der Dichtung vor dem Briefbuch kommt Cinara deshalb nicht vor, weil sie real ist, die Geliebten in den Epoden und Oden aber alle fiktiv sind. Erst nach den Briefen tritt sie auch in die Lyrik ein, nicht als gegenwärtige, sondern als vor langer Zeit früh verstorbene Geliebte (c. 4,13,17–28).

v. 34 *quem bibulum liquidi media de luce Falerni* Trinken schon mitten am Tag (vgl. c. 2,7,6f. mit c. 1,1,19–22; c. 1,11,6–8; c. 3,28,1–8), als Durstiger (vgl. c. 3,28,8) und dazu Falernerwein (vgl. c. 1,27,9f.; c. 2,11,18–20): all dies ist mehrfach in den Oden belegt.

263 Pace Mario Puelma Piwonka, Lucilius und Kallimachos, Frankfurt a.M. 1949, S. 159–163, bes. S. 161, Anm. 1.

Sagt also Horaz zu dem Verwalter: 'Ich war selber einmal wie du, jetzt aber ist meine Jugend vorbei, und ich bin älter und weiser' und macht auf diese Weise seine Weisheit und moralische Leistung auch wieder kleiner und gewinnender?

v. 35–36

cena brevis iuvat et prope rivum somnus in herba;
nec lusisse pudet, sed non incidere ludum.

Den freut flüchtiges Mahl und am Bächlein Schlummer im Grase.
Nicht einst haben gespielt, nur das Spiel nicht endigen, mißfällt.

In für Horaz charakteristischer[264] Weise ist die Opposition gegenüber den Versen 32–34 verschoben. Statt konträrer Gegensätze zu den genannten Freuden des früheren Lebens wählt Horaz eine neue Synekdoche, so daß sich dank dieses Verfahrens die Vorstellung auf beiden Seiten anreichert.

v. 37–39

non istic obliquo oculo mea commoda quisquam
limat, non odio obscuro morsuque venenat:
rident vicini glaebas et saxa moventem.

Dort ist keiner, der mir mit schielendem Auge den Glückswurf
Schmälere, noch mit dem Bisse des dunkelen Hasses vergifte:
Lächelnd sehn Nachbaren mich Stein' und Schollen bewegen.

Das Land erscheint als Ort des Geltenlassens, als Raum ohne Neid und Haß, ohne Biß, ohne Gift, ohne Scheel- und Verkleinerungssucht. Offenbar hilft solche Öffentlichkeit oder Geselligkeit beim Gewinnen innerer Ruhe und Gelassenheit und wird wohl zumindest zu einem stützenden Faktor beim Erwerb und bei der Verwirklichung von Freiheit.

v. 40–44

cum servis urbana diaria rodere mavis,
horum tu in numerum voto ruis: invidet usum
lignorum et pecoris tibi calo argutus et horti.
optat ephippia bos piger, optat arare caballus:
quam scit uterque, libens, censebo, exerceat artem.

[264] Vgl. Schmidt, Σχῆμα Horatianum.

Du mit den Knechten der Stadt nagst knappe Beköstigung lieber;
Diesen zu sein ein Genoß wetteiferst du. Wieder beneidet
Nutzung des Holzes und Viehs dir der feine Bedient', und des Gartens.
Reitzeug wünscht unlustig der Stier, und zu pflügen das Reitpferd.
Was ein jeder versteht, das, raten wir, üb' er nicht ungern.

Es sieht zunächst fast so aus, als wolle Horaz wie der Jupiter der ersten Satire den wechselseitig nach dem Stand des anderen Schielenden einen Tausch der Lebenslose (sat. 1,1,1: „sortem"; epist. 1,14,11: „sors") anbieten oder androhen. Doch auf der Folie dieser Assoziation des Lesers kommt er schnell mit der Anspielung auf eine Fabel – Tauschwünsche des Pflugochsen und des Reitpferds – auf deren 'fabula docet' als abschließende Maxime: Die Kunst, die die beiden jeweils verstehen, sollen sie gern und willig („libens") ausüben. Eben dies gilt offenbar auch für den Briefschreiber selbst, dessen „sors" zumal sein Alter ist. Dem Alter entspricht eine eigene Lebenskunst, 'ars vivendi', die auch nur der Alternde verstehen kann, die aber 'gern und willig' zu üben die Hauptforderung, ja geradezu die Lebenskunst des Alters selbst ist.

In diesem anmutigen Brief mit seinen die Nachdenklichkeit des Lesers stimulierenden Volten zeigt sich der Briefschreiber nicht als überlegenen Weisen, sondern als Horatius, der sich 'Dornen aus dem Herzen' zu ziehen versucht. Da er dem Verwalter, mit dem er in Wettstreit tritt, am Ende über die Fabel attestiert, daß er seine Kunst verstehe, dürfen wir uns das Sabinum 'dornenfrei' vorstellen; so muß sich also der Briefschreiber anstrengen, seinem Landgut gleichzuwerden.

Bei diesem Gedicht leuchtet das Urteil von Mayer in seinem Kommentar (S. 51) besonders ein, die Reduktion von "poems to their paraphrasable content" stelle "a terrible cost" dar.

6 Epistel 1,16

v. 1–16

Ne perconteris, fundus meus, optime Quincti,
arvo pascat erum an bacis opulentet olivae,
pomisne an pratis an amicta vitibus ulmo,
scribetur tibi forma loquaciter et situs agri.

continui montes si dissocientur opaca
valle, sed ut veniens dextrum latus adspiciat sol,
laevum discedens curru fugiente vaporet,
temperiem laudes. quid si rubicunda benigni
corna vepres et pruna ferant, si quercus et ilex
multa fruge pecus, multa dominum iuvet umbra?
dicas adductum propius frondere Tarentum.
fons etiam rivo dare nomen idoneus, ut nec
frigidior Thraecam nec purior ambiat Hebrus,
infirmo capiti fluit utilis, utilis alvo.
hae latebrae dulces et, iam si credis, amoenae
incolumem tibi me praestant septembribus horis.

Daß, bester Quinctius, nicht lang du erst fragst, ob durch Feldbau mein Grundstück
seinen Besitzer ernährt oder ob es durch Ölfrucht ihn reich macht,
ob durch Obst oder Weide, durch rebenumwundene Ulmen,
will ich geschwätzig gleich schildern die Lage des Guts und sein Aussehn.
Denk dir die Kette der Berge, geschieden durch schattigen Talgrund;
nahend wirft Helios den Blick auf die Hänge zur Rechten; in schnellem
Wagen enteilend, erwärmt er die Wände des Tales zur Linken;
lobenswert mild ist das Klima; und wenn du dir vorstellst, wie rings in
Fülle die Hecken mit glutroten Kirschen und Pflaumen bedeckt sind,
Eichen die Herde mit Früchten, den Gutsherrn mit Schatten erquicken,
meinst du, es wäre das grüne Tarent in die Nähe gezaubert.
Auch springt ein Quell, reich genug, seinen Namen dem Flüßchen zu geben,
kühl dort und klar, wie sich selbst nicht der Hebrus durchs Thrakerland schlängelt,
heilsam für Leiden des Kopfes und heilsam bei Krankheit des Leibes.
Dieser verborgene Winkel, mir lieb und – so du mir glaubst – voll
Anmut, verbürgt dir mein Wohlsein im schwülen Monat September.
(Übersetzung von Manfred Simon[265])

v. 1 *Ne perconteris* Das setzt nicht als fiktive Situation voraus, daß Quinctius „mit einer Anfrage an Horaz herangetreten ist“ (so Ludwig Voit[266]),

[265] Aufbau-Verlag Berlin und Weimar 1983².

[266] Sabinum im 16. Brief, S. 412.

sondern dient gerade dazu, “to forestall an inquiry from Quinctius about the produce of his farm” (so richtig McGann[267]). Doch warum beugt Horaz dieser Frage vor? Weil er sie durch eine vorweggenommene Antwort erledigte, überflüssig machte? ‘Damit du nicht erst zu fragen brauchst...’? Nein, sondern, weil eine solche „Frage nach dem Ertrag falsch gestellt“ wäre[268]. Horaz ‘korrigiert’ in der urbansten Weise, unterstrichen durch die Anrede „optime Quincti“ und die leise Selbstironie „loquaciter“[269], den Freund, daß eine Frage, wie sie ihm naheliegen könnte, nach der Bewirtschaftungsform und dem ökonomischen Zweck des Gutes – „opulentet“ (v. 2) – an dem, was das Sabinum für ihn bedeutet, vorbeigehen würde[270]. Das Bild, das er von seinem „fundus“ oder ‘ager’ (v. 1 und 4) gibt, und seine Beurteilung, in die er Quinctius einstimmen lassen will[271], stellen einen locus amoenus vor uns. Dieser ist einerseits genaue Beschreibung des Sabinertals und strahlt andererseits in der Aura des Goldenen Zeitalters. Das hat Voit in seinem Gymnasiumaufsatz von 1975 breit dokumentiert.

Thomas, Lands und Peoples, betont vor allem die Übereinstimmungen zwischen der utopischen Landschaft der Seligen Inseln in Epode 16 mit der Beschreibung des sabinischen Tals in Epistel 1,16 und faßt so zusammen (S. 27): “Through ethnography Horace acts as a virtual commentator on the poetic process which occurs between Epode 16 and the epistle; the ethnographical Utopia, with its overtones of the golden age, to which Horace claimed he could transport the pious through the power of poetry, is eventually restored to Italy through that poetry.” Damit würde hier in einem Brief ein analoges Verfahren zu dem in der Ode 1,17 vorliegen, hier die Aufnahme einer poetischen Landschaft aus einer der vergilischen Bukolik nahestehenden Epode, dort aus der vergilischen Bukolik selbst (vgl. o. S. 84ff.). Hatte Horaz in der Tyndaris-Ode für die italische Lokalisierung bukolischer Landschaft Vergil selbst zum Vorgänger und Modell, die

267 Sixteenth Epistle, S. 205.

268 Voit, Sabinum im 16. Brief, S. 425; vgl. Becker, Spätwerk, S. 18.

269 Vgl. McGann, Sixteenth Epistle, S. 207.

270 Vgl. a.O.

271 Vgl. McGann, Sixteenth Epistle, S. 205 zu v. 8: „laudes“, v. 11: „dicas“, v. 15: „iam si credis“.

neunte und die erste Ekloge und die Arkader am Mincius in ecl. 7,1–13, so konnte er nun dieses Muster übernehmen, daneben auch Ideallandschaften in den Georgica als Präzedenz betrachten; Thomas, S. 13–15 und 27 weist auf den Garten des korykischen Greises bei Tarent hin (Georg. 4,125–148).

Gerade das Entscheidende ist dabei aber noch nicht gesehen. Wie es nämlich die Pointe der Tyndaris-Ode ist, daß das Vergilisch-Bukolische und Arkadische bei seiner Übertragung auf das Ich des Gedichts und dessen italische Lebenssphäre versittlicht wird, durch „pietas“ neben „musa“, durch Friedlichkeit und Zartheit (statt Streit und Gewalt) neben Schönheit, so steht in Epistel 1,16 Einfachheit und Maß, Ausgeglichenheit und Gesundheit viel stärker im Vordergrund als in Epode 16, und alles Wunderbare, alles Utopische im Sinn verwirklichter Adynata fehlt: keine Rede von Getreideernte ohne vorangegangenes Pflügen, vom Blühen des Weinstocks ohne Beschneidung; kein „Honig trieft vom ausgehöhlten Stamm“ (Goethe, Faust II, Arkadienlied) wie in der Epode, nichts vom selbständigen Heimkommen der Ziegen, vom Fehlen wilder Tiere usf. Thomas aber findet auch in dem Brief Elemente des ϑαυμάσιον, “signs of the marvellous” (S. 13). Man mag sich darüber streiten, ob man ausgeglichenes Klima (‘temperies’), reines kaltes gesundes Wasser, von selbst wachsende Eicheln und Beeren, die als Nahrung dienen, für Wunder halten soll oder nicht; Thaumasien im strikten Sinn sind sie nicht. Oder man kann sich vielleicht auf die Kompromißformel einigen, daß Horaz in dem Brief eher bescheidene Wunder ausgewählt hat, daß in seinem sabinischen Tal nicht Milch und Honig fließen wie auf den Seligen Inseln, sondern ihr Besitzer mit Wasser und Schatten, Eicheln und Schlehen zufrieden ist.

McGann, Sixteenth Epistle, S. 207 bemerkt (in Übersetzung): „Die Beschreibung ist im Blick auf den übrigen Brief abgefaßt, der eine ethische Diskussion ist. Sie deutet an, daß Horaz auf seinem Sabinum ein bescheidenes, einfaches und daher gutes Leben führt und daß er an diesem Ort der Stabilität und Gesundheit die Maßstäbe findet, nach denen er Laster und Torheiten der Welt beurteilt. Überdies ist im Kontrast zwischen dem, was das Gut für Horaz *ist*, der auf ihm ein Leben der Einfachheit führt, und wie es dem Quinctius *scheint* (vgl. v. 1ff. und insbesondere ‘opulentet’) eine Vorandeutung (foreshadowing) des Themas von ‘esse’ und ‘videri’ präsent, das im Folgenden wichtig werden soll.“

Wären die Verse 1–16 nur Frage und Antwort und das Bild, das Horaz von seinem Sabinum gibt, nur eine realistische Beschreibung, dann fiele der Brief zwischen v. 16 und 17 auseinander, und der Einsatz in v. 17ff. wäre übergangslos und abrupt[272]. So aber hat Horaz implicite ein Bild seiner Lebensführung gegeben und ebenfalls implicite den Quinctius 'korrigiert'. Hinzukommt, daß v. 16 Ich und Du verbindet („tibi me") und mit 'incolumis' leibliche und seelisch-geistige Gesundheit (vgl. 'sanus', 'integer') aussagt[273]. Der Übergang „tu recte vivis, . . ." jedenfalls ist ganz organisch und zugleich briefgemäß.

v. 5f. *continui montes si dissocientur opaca / valle* Die Philologen (K.-H., McGann, Voit, Thomas, Mayer) erklären das Tal als Unterbrechung ('dissociare') des (sonstigen) Bergkontinuums ('continuus'), wobei in der Tat zwei Vorstellungen des Satzes antithetisch aufeinander bezogen wären. Mit dem Archäologen Coarelli (vgl. Anm. 5) schlage ich dagegen eine andere Raumsicht vor. Horaz spricht von seinem Tal nicht als der einzigen Trennung einer nur aus Bergen bestehenden und für ihn als eine solche gar nicht wahrzunehmenden Landschaft - wie sie eher der Fluggast erfahren könnte -, sondern gibt das Bild eines rechts und links kontinuierlich geschlossenen Tales aus der Perspektive eines Beobachters im Tal. Also: 'Zwei ununterbrochene Bergketten sind durch ein schattiges Tal voneinander getrennt, und es gibt eine geschlossene rechte und eine geschlossene linke Talflanke als Hang der begrenzenden durchlaufenden Bergzüge.' 'Continuus' erzeugt wohl auch eher eine lineare Vorstellung (also eine Reihe, Kette, Zug) als die eines Raumes oder einer Fläche, einer Menge oder Ansammlung. Horaz vermittelt also konkret und präzise die Anschauung eines langgestreckten und von parallelen Höhenzügen begrenzten Tales.

Die hier abgelehnte Auffassung der antithetischen Beziehung von „continui" und „dissocientur" würde allerdings zwingend, wenn man statt „si" die varia lectio „ni" vorzieht (so Thomas und Mayer): 'Das Bergland ist kontinuierlich' (Mayer: "Supply *sunt*": "the mountains form a chain running east-west, unbroken but for the valley, which is cut by the Digentia"), 'außer daß es durch ein schattiges Tal in seiner Folge unterbrochen wird.' Dann wäre nicht „temperiem laudes" (v. 8) die Apodosis (vielmehr würden

[272] So die Kritik bei Scaliger: „ubi rus descripsit, exilit temere ad discutienda praecepta sapientiae" (zitiert bei McGann, Sixteenth Epistle, S. 207, Anm. 3).

[273] So auch K.-H.; McGann, Sixteenth Epistle, S. 207, Anm. 2; Voit, Sabinum im 16. Brief, S. 426 mit Anm. 43.

diese Worte zu einem „unvermittelt in der Luft“ [K.-H.] hängenden Hauptsatz nach Punkt am Ende von v. 11), sondern eben „continui montes (sc. sunt)“. Das Nebeneinander der beiden Aussagen in Hauptsätzen über das Gebirgskontinuum und das Lob des ausgeglichenen Klimas und die Annahme der Ellipse des Hilfsverbs in der Protasis (bei „ni“) empfehlen sich weniger als die Auffassung, es liege ein einziger Kondizionalsatz vor, der auf die klimatische Eukrasie zulaufe (bei „si“): ‘wenn du dir vorstellst...’ (vgl. K.-H.).

Zur Art der Beschreibung in den Versen 1-16 vgl. Thomas, Lands and Peoples, S. 8-34.

Was im Brief folgt, teilt sich in zwei Teile, einen kürzeren (v. 17- 40a = $23\frac{1}{2}$ Verse) und einen längeren (v. 40b-79 = $39\frac{1}{2}$ Verse). Dadurch ist die Epistel im ganzen nicht nur in der Weise strukturiert, daß sie aus drei wachsenden Gliedern besteht, sondern auch so, daß die ersten beiden Abschnitte zusammen genauso lang sind wie der dritte allein, nämlich je $39\frac{1}{2}$ Verse. In der Mitte des Gedichts, in v. 40b am Anfang des dritten Teils, steht die Leitfrage des Briefs: „vir bonus est quis?“

Der zweite Abschnitt wendet sich Quinctius zu: „Du lebst richtig, wenn du dafür Sorge trägst, das zu sein, was man von dir sagt. Schon lange rühmen wir, ganz Rom, dich als glücklich“ (v. 17f.). Urban und moralisch-protreptisch zugleich schließt sich der Briefschreiber in „omnis Roma“ mit ein: „iactamus“, verbindet also mit ‘ganz Rom’ hier nichts Pejoratives (im Unterschied etwa zu epist. 1,1,70-76). „Aber ich fürchte, ...“ (v. 19). Es folgen drei Befürchtungen („ne ... neve ... neu ...“), drei wachsende Glieder:

(1) daß Quinctius fremdes Urteil über das eigene stelle, einem ‘aliquis’, X oder Jedermann, mehr glaube als sich selbst. Es geht um den Gegensatz von Schein und Sein nicht direkt, sondern nur vermittelt über das sittliche Selbstbewußtsein, das damit als Instanz der Wahrheit angesehen wird. Die Opposita in v. 19 sind also neben und vor Sein und Schein: Innen und Außen, sittliches Selbstbewußtsein/Gewissen und Urteil der anderen, Selbst- und Fremdbestimmtheit.

(2) Quinctius könnte meinen, ein anderer (‘alius’ als Komparativ mit Ablativus comparationis) als der Weise und Gute sei glücklich, Glück könne auch auf anderem als auf Weisheit und Tugend beruhen. Damit ist gesagt, daß sich im Urteil Roms über das Glück des Quinctius eine andere, nämlich falsche Auffassung darüber ausspricht, was Glück sei, und Quinctius sich dieser anschließen könnte. (2) ist eine Variation von (1): das Urteil Roms ist falsch in bezug auf Quinctius und sein Glück in (1), in bezug auf das Glück und Quinctius in (2).

(3) Die dritte Befürchtung geht nun von moralischen Urteilen der Menge („populus") aus, in denen implizit die Einsicht in das wahre Wesen des Glücks gegeben ist. Ihnen könnte Fremdbestimmtheit als 'falsche Scham' („pudor malus", v. 24) durch Heuchelei und Verstellung ('dissimulare', 'celare') zu entsprechen suchen. Die Verse 21–24 handeln metaphorisch von seelisch-geistiger Gesundheit in Bildern von leiblichen Krankheiten: „occultam febrem", „tremor", „incurata ... ulcera", nachdem die einleitenden Metaphern 'sanus' und 'recte valens' im moralischen Diskurs schon völlig vertraut sind. Auch bei den Krankheiten und der Vorstellung des Verbergens und Dissimulierens ist wahre Selbsterkenntnis als gegeben vorausgesetzt.

Diese wahre Selbsterkenntnis operiert in bestimmten Fällen auch nach außen hin ganz selbstverständlich. Die Schmeichelei eines X („siquis", v. 25; vgl. v. 19: „ne cui"), Quinctius sei der größte Feldherr, seine Sorge für das Volk und dessen Sorge für ihn hielten sich die Waage, wie auch Jupiter für ihn und die Stadt („tibi et urbi") gleichermaßen sorge, eine solche Schmeichelei erkennt Quinctius sofort als ihm nicht angemessen: das ist Augustuspreis. Wenn er aber als „sapiens emendatusque" angeredet wird, betrachtet er sich als gemeint und antwortet als dieser Gemeinte. Hier stellt sich falsche, nämlich fremdbestimmte Selbstliebe vor und gegen die Wahrheit der Selbsterkenntnis: „vir bonus et prudens dici delector ego ac tu" (v. 32). Der Briefschreiber selbst hat mit dieser fremdbestimmten Selbstliebe gerechnet und ihr auch selbst geschmeichelt, indem er in v. 1 den Quinctius als „optime" anredete und davon ausgehen konnte, daß dieser sich daran freute und sich angesprochen fühlte. Die Freude an Urteilen über die eigene Person, man sei glücklich, gut und weise (vgl. auch v. 39), ist ebenso zugleich ein Hinweis auf den Wertcharakter dieser Prädikationen und die Fremdbestimtheit des betreffenden moralischen Subjekts, wie das Verstecken des Gegenteils und die Heuchelei es sind.

Aber „vir bonus et prudens" ist ein Ehrentitel, der wieder genommen werden kann, wie er gegeben wurde, und gleicht somit einem politischen Amt (v. 33–35). Er darf uns nicht mehr tangieren als 'falsche Vorwürfe' („opprobriis falsis", v. 38). Freude über 'falsche Ehren' und Angst infolge 'lügenhafter böser Nachrede' („mendax infamia", v. 39) sind ihrem Ursprung nach dasselbe: Reaktionen infolge Fehlerhaftigkeit und Heilungsbedürftigkeit („mendosum et medicandum", v. 40) – jedenfalls nicht solche eines 'vir bonus'. Mit „vir bonus est quis?" geht daher der Diskurs weiter.

Aber stimmt eigentlich jene Identität oder Analogie? Sie stimmt wohl deshalb, weil bei moralisch weder Vollkommenen noch Verkommenen falsche Ehre und Selbstliebe einerseits, Infamie und Strafangst andererseits das sittliche Selbstbewußtsein und Gewissen nur leicht verzerren und von dessen Wahrheit nicht stark nach entgegengesetzten Richtungen abweichen. Vielleicht könnte man auch sagen, daß sie dessen partielle Wahrheiten je verabsolutieren. Wir lassen uns Schmeichelei gefallen, weil unsere Selbstliebe unsere Selbsterkenntnis partiell ausblendet und wir uns in unserem Besten verstanden fühlen. Oder wir fürchten die mißgünstige Kritik, weil sie in Selbstverurteilungen unseres schlechten Gewissens einen Anhalt findet.

Ist dieser zweite Teil der Epistel die Mahnung, positiven Urteilen anderer im Leben zu entsprechen und gerade dadurch, infolge eigener wahrer Selbsterkenntnis, von fremden Urteilen unabhängig zu werden, so übernimmt es nun der dritte Teil und die zweite Briefhälfte, den 'guten Mann' zu bestimmen. Nach dem ersten Abschnitt, der Horazens sabinisches Glück aufgezeigt hatte, war der zweite Abschnitt vom Glück des Quinctius ausgegangen und hatte bis zur Frage nach dem Gutsein geführt. Der dritte Abschnitt wird das Gutsein in der letzten Freiheit aufgipfeln lassen.

Es soll uns weniger um die nicht-originelle Lehre als um die originelle Kunst gehen, diese Lehre anschaulich, lebenswahr und überzeugend zu machen. Horaz beginnt mit zwei gängigen Vorurteilen und Mißverständnissen über bonus-Sein, und schon die brutale Nebeneinanderstellung von Senator und Sklave verrät die Radikalität, mit der hier gängige Meinungen entthront werden.

Als 'vir bonus' gilt der gesetzestreue Mann, Richter, Bürge und Zeuge (v. 41–43). Ist er das, auch wenn sein Haus und die ganze Nachbarschaft seine innere Häßlichkeit 'sehen' („videt"), durch den Glanz seiner schönen Haut hindurch? (v. 44f.). Also das genaue Gegenbild zu Sokrates nach der Lobrede des Alkibiades im Symposion (215 a6–b3. 216 d5–7), zu dem Mann, der außen wie ein geschnitztes Silenbild aussieht, aber, wie dieses, geöffnet, innen Götterbilder zeigt, so innen gefüllt ist mit besonnener Klugheit, nüchterner Vernunft (γέμει ... σωφροσύνης)? – Horazens Sklave beansprucht, „bonus et frugi" zu sein (v. 49), weil er nicht gestohlen und getötet hat, nicht ausgerissen ist (v. 46–49). Doch sein Herr verneint das entschieden. Dabei nennt er sich „Sabellus", d. h. entweder nach den ursprünglichen Bewohnern von Venusia (vgl. sat. 2,1,36), wobei er wohl auf seinen Vater hindeutete, seinen ersten Morallehrer bäuerlicher Schlichtheit und Direktheit (vgl. sat. 1,4 und 1,6), oder indem er auf sich als Herrn des Sabinum anspielt, Sabeller und Sabiner gleichsetzend. So K.-H.: „Horaz fühlt sich auf seinem fundus schon ganz verwachsen mit der Bevölkerung, selbst wie ein alter ehrenfester Sabeller". Oder schließlich, drittens, er verbindet beides und nennt sich, den Herrn des Sabinergutes, um seines bäuerlich-ehrenfesten Vaters willen Sabeller.

Daß die scheinbare Tugend des Sklaven nur die 'Furcht vor Strafe' ist, wie es in v. 53 ausdrücklich heißt („formidine poenae"), wird zuvor im lebhaften Wortwechsel zwischen Herr und Knecht und in drei Gleichnissen anschaulich. 'Du wirst ja auch nicht ausgepeitscht' und 'du bist nicht Rabenfraß am Kreuz' sind, wie der Lohn für Nichtstehlen und Nichttöten, so auch, ohne die Negation, die dem Sklaven klar bewußte Strafe für solche Vergehen. Strafen schrecken von Vergehen ab wie verborgene Fallgruben, Schlingen und Haken Raubtiere vom Köder. Wolf, Geier und Meerweihe lassen doch deshalb nicht generell und prinzipiell ihr Rauben sein.

v. 52 *oderunt peccare boni virtutis amore* Die Versarchitektur ist der einer "golden line" noch überlegen. Äußerer Rahmen: oderunt - amore (Opposition); innerer Rahmen: peccare - virtutis (Opposition); Mitte: boni. Dennoch wirkt der Vers ganz unartifiziell, weil vorn zwei Verben, hinten zwei Substantive stehen und auf den prädikatsabhängigen Objektsinfinitiv der adnominale Genitivus obiectivus antwortet, so daß die Korresponsionen unauffällig bleiben.

Entfällt die Furcht vor der Strafe und besteht die Erwartung, unbemerkt davonzukommen (v. 54: „spes fallendi"), so bricht moralisches Chaos aus, das auch noch das Heilige erfaßt. Das erste Beispiel ist allerdings harmlos: Diebstahl von einem Scheffel Bohnen aus einem Tausendscheffelhaufen. Ja, ist es harmlos? Verschwand nicht nur deshalb nur ein Scheffel, weil nur so der Diebstahl unbemerkt bleiben würde?[274] „damnum est, non facinus mihi pacto lenius isto" (v. 56). „Nur der Schaden ist für mich bei deinem Verfahren milder, nicht das Vergehen."

Auf den kleinen Dieb - es ist noch immer der Haussklave des Horaz - folgt der würdige Senator, ein „vir bonus" (v. 57) nach gängiger Auffassung, ein Mann, auf den das ganze Forum und der ganze Gerichtshof (mit Bewunderung) schauen (zu „omne ... omne..." vgl. v. 18: „omnis ...

[274] Vgl. Anm. 35.

Roma"; zu „forum" und „tribunal" vgl. v. 42f.), der unter reichen Opfern laut Ianus und Apollo anruft, ohne Stimme Laverna, die Schutzgöttin der Diebe[275]. Das Empörende an diesem Gebet und der in v. 54 'Vermengung von Heiligem und Profanem' genannten Freveltat ist nicht schon das heuchlerische Gebet und ist auch noch nicht das Gebet um Gelingen eines Diebstahls allein - dem rechten Räuber würde niemand ein Gebet an Laverna verübeln -, sondern die ausdrückliche Bitte um falschen Schein und damit um Gewährung von Verbrechen bei vollem moralischem Bewußtsein:

da mihi fallere, da iusto sanctoque videri,
noctem peccatis et fraudibus obice nubem" (v. 61f.)

„Gewähre mir, unbemerkt zu bleiben, gewähre mir, für gerecht und heilig zu gelten, wirf Nacht über meine Vergehen und über meine Betrügereien Nebel." 'Nacht' und 'Nebel' hüllen die Untaten in diesem letzten Vers ein.

Den Gedankenschritt zu v. 63ff. erklären K.-H. und McGann einleuchtend[276]. Die Heuchelei des Senators, sein Gebet zur Diebsgöttin, die geplanten 'fraudes' folgen aus seiner 'avaritia', in der er sich vom Bohnen klauenden Sklaven nicht unterscheidet.

Die Erklärung von Dissimulation und falschem Schein aus 'avaritia' bindet die ganze Erörterung des Briefes von v. 17 an erneut an die Exposition, nämlich die Charakteristik des natürlich-einfachen Lebens auf dem Sabinum gegenüber den auf Ertrag und Gewinn abzielenden (gedachten) Fragen des 'optimus' Quinctius.

Was aber jetzt im Brief geschieht, geht über diesen Rückbezug hinaus und eröffnet den in die überraschenden Schlußverse mündenden letzten Teilabschnitt. Die zweimalige, allein durch die Komposition ausgedrückte Gleichsetzung von Senator und Sklave - v. 41–52; v. 53–62 - wird nun ausdrücklich, indem nach 'beatus' und 'bonus' nun 'liber' dem Alltagsverständnis entzogen wird. Solche Lösung von gängigen Auffassungen ist zugleich eine Befreiung von Fremdbestimmtheit.

[275] Das Motiv von McGann, Studies in Horace's Epistles, S. 28f. auf Athenodorus Calvus zurückgeführt.

[276] K.-H., z. St. und McGann, Sixteenth Epistle, S. 210.

v. 63–79

qui melior servo, qui liberior sit avarus,
in triviis fixum cum se demittit ob assem,
non video. nam qui cupiet, metuet quoque; porro
qui metuens vivet, liber mihi non erit umquam.
perdidit arma, locum virtutis deseruit, qui
semper in augenda festinat et obruitur re.
'vendere cum possis captivum, occidere noli:
serviet utiliter; sine pascat durus aretque,
naviget ac mediis hiemet mercator in undis,
annonae prosit, portet frumenta penusque.'
vir bonus et sapiens audebit dicere: 'Pentheu,
rector Thebarum, quid me perferre patique
indignum coges?' 'adimam bona.' 'nempe pecus, rem,
lectos, argentum: tollas licet.' 'in manicis et
compedibus saevo te sub custode tenebo.'
'ipse deus, simulatque volam, me solvet.' opinor,
hoc sentit 'moriar'. mors ultima linea rerum est.

Edleren Sinns denn ein Knecht, und freieren wäre der Geizhals,
Wann er zur Erde sich bückt um den haftenden Pfennig am Dreiweg;
Nimmermehr! Denn welcher begehrt, der fürchtet auch; hiernächst
Welcher in Furcht fortlebt, der ist kein Freier mir jemals.
Waffen verlor in dem Kampf und der Tugend Posten verließ, wer
Immer zu mehren das Gut anstrebt und unter der Last keucht.
Weil ja verkaufen du kannst den Gefangenen, schenk' ihm das Leben:
Nutzbar bleibt er zum Dienst: Vieh weid' er und ackere mühsam;
Schiff' er und wog' als Krämer im winternden Schwalle der Meerflut;
Steh' er der Lieferung vor und schleppe Getreid' und Bedarf her.
Ein gutdenkender Mann wird herzhaft sagen: „O Pentheus,
Thebäs waltender Fürst, was mein Unwürdiges soll ich
Dulden als Zwang?" Ich nehme die Güter dir! „Nämlich Besitz, Vieh,
Hausrat, Silbergeschirr. Dir geschenkt sei's!" Unter gestrenger
Aufsicht halt' ich dich fest in zwängenden Banden und Fesseln!
„Selber der Gott wird, wann ich es will, mich lösen." – Vermutlich
Meinet er dies „Ich sterbe!" Der Tod ist das Ende der Laufbahn.

'Ich sehe nicht (ein), inwiefern („qui") ein Habsüchtiger besser als ein Sklave, inwiefern er freier sei, wenn er sich auf der Straßenkreuzung nach einem (von Buben am Pflaster) befestigten As bückt' (v. 63–65). Die schmutzige Sucht nach kleinem und schmutzigem Gewinn (αἰσχροκέρδεια) wird im Bild des sich bückenden Reichen, der vergeblich im Straßenschmutz an der wertlosen Münze fingert, geradezu beängstigend real, juvenalisch. Das Räsonnement danach verläuft dann so: 'Wer gierig ist, hat auch Furcht. Und wer in Furcht lebt, kann niemals frei sein' (v. 65 f.). 'Wer zur Vergrößerung des Vermögens sich überhastet und überlastet, hat den Kampfplatz der Tugend schon kampflos verlassen' (v. 67 f.).

Zwei Dialoge beschließen die Epistel. Zuerst die Anrede an die siegreiche Avaritia: 'Erhalte dir deinen Gefangenen am Leben. Er wird dir ein nützlicher Sklave sein' (v. 69–72). Es folgt das großartige Zitat der Szene der euripideischen Bakchen, in der Dionysos in der Gestalt des lydischen Priesters vor den thebanischen Herrscher Pentheus geführt wird.

v. 74 f. *quid me perferre patique / indignum coges?* „Welches Übel wirst du mich zu ertragen und zu erleiden zwingen?" „Ich werde die Güter fortnehmen" (anders als bei Euripides). „Also wohl (spöttisch-ironisch: 'was du unter Gütern verstehst') Vieh, Vermögen, Speisesofas, Silbergeschirr: du magst sie fortschaffen." „In Handschellen und Fußfesseln werde ich dich unter einem grausamen Kerkermeister halten." „Der Gott selbst, sobald ich es nur will, wird mich lösen" = Eur., Bacch., v. 498: λύσει μ' ὁ δαίμων αὐτός, ὅταν ἐγὼ θέλω. „Ich glaube, er meint dies: 'Ich werde sterben'. Der Tod ist die äußerste Grenzlinie für alle Verhältnisse."

Dionysos-Λυαῖος (Lyaeus)-Ἐλευθερεύς-Liber, der lösende, erlösende, befreiende Gott wird durch die Bakchenszene in das stoische Freitodkonzept gezogen: Freitod die letzte und höchste Freiheit als Gabe des lösenden Gottes Liber[277]. Wie in den Bakchen der Sprecher zugleich Dionysos ist und nicht ist, so ist hier der 'gute und weise Mann' (v. 73) sowohl der, den der Gott Liber befreit, als auch, indem er im frei gewählten Tod Freiheit zugleich übt und gewinnt, selbst ein Freier, 'liber' und der Gott Liber.

[277] Aus der Übereinstimmung mit Plutarch, Περὶ εὐθυμίας 476 b–c (ebenfalls mit Zitat des Bakchenverses) schließt McGann, Studies in Horace's Epistles, S. 23 auf Panaitios, Περὶ εὐθυμίας als gemeinsame Quelle zurück.

In dem unübersetzbaren „mors ultima linea rerum est“ kann im Kontext von Befreiung und Freiheit „ultima linea“ nicht ‘Ziel’ in einem intentionalen und teleologischen Sinn und „rerum“ weder ‘Leben’ noch ‘Dinge’ oder ‘Seiendes’ (ὄντα) oder ‘Leiden’ bedeuten. Tod muß hier die absolute Grenzlinie sein, bis zu der allein alle jene Verhältnisse, Sachverhalte, Angelegenheiten usf. reichen, aus denen eine Bedrohung der Freiheit aufsteigen kann, also sog. Glück (res secundae), Unglück (res adversae), Vermögen (res), alle realen Beziehungen, in denen ein Mensch stehen kann. Wenn es nicht mehr möglich ist, sich diese ‘res’ zu unterwerfen (epist. 1,1,19), kann man sich von ihnen befreien durch den Tod als den Gang in das Reich der Freiheit jenseits der Grenzlinie, an der die Gewalt der versklavenden Verhältnisse endet. Im Überqueren jener Grenzlinie bewährt sich die höchste Freiheit.

III Hermeneutische Reflexionen

A Die hermeneutische Bedeutung der Realität des sabinischen Landguts

Im Schlußteil dieser Studie stelle ich mich der dringenden Frage, was denn eigentlich deren erster und zweiter Teil miteinander zu tun haben, oder, anders gesagt, ob es für den Interpreten und Literaturwissenschaftler ein legitimes Interesse an der Realität des horazischen Sabinerguts und an der Autopsie der Landschaft des Licenzatals geben könne. Trägt denn die Kenntnis des sabinischen Tals und seiner Villa etwas zum Verständnis der horazischen Dichtung bei? Warum dürfen und wollen wir uns als Horazleser und -philologen für das Sabinum interessieren?

Das Antwortschema, das mit „Zunächst einmal ..." beginnt, bietet sich hier auch gerade deshalb an, weil eine solche Anlaufphase zugleich verdeutlicht, was eigentlich gefragt ist. Zunächst einmal also ist das Interesse an der Horazvilla kulturgeschichtlich (archäologisch, wirtschaftsgeschichtlich, literatursoziologisch) und als solches legitim. Die Horazvilla ist ein unverächtliches Dokument für die Lebensform der römischen Oberschicht im ersten vorchristlichen Jahrhundert, ihre Teilung des Lebens in negotium und otium, in Stadt und Land. Sie ist von literatursoziologischem Interesse, indem sie die Lebensumstände eines Dichters dokumentiert und Dichterpatronage, Mäzenatentum und den sozialen und ökonomischen Status eines Dichters in der zweiten Hälfte des 1. Jhs. v. Chr. illustriert.

Diesen Interessen kann man allerdings nicht allein entgegenhalten, daß sie nicht eigentlich philologisch-hermeneutisch sind, mit der Interpretation der Horazgedichte nichts zu tun haben, sondern auch, daß die Ausgrabung der Villa und die Reise ins Sabinertal zu ihrer Befriedigung kaum nötig sind, weil man alle wichtigen Informationen aus Horazens Gedichten selbst gewinnen kann.

Doch gerade an diesem Punkt öffnet sich die Tür zu belangvollen Antworten. Daß die Gedichte des Horaz nahezu alle Informationen über Tal und Villa geben und als solche dokumentarischen Charakter haben, wissen wir erst aufgrund der erfolgreich mit der Identifikation und Ausgrabung der Villa abgeschlossenen Entdeckungsgeschichte. Wie sich die Ilias mit Schliemanns Entdeckung Trojas veränderte, so Horazens Dichtung durch die sichere Lokalisierung des Sabinums. Und erst danach wurde es auch legitim, die horazischen Informationen als kulturgeschichtliche und literatursoziologische Dokumente anzusehen.

Der nachgewiesene Realitätsgehalt der horazischen Aussagen zum Sabinum wird aber auch gerade für den Interpreten fruchtbar. Horaz, ein Dichter, der unübersehbar Lehrling der Griechen ist, so sehr, daß Interpreten der Versuchung erliegen, ihn allein mit griechischer Literatur dichten zu lassen, und in seiner Dichtung, nur von früherer Dichtung genährt, keinen neuen Wirklichkeitsgehalt erkennen; Horaz, ein Dichter von solcher formaler Meisterschaft, solcher Kunst und Künstlichkeit, daß Interpreten sich der Illusion hingeben, die Form sei alles, unter welcher schöner und richtiger Einsicht sie nur eben Form ohne alles verstehen - von diesem Dichter wissen wir nun, nicht nur, daß das Sabinum eine Realität war, sondern auch, daß alle seine Aussagen über das Sabinum entweder erwiesenermaßen real oder mit großer Plausibilität real sind, darüber hinaus in so verschiedenen Dichtungsformen wie Jamben, Oden, Satiren und Episteln, und daß sie als nachweisbare und überprüfbare von den zeitgenössischen Lesern als solche rezipiert wurden.

Damit ist in meinen Augen ein entscheidender Interpretationsgewinn gegeben, zumal sich nun die berechtigte Erwartung einstellt, diese Beobachtung lasse sich verallgemeinern. Der vielleicht fiktionalste der antiken Dichter, zugleich einer der poetischsten, hat dennoch seine Gedichte mit Realität gesättigt, ist mit erlebter, erfahrener, zeitgenössischer Realität poetisch umgegangen. Ohne Minderung der Fiktionalität seiner Dichtung als ganzer ist ein bedeutender Komplex sicher entfiktionalisiert worden und als Okkasionalität erkennbar; bzw. einem großen Bereich horazischer Fiktion kann Realität als Referenz zugewiesen werden, welche Realität als Okkasionalität aber derart poetisch bearbeitet ist, daß man von Fiktionalisierung der Okkasionalität sprechen könnte.

Diese Realität wird dem Interpreten zur Kontrollinstanz, zum Beurteilungsmaßstab, zur Deutungshilfe. Wenn Horaz in epist. 1,16,5-8 die von der aufgehenden Sonne angeschaute Talseite rechts, die von der untergehenden Sonne erwärmte Flanke links nennt, so erkennen wir jetzt, daß er präzise ein nordsüdlich verlaufendes Gebirgstal beschreibt und zwar in Südorientierung. Da dies die Orientierung seiner Villa ist und nicht z. B.

die des zur Villa Anreisenden, beschreibt er das Tal offenbar aus der Perspektive des Gutsbesitzers - und eben als der spricht der Dichter in diesem Brief. Die durch die geographischen Bedingungen des Tals - Klima, Vegetation, Bewässerung, Geländeform, Nachbarhöfe, Marktflecken - und die Größe der Villa plausibel gewordenen Aussagen des Dichters über das Landgut erlauben die Beurteilung der horazischen Sprache der Dankbarkeit in Verbindung mit dem Programm des einfachen Lebens und der Bezeichnung des Besitzes als bescheiden. In dem Zusammenhang mit der Herkunft des Dichters einerseits und den Besitzungen der Schicht, mit der er verkehrte, andererseits gestellt, sind alle diese Äußerungen angemessen und verständlich. Auch erst vor dem Hintergrund der gesicherten individuellen Realität der sabinischen Villa wird die eigenständige Beschreibungstendenz des Horaz wirklich sprechend. Im Unterschied zu anderen römischen Villenbeschreibungen, zumal Ciceros und des jüngeren Plinius, wie sie insbesondere Heinrich Drerup erhellend analysiert hat[278], wird nun deutlich, daß sie als Architektur gar nicht in den Blick kommt, sondern nur als idealer Mittelpunkt eines locus amoenus, einer idyllischen Ideallandschaft. Der imperiale Gestus der römischen Villa, die Herrschaft ihrer Lage und ihrer architektonisch organisierten Blickführungen, der Herrschaftsblick von Villa und Villenherrn fehlen. Der Hausbesitzer bleibt natürlich die Mitte der Landschaft als das zentrierende Ich in der Sphäre des Seinigen. Aber sein Blick in die Runde und ebenso sein Gesang in die Runde - von der Villa aus - sind zu der des Hirten Tityrus aus Vergils erster Ekloge geworden: 'Tityrus, du hingelehnt unter dem Dach der breitästigen Buche'. Was dem fiktiven Tityrus das Geschenk des jugendlichen Gottes in Rom gewesen war, dahinein hat sich dem realen Horaz das reale Geschenk des Maecenas verwandelt; „deus nobis haec otia fecit" (ecl. 1,6) wird zu 'vir bonus et sapiens' haec 'otia liberrima' donavit (vgl. epist. 1,7,22 und 36).

[278] Heinrich Drerup, Die römische Villa, Marburger Winckelmann-Programm 1959, S. 1-24; ders., Bildraum und Realraum in der römischen Architektur, Mitt. Dt. Archäol. Inst., Röm. Abt. 66 (1959), S. 147-174. Weitere Literatur und neuere Behandlung der Villenbriefe des jüngeren Plinius bei Eckard Lefèvre, Plinius-Studien I. Römische Baugesinnung und Landschaftsauffassung in den Villenbriefen (2,17; 5,6), Gymn. 84 (1977), S. 519-541.

Wichtiger aber noch als solche immerhin doch partikulären Interpretationsgewinne ist die grundsätzliche Einsicht zum Ausmaß der Okkasionalität in den horazischen Dichtungen, also zu dem dichten Netz von Realitätsreferenzen in ihnen. Das Sabinum ist ein Realitätskomplex, der das Ich der Satiren, das Ich der Lyrik und der Briefe umstellt und zwar nicht allein als Realität, sondern als *seine* Realität, als seine reale Lebens- und Erfahrungssphäre.

Was das bedeutet, sei historisch exponiert. Im späten 18. Jh. hat man an Horaz bewundert, wie er alles Allgemeine spezifisch, konkret, individuell aussage – 'specialis idea' nennt das der Horazkommentator Mitscherlich 1800 –, und hat eben in diesem spezifischen Reden das eigentlich und bewußt Poetische an Horaz gesehen[279]. Das 19. Jh. nahm zunehmend alles Okkasionelle als die fundamentale raison d'être der horazischen Poesie, indem sie diese als Lebensdokument las. Im Kontext eines neuen Formalismus, der Horaz sei es zu Allegorien sei es zu artistischen Wiederholungen der Griechen, zu bloßer Form oder zu quasi-philologischer Zitatmontage, jedenfalls aber zu ausschließlich literarischer Referenzialität depotenziert, bietet das reale Sabinum in den horazischen Dichtungen die Chance, die Einsichten des 18. und des 19. Jhs. zu einer neuen Synthese zu verbinden und zugleich mit der dabei erfolgenden Abschnürung ihrer jeweiligen Mißverständnisse und der Neuausrichtung ihrer Perspektive ihre je gegebene particula veri zu erhalten und zu nutzen. Denn wenn die horazischen Dichtungen auch weder allgemeine Wahrheiten, 'generales sententiae' oder 'loci communes' in der poetischen Verkleidung der Konkretheit im Sinn des 18. Jhs. noch autobiographische Zeugnisse in dem des 19. Jhs. sind, so lassen sie sich doch als beides zugleich, jedoch in anderer poetischer Intention, verstehen. Sie sind, mit dem Ich und der realen und autobiographischen Sphäre des Ich als Authentizitätssiegeln, die Aneignung oder Erarbeitung von Lebenswahrheiten. Die ichbezogene Konkretheit macht diese Lebenswahrheiten existenziell und authentisch, lebendig, kräftig, nachvollziehbar und läßt sie als im Hier und Jetzt gelebte wahr und wirklich erscheinen. Wo in jedem Falle die Lebenswahrheiten primär herkommen, aus dem Leben oder aus der Literatur, das ist weder interessant noch ist eine solche Unterscheidung grundsätzlich möglich. Da mag

[279] Vgl. Schmidt, Horazisches Einzelgedicht, S. 43; dens., Σχῆμα Horatianum, S. 58–61.

griechische Dichtung und hellenistische Philosophie, römische Literatur wie Lukrez, Cicero, Catull, Vergil Pate gestanden haben, da unmittelbare eigene Erfahrungen und Erfahrungen von Freunden und Zeitgenossen. Aber was jemand aus Literatur aufnehmen kann, wird bereits durch die eigenen Erfahrungen und Erfahrungsmöglichkeiten bedingt, und was jemand erfährt und erfahren kann und wie er diese Erfahrungen verarbeitet, sich aneignet oder überwindet, hängt wieder weitgehend von seinen Bildungserlebnissen ab.

Indem Horaz seine Erfahrung in diesem umfassendsten Sinn poetisch am Sabinum abarbeitet und sich über sein Sabinum lebensmäßig aneignet, verwandelt er es in einen Bedeutungsträger, macht er es zum Symbol seiner grundlegenden Erfahrungen.

Hier ist unser Interesse also ganz spezifisch auf den Charakter der horazischen Dichtung gerichtet. Für ihre Eigenart ist die Realität des Sabinums entscheidend, ebenso wie es z. B. für das Verständnis der Kleopatra-Ode (c. 1,37) oder der Bacchus-Ode 3,25 von prinzipieller Bedeutung ist, daß Kleopatra und Augustus keine fiktiven Personen sind und daß wir das wissen, daß wir auch wissen, daß sie auch für Horaz real und darüber hinaus seine Zeitgenossen waren. Ebenso wie sich die Interpretation der ovidischen Exildichtung grundsätzlich verändern würde, wenn wir sie auf der Hypothese der poetischen Fiktion des Exils unternähmen, so macht es auch einen prinzipiellen Unterschied, ob die horazische Sabinumdichtung, z. B. c. 1,17 oder epist. 1,16, eine reale Landschaft und dazu Horazens konkreten Lebensraum mit Bedeutung und Schönheit füllt, indem er sie in die vergilische Bukolik bzw. in ethnographisch-utopische Tradition stellt, sie also spezifisch ethisiert und ästhetisiert, oder ob Lucretilis und Ustica, Bandusia und Digentia Fiktionen sind[280].

Es ist gezeigt worden, daß das sabinische Landgut je nach der horazischen Dichtgattung, in der es thematisch wird, nach einem von drei Grundtypen der Maßethik poetisch funktionalisiert wird. Dabei treten jeweils andere Aspekte in den Vordergrund: die bescheidene Größe und schlichte Natur, das ausgeglichene Klima, die Entfernung von Rom, die ländliche

[280] Zu c. 1,17 und Vergils Bukolik vgl. o. S. 84ff.; zu epist. 1,16, Motiven des Goldenen Zeitalters, ethnographischer Topik und utopischen Elementen aus ethnographischer Tradition vgl. Voit, Sabinum im 16. Brief und Thomas, Lands and Peoples, S. 8–34 (Utopia im Gegensatz zu Epode 16 jetzt auf italischem Boden als Wirkung der Poesie).

Ruhe und das einfache Leben. Ein ganzes Spektrum von Motiven der hellenistischen Lebensphilosophie kann daher mit dem Sabinum als Modell exemplarischer Lebensführung konkret, nämlich mit Bezug auf eine römische Realität, und aktuell, nämlich zeitgenössisch, für die Gegenwart gültig, veranschaulicht und, weil diese zeitgenössische römische Realität die reale Lebenssphäre des sprechenden Ichs ist, autobiographisch-existenziell belebt werden.

Die beiden Verfahren, die Horaz gegenüber der Realität seines sabinischen Gutes anwendet, sind die Ästhetisierung und die Ethisierung.

Zur Ästhetisierung zähle ich die zwar nicht absolut neue, aber in Rom in solcher Kunst und Konsequenz ungewöhnliche sinnliche und genaue Beschreibung wie des Sabinertals so auch anderer Orte und Landschaften. Dann den ästhetischen Blick, wie er sich an der Durchdringung von konkreter Beschreibung und traditionellen Ideallandschaften ablesen läßt. N. & H. machen zu „amoenum ... Lucretilem" (c. 1,17,1) die gute Bemerkung: "The modern pilgrim will agree with Horace; yet the attitude might seem an unconventional one in the poet's own time." Auf der Grenze zwischen Landschaftsästhetisierung und ihrer Ethisierung steht die Sicht der Landschaft als Natur in epist. 1,10 (in einem ästhetisch-ethischen Kontext).

Unter Ethisierung verstehe ich die Verwandlung einer Realität in einen moralischen Bedeutungskomplex, in ein Symbol für einen lebensphilosophischen Sachverhalt, in einen ethischen Sinnträger. In Ästhetisierung und Ethisierung wird die Realität durch das Subjekt verwandelt, wird der Außenraum zum Innenraum eines Individuums. Horaz spielt am Sabinum die realitätsverwandelnde Kraft seines Geistes durch.

B Die hermeneutische Lust an der Lesbarkeit von Orten

War das aufgezeigte erste Hauptmotiv legitimen hermeneutischen Interesses an einer Realität, die die Referenz einer Dichtung bildet, horazspezifisch gewesen, ohne deshalb die Möglichkeit einer gewissen Verallgemeinerung auszuschließen, so ist ein zweites Motiv allgemein, aber von der Art, daß das Sabinum einen exemplarischen Fall darstellt. Auch hier ist die systematische Frage wieder geschichtlich zu exponieren.

Die Frage lautet: Wie ist unser Interesse am sabinischen Tal, an einer Reise ins Licenzatal, am Besuch der Ausgrabung begründet? Der Nachweis der Realität des Sabinums und die Beschreibungen des Ausgräbers reichen für die bisher genannten Zwecke doch völlig aus. Da das offenbar richtig ist, gibt es demnach ein weitergehendes oder ein noch anderes Interesse am Besuch des Sabinums, und man sollte sich über die Gründe für einen solchen Wunsch Rechenschaft geben.

Auch hier gibt es wieder Motive, die sich legitimieren lassen, ohne schon ganz eigentlich zur Sache der Dichtung zu gehören: Interesse an einer schönen und wenig besuchten Landschaft, Interesse an den Lebensumständen eines bewunderten Dichters. Macht man sich aber klar, daß das 'Vorurteil', diese Landschaft sei schön, aus den Gedichten des Horaz kommt, und daß das Interesse an den Lebensumständen des Römers Quintus Horatius Flaccus nur auf seinen Gedichten beruht - ein entsprechendes Interesse besteht z.B. an Lukrez nicht, dessen Dichtung konkrete Ichsphäre nicht enthält -, so mag man schließen, daß es die horazische Dichtung ist, die uns in das Tal lockt und, vor allem, die uns das Tal auch erleben läßt. Wir verfallen in der Realität dem Zauber und der Kraft der Dichtung selbst. Aber nur, wenn wir uns dies klar machen, ist unsere sentimental journey eine Annäherung an die Dichtung.

Dieses Motiv hat es allgemeiner mit Dichtung überhaupt bzw., noch allgemeiner, mit Geschichte und historischen Personen, mit geschichtlichen Äußerungen von Menschen zu tun. Philipp Hackert sprach in den von Goethe unter die Nachträge zu seiner Lebensbeschreibung des Malers aufgenommenen Notizen „Über Landschaftsmahlerei. Theoretische Fragmente" in dem Abschnitt „Vom Moralischen in der Landschaft", von

Goethe geändert in: „Sittliche Wirkung“, davon, daß Gegenden berühmter geschichtlicher Ereignisse oder Männer im Betrachter „bedeutende Vorstellungen“ erwecken. Robert Wood hatte eine Generation früher das Gleiche gesagt[281], und trotz hundertfacher Wiederholung in der Reiseliteratur zu klassischen Stätten äußerte sich nach einem Besuch der Horazvilla im Jahre 1913 in Begleitung Luglis (der bereits an Pasquis Ausgrabung beteiligt war) der Philologe E. K. Rand wieder in diesem Sinne und im Ton eigenster entschiedener Überzeugung und Erfahrung: “The past is enlivened in an indescribable way (sc. durch den Anblick von Stätten wie der Horazvilla), for the discovery of actual sites not only gratifies scientific curiosity, but supplies new food for the imagination.”[282]

Diese Urteile beruhen nicht auf spontaner unwillkürlicher Erfahrung, sondern beschreiben ein Erfahrungsmuster, die Einlösung einer von klassischer Bildung genährten Erwartung, wobei selbst das Erfahrungsmuster, Erwartung und Erfüllung und auch noch die Beschreibung und Deutung des Phänomens selbst wieder klassischer Bildung verdankt sind, nämlich dem locus classicus dieses Erlebnistyps am Anfang des fünften Buches von Ciceros Werk ‘De finibus’[283].

Das Proömium von Buch V gibt sich als Gespräch zwischen Cicero und Freunden während seines Studienaufenthaltes in Athen im Jahre 79 v. Chr. Nach einem Vortrag geht man gemeinsam in der Akademie spazieren. „Soll ich es ein Geschenk der Natur an uns nennen oder eine Art Täuschung (‘error’)“, beginnt einer die Unterhaltung, „daß wir bei dem Anblick solcher Stätten, an welchen denkwürdige Männer sich oftmals aufgehalten haben sollen, mehr ergriffen werden als selbst dann, wenn wir ihre Taten erzählen

[281] Vgl. Constantine, Greek Travellers, S. 67.

[282] E. K. Rand, A Walk to Horace’s Farm, Boston 1930, S. 7; zitiert nach: Leach, Sabine Topography, S. 272.

[283] Vgl. Pfligersdorffer, Heimat, S. 136–138; dens., Landschaft, S. 24–27. – Man könnte die Geschichte der Bildungsreisen als Wirkungsgeschichte des Ciceropassus schreiben. Einige Stationen sind behandelt bei: Pfligersdorffer in beiden Aufsätzen; Constantine, Greek Travellers; A. Assmann, Gedächtnis der Orte; Stärk, Phlegräische Felder. – Ein Beispiel für viele: ein Brief von Justus Lipsius vom 3.4.1578 an den jungen Philippe de Cannoy, der nach Italien reisen will; der Cicerotext klingt mehrfach an: Justi Lipsi Epistolae, Pars I: 1564–1583, edd. A. Gerlo – M. A. Nauwelaarts – H. D. L. Velvliet, Brüssel 1978, p. 199 sq., l. 64–79.

hören oder eine Schrift von ihnen lesen? So ergreift es mich jetzt hier ("moveor"). Denn es tritt mir Platon vor die Seele, [...]; eine so große Kraft, Erinnerungen wachzurufen („tanta vis admonitionis"), liegt in den Stätten, daß nicht ohne Grund von ihnen die Gedächtnisschulung abgeleitet ist." Worauf ein anderer: „Es ist ganz so, wie du sagst, [...]. Denn ich selbst, wie ich eben jetzt ankomme, zog jener Ort Kolonos an sich, und Sophokles, der ihn bewohnte, schwebte mir vor Augen; du weißt ja, wie sehr ich ihn bewundere [...]. Ja, noch in tiefere Vergangenheit führte mich das Bild des Ödipus, der hierher kam und in jenem süßen Lied eben danach fragte, was das für eine Gegend sei [...]." Auch Cicero selbst äußert sich. „Ich stimme dir bei [...]: es pflegt wirklich zu geschehen, daß wir viel lebhafter und gesammelter an berühmte Männer denken, wenn uns eine Stätte erinnert." Und wieder ein anderer spricht schließlich, nach Erzählung seiner Pilgergänge, den berühmten und vielzitierten Satz: „quacumque enim ingredimur, in aliqua historia vestigium ponimus", „denn wo wir auch (in Athen) einhergehen, immer setzen wir den Fuß auf ein Stück Geschichte". Das letzte Wort hat, der dieses Thema vorbrachte: „Diese Neigung ist, wenn sie die Nachahmung großer Männer zum Ziele hat, ein Zeichen von Geist; wenn sie aber nur darauf ausgeht, Spuren der Vergangenheit zu erforschen („ad indicia veteris memoriae cognoscenda"), handelt es sich um bloße Neugier ('curiosus')."

Ciceros Bericht darf durchaus als plausibel gelten, nicht im Sinn eines Erinnerungsprotokolls im Abstand von fast fünfunddreißig Jahren (Abfassungszeit von „De finibus" Mitte 45 v. Chr.), sondern im Sinn der Darstellung einer authentischen Erfahrung. Auch bei den neuzeitlichen Bildungsreisenden zweifle ich nicht generell ihre subjektive Ehrlichkeit an. Der topische Charakter ihrer Äußerungen ist alles andere als ein Fiktivitätssignal oder Lügensymptom. Er kennzeichnet vielmehr ihre Erfahrungen als kulturell vorgeformte. Was hier zu bezweifeln ist, das ist die Wahrheit der Erklärung, die Cicero und die Späteren geben.

Denn worauf sollte jene „vis admonitionis" von Orten, ihr „Appellcharakter"[284] beruhen? Immerhin ist bei Cicero auch von einer Naturgabe *in uns* die Rede und alternativ dazu von einer Täuschung, der wir erliegen, wenn Gegenden und Landschaftspunkte uns ergreifen. Daß das Phänomen tatsächlich etwas mit uns und unseren spezifischen Interessen und

[284] Pfligersdorffer, Heimat, S. 137; ders., Landschaft, S. 26.

Bildungsvoraussetzungen zu tun hat, spricht schon der Cicerotext deutlich aus. Denn jeder unter den Freunden wird von einer anderen Stätte in Athen bewegt, je nach philosophischer Richtung, dazu der Sophoklesbearbeiter Quintus Cicero vom Hain von Kolonos, der Redner von dem Strand, an dem Demosthenes die Brandung zu übertönen sich übte. „Suo enim quisque studio maxime ducitur“, „Jeder wird von seinen geistigen Interessen geleitet.“[285]

Die Erklärung, daß die Orte selbst jene Kraft der geschichtlichen Vergegenwärtigung an sich haben[286] und daß sie es sind, die bedeutende Vorstellungen in uns wecken, kann daher nicht richtig sein. In ihr äußert sich vielmehr eine kulturell bedingte Erkenntnistäuschung, eine ‘cultural fallacy’[287], wie man sie in Analogie zu der von John Ruskin so genannten “pathetic fallacy” nennen könnte. Jedoch, über sich selbst aufgeklärt, ist das Phänomen nicht nur durchaus weiterhin möglich, sondern auch sinnvoll und erfreulich.

Wer Horaz nie gelesen oder von ihm und dem Sabinum nie gehört hat, empfindet im Licenzatal nichts. Wer dort wandert und schaut, aber nicht weiß, daß es der Ort des horazischen Sabinums ist, erfährt keine horazische Erinnerung. Erst die Kenntnis der horazischen Dichtung und die mit dem

[285] Deutlicher spricht die Vulgärform dieser ‘vis admonitionis’, wie sie in neueren Reisebüchern, besonders über Griechenland, die Feder Begeisterter führt: hier wird regelmäßig der Gott eines Tempels – meist ist es Apollon: in Delphi, in Bassae – aus der Landschaft erschaut und als der Gott, den diese Landschaft als sein Ursprung habe erfahren lassen, neu aus ihr, und bestätigend, gewonnen. Analog werden bestimmte Landschaften als Inspirationskraft von Dichtungen oder philosophischen Grunderfahrungen erlebt: indem sie den Betrachter jene Dichtungen und Denksätze neu erfahren lassen, werden sie als deren Ursprung angeschaut, Meer und Inseln für die Odyssee, die Sonne über der Bucht von Elea als die Evidenz der parmenideischen Seinserfahrung.

[286] Vgl. Corinne auf dem Vorgebirge Misenum: „O souvenir, noble puissance, ton empire est dans ces lieux!“ (aus Mme de Staël, Corinne ou l’Italie, 1807, zitiert von Stärk, Phlegräische Felder, S. 137 mit Anm. 2. Vgl. Pfligersdorffer, Heimat, S. 138: „die Kraft der Vergegenwärtigung, wie sie dieser Gegend innewohnt“.

[287] „Spot syndrome“ nennt Geoffrey Hartman, Wordsworth’s Poetry 1787–1814, New Haven – London 1971 eine ‘pathologisch’ gesteigerte Variante des Phänomens (Zitate bei A. Assmann, Gedächtnis der Orte, S. 29*).

Sabinum verbundenen Ortsnamen, vallis Sabina, Digentia, Fons Bandusiae, Mandela usw. lösen jene Erinnerungen aus[288].

Wenn aber die Ortsnamen entscheidend sind, an denen Geschichte, Biographie, Dichtung haften, warum tun sie nicht allein schon diesen Dienst? Die Stätten selbst, die Orte und Landschaften, haben doch offenbar auch noch etwas mit jener Wirkung zu tun. Verbürgen sie uns die Realität des Erinnerten, die Historizität einer Schlacht, die leibhaftige Existenz eines Philosophen und sind deshalb bewegend? Aber wie sollte das für Dichtung gelten, deren Existenz uns ja durch unsere Kenntnis und zuvor bereits materiell durch das Vorhandensein und unseren Besitz der Ausgaben verbürgt ist? Realität oder Fiktivität von Ortsnamen (Sabinum oder Vergils Tartarus) machen einen Unterschied in der Beurteilung von Dichtung, nicht in ihrer Appellativität aus.

Das Phänomen ist also anders zu fassen. Wir sind nicht aus auf eine reale, räumlich-materielle Bürgschaft und Existenzgarantie für Geschichtliches, Menschliches, Geistiges. Umgekehrt erscheint gerade entscheidend: Indem die Namen, welche die realen Orte tragen und welche auch in Geschichte und Dichtung vorkommen, für uns die Geschichte und Dichtung mit den gesehenen Landschaften verbinden, machen sie diese geschichtlich und poetisch, so daß die Landschaften als derart verwandelte und bedeutend gewordene uns gerade die Überlegenheit des Menschlichen und Geistigen, des Geschichtlichen und Kulturellen über die nichtmenschliche Natur und das Räumlich-Materielle oder des Bedeutenden über das Alltägliche demonstrieren. Das ist für uns tief befriedigend; es bekräftigt uns in unserem Interesse und dem Bewußtsein der Bedeutung von Geschichte und Dichtung. Die in uns geweckten 'bedeutenden Vorstellungen' sind die jeweiligen Belebungsprozesse, die unser geistiger Besitz durchläuft, wenn der Name die an ihm hängende Landschaft in die geschichtliche oder dichterische Aura einrückt und wir statt Bäumen, Wasser, Felsen, Mauern eine durch Menschen bedeutend gemachte

[288] Vgl. Elisa von der Recke, Tagebuch einer Reise [...] 1804–1806: „[...] Homers und Virgils Götter und Helden umspielen hier lebhafter die Fantasie dessen, den die alten Namen umklingen: [...]“ (zitiert von Stärk, Phlegräische Felder, S. 137 mit Anm. 1).

Landschaft sehen, Landschaft, die etwas bedeutet, die uns etwas bedeuten kann, Landschaft, die lesbar geworden ist[289].

Im Sabiner Tal erleben wir Horazens Verwandlung der Landschaft und beleben unsere eigenen Erfahrungen mit ihm, weil unsere von ihm geleiteten und geprägten Sinne seine Dichtungslandschaft aufnehmen. Wir, nur wir, machen das Tal wieder horazisch, weil die Dichtung des Horaz sie zu einem System gewinnender Zeichen gemacht und sie auf diese Weise mit horazischer Bedeutung erfüllt hatte, die für uns allein aus seiner Dichtung zu gewinnen ist. Dies zu erleben, das Licenzatal so zu 'lesen', ist für den Horazinterpreten eine Reise wert: Dort erfährt er den 'genius loci', den er mitgebracht hat. Es macht sogar Sinn, das Wasser der Bandusiaquelle zu trinken. Wir geben uns nicht der Täuschung hin, sie sei, als Inspirationsquelle, der Ursprung horazischen Dichtens. Weil erst Horaz ihr diese symbolische Bedeutung verliehen hat, schmecken wir die Bandusia-Ode unserem Quelltrunk aus hohler Hand ein.

Die horazische Lesbarkeit des Sabinertals macht es individuell und einmalig, so daß eben in ihr seine geschichtliche Aura besteht[290].

[289] Diese Formulierung als klärende Artikulation meiner Deutungsabsicht verdanke ich Wolfgang Iser. Pfligersdorffers (vgl. die Arbeiten in Anm. 283) Erklärungsmodell der '(geistigen) Heimat' läßt sich mit der hier gegebenen Deutung verbinden. Vgl. auch A. Assmann, Gedächtnis der Orte, S. 25*: „[...] den Text dieser Memoriallandschaft vermag nur zu lesen, wer dessen Inhalt schon kennt, es ist ein eingedenkendes, kein informatives Lesen." S. 30*: „Der genius loci, den Cicero und Petrarca aufgesucht hatten, wäre nichts ohne seine Verankerung in der lebendigen Erinnerung an eine normative Vergangenheit." S. 32*f.: „Auf ein Gedächtnis der Orte ist [...] ohne flankierende Maßnahmen wenig Verlaß. [...] Ein Ort [...] hält Erinnerungen nur dann fest, wenn Menschen auch Sorge dafür tragen." S. 34*: „Was erinnern die Orte? Mit zunehmender Deutlichkeit stellte sich heraus, daß die Rede von einem (selbstmächtigen) Gedächtnis der Orte trügerisch ist. Auf die Orte – losgelöst von menschlichen Riten, Gedächtnissen, Interessen, Deutungen – ist kein Verlaß. Ebensowenig sind Orte [...] aus sich selbst heraus bedeutsam, sondern weil es ein menschliches Gemüt so will."

[290] Vgl. Walter Benjamin, Das Kunstwerk im Zeitalter seiner technischen Reproduzierbarkeit. In: W. B., Illuminationen. Ausgewählte Schriften, hrsg. von S. Unseld, Frankfurt am Main 1961, S. 148–184; hier: S. 154.

Literaturverzeichnis

(nur der mehrfach und in abgekürzter Form zitierten Titel)

Michael von Albrecht, Horaz (= Die Satiren des Horaz). In: J. Adamietz (ed.), Die römische Satire, Darmstadt 1986, S. 123-178

Aleida Assmann, Das Gedächtnis der Orte, Deutsche Vierteljahrsschr. für Lit.-Gesch. und Geisteswiss. 68 (1994), Sonderheft: Stimme, Figur, S. 17*-35*

Carl Becker, Das Spätwerk des Horaz, Göttingen 1963

Gaston Boissier, Nouvelles Promenades Archéologiques. Horace et Virgile, Paris (1890^2) 1910^7 (unverändert; gleiche Seitenzählung)

Filippo Coarelli, Lazio. (Guide archeologiche Laterza 5), Roma - Bari 1984 (S. 109-113)

David Constantine, Early Greek Travellers and the Hellenic Ideal, Cambridge 1984

O. A. W. Dilke (ed.), Horace: Epistles Book I, London 1961^2

Horace and the Verse Letter. In: C. D. N. Costa (ed.), Horace, London - Boston 1973, S. 94-112

The Interpretation of Horace's Epistles. In: Aufstieg und Niedergang der Römischen Welt (ANRW) II 31.3 (1981), S. 1837-1865 (S. 1857-1865: Bibliographie 1950-1979)

H. Dohr, Die italischen Gutshöfe nach den Schriften Catos und Varros, Diss. Köln 1962

G. Dumézil, Vacuna. In: Ex orbe religionum. Studia Geo Widengren [...] oblata, Pars Prior, Lugduni Batavorum 1972, S. 307-311

Eduard Fraenkel, Horace, Oxford 1957 (reprints; Paperback zuerst 1966) (Fraenkel hat empfohlen, ihn nach der englischen Ausgabe zu zitieren, da die deutsche „an böser Unkenntnis des englischen Idioms leide". Vgl. Seel, Sabinisches Glück, S. 71, Anm. 31)

Manfred Fuhrmann, Cicero und die römische Republik. Eine Biographie, München und Zürich 1989

Johann Wolfgang Goethe, Philipp Hackert. Weimarer Ausgabe I 46, S. 103-388

Richard Heinze, Horazens Buch der Briefe (1919). In: R. H., Vom Geist des Römertums, hrsg. von E. Burck, Stuttgart 1960^2, S. 295-307

Gilbert Highet, Poets in a Landscape, New York 1957; Penguin Books 1959 (danach zitiert). Deutsche Ausgabe, übersetzt von Thomas Knop: Römisches Arkadien. Dichter und ihre Landschaft, München 1964, S. 110-168: Horaz (S. 137-159: Das sabinische Landgut; S. 159-168: Die Briefe)

Hans Joachim Hirth, Horaz, der Dichter der Briefe. *rus* und *urbs* - die Valenz der Briefform am Beispiel der ersten Epistel an Maecenas. (Diss. Heidelberg 1983), Hildesheim - Zürich - New York 1985

Hofmann-Szantyr, Lateinische Syntax und Stilistik. (Leumann-Hofmann-Szantyr, Lateinische Grammatik, Bd. 2. Hdb. d. Alt.-Wiss. 2. Abt., 2. Teil, 2. Bd.), München (1965[1]) 1972 (= Verbesserter Nachdruck der 1. Aufl.)

Niklas Holzberg, Die Fabel von Stadtmaus und Landmaus bei Phaedrus und Horaz, Würzb. Jb. N.F. 17 (1991), S. 229-239 (Literatur zu sat. 2,6: S. 236, Anm. 19)

Adolf Kiessling - Richard Heinze (edd.), Q. Horatius Flaccus, Oden und Epoden. Erklärt von A. K., 11. Aufl. besorgt von R. H., Zürich - Berlin 1964
Q. H. F., Satiren. Erkl. v. A. K., 6. Aufl. erneuert v. R. H., Berlin 1957
Q. H. F., Briefe. Erkl. v. A. K., 5. Aufl. bearb. v . R. H., Berlin 1957

Walter Kißel, Krise einer Freundschaft? (Hor., epist. 1,7). In: S. Koster (ed.), Horaz-Studien. (Erlanger Forschungen, Reihe A, Bd. 66), Erlangen 1994, S. 79- 102

Friedrich Klingner, Horazische Oden. Velox amoenum saepe Lucretilem (1,17) (zuerst Philologus 90, 1935). In: F. K., Römische Geisteswelt 1943[1] (und alle späteren Auflagen) sowie in: F. K., Studien zur griechischen und römischen Literatur, Zürich und Stuttgart 1964, S. 317-321

Wolfgang Krönig, Einführung zu: Philipp Hackert, Zehn Aussichten von dem Landhause des Horaz. 1780. Katalog zur Ausstellung des Goethe-Museums Düsseldorf Anton-und-Katharina-Kippenberg-Stiftung 17.3.-24.4.1983. Hrsg. von Jörn Göres

Eleanor Winsor Leach, Horace's Sabine Topography in Lyric and Hexameter Verse, Am. Journ. of Philol. 114 (1993), S. 271-302

Giuseppe Lugli, La Villa Sabina di Orazio. In: Monumenti dei Lincei 31 (1926), col. 457-598
Horace's Sabine Farm. Transl. by G. Bagnani, Rom 1930

Gregor Maurach, Der Grundriß von Horazens erstem Epistelbuch, Acta Class. 11 (1968), S. 73-124

Roland Mayer (ed.), Horace Epistles Book I. (Cambridge Greek and Latin Classics), Cambridge 1994

M. J. McGann, The Sixteenth Epistle of Horace, Class. Quarterly, N.S. 10 (1960), S. 205-212
Studies in Horace's First Book of Epistles. (Collection Latomus, Vol. 100), Brüssel 1969

R. G. M. Nisbet and Margaret Hubbard, A Commentary on Horace: Odes.
Book 1, Oxford 1970
Book 2, Oxford 1978

Georg Pfligersdorffer, Von der Geburtsheimat zur geistigen Heimat. Zum antiken Modell eines Bewußtseinswandels, Vierteljahresschr. des Adalbert-Stifter-Instituts 25 (1976), S. 131-142
Landschaft als Erlebnisganzheit (Anhand antiker Beispiele). In: Arbeiten aus dem Institut für Geographie der Universität Salzburg, Bd. 8 (1981), S. 11-47

Jean Préaux (ed.), Q. H. F., Epistulae, Liber primus / Horace, Épîtres, Livre I. Édition, introduction et commentaire de J. P., Paris 1968

Thomas D. Price, A Restoration of "Horace's Sabine Villa", Memoirs of the American Academy in Rome 10 (1932), S. 135–142, Plates 34–42

E. Romano (ed.), Q. Orazio Flacco, Le Opere. I. Le Odi, Il Carme Seculare, Gli Epodi, Bd. 2: Commento di E. R., Rom 1991

Niall Rudd, The Satires of Horace, Berkeley and Los Angeles (University of California Press) 1966 (Paperback Edition 1982), S. 243–257: Chapter IX: "Poet and Patron (2)"

In Sabinis. Architettura e Arredi della Villa di Orazio. Catalogo della Mostra 1993 a Licenza, Palazzo Orsini. (Zitiert: 'In Sabinis' mit Namen der Verfasser des jeweiligen Beitrags). Zum Teil (nämlich die Beiträge von Costantino Centroni, „La villa di Orazio a Licenza" und Maria Grazia Fiore Cavaliere, „La valle del Digentia tra IV et XIV secolo: status quaestionis e prospettive di ricerca") identisch mit: Atti del Convegno di Licenza 19–23 Aprile 1993, Venosa 1993 (Comitato Nazionale per le celebrazioni del bimillenario della morte di Q. Orazio Flacco)

Ernst A. Schmidt, Das horazische Sabinum als Dichterlandschaft, Antike und Abendland 23 (1977), S. 97–112 (Interpretationen zu c. 1,17 und 3,13; Literatur: S. 97, Anm. 1)

Alter Wein zum Fest bei Horaz, Antike und Abendland 26 (1980), S. 18–32

Das Interesse am horazischen Einzelgedicht. In: W. Killy (ed.), Geschichte des Textverständnisses am Beispiel von Pindar und Horaz. (Wolfenbütteler Forschungen. Bd. 12), München 1981, S. 19–70

Lyrische Wirklichkeit bei Horaz, Deutsche Vierteljahrsschr. für Lit.-Wiss. u. Geistesgesch. 56 (1982), S. 515–538

Vergils Glück. Seine Freundschaft mit Horaz als ein Horizont unseres Verstehens. In: V. Pöschl (ed.), 2000 Jahre Vergil. Ein Symposion. (Wolfenbütteler Forschungen, Bd. 24), Wiesbaden 1983, S. 1–36

Horatius és a Muzsák. In: Acta Universitatis de Attila József Nominatae. Acta Antiqua et Archaeologica, Suppl. 4, Szeged 1983, S. 21–28 (ungarisch mit deutschem Resümee)

Geschichtlicher Bewußtseinswandel in der Horazischen Lyrik, Klio 67 (1985), S. 130–138

The Date of Horace, Odes 2.13, BICS (= Bulletin of the Institute of Class. Studies), Suppl. 51 (1988) (FS O. Skutsch), S. 118–125

rec. M. C. J. Putnam, Artifices of Eternity. Horace's Fourth Book of Odes, Ithaca - London 1986. In: Gnomon 60 (1988), S. 501–505

Σχῆμα Horatianum, Wiener Studien 103 (1990), S. 57–98

Horazische Liebeslyrik. Thesen und Interpretationen zur Einführung, Altsprachl. Unterricht 35.2 (1992), S. 42–53

„Vornehm par excellence". Über Noblesse und Takt in Horazens Philippi-Gedichten (Epode 13 - Ode 2,7 - Ode 3,14), Wiener Studien 107/108 (1994/95) = ΣΦΑΙΡΟΣ. FS H. Schwabl, S. 377–396

Zum Lachen in der römischen Satire. In: S. Jäkel & A. Timonen (edd.), Laughter down the Centuries, vol. 2, Turku 1995, S. 121–143

Gustav Adolf Seeck, Über das Satirische in Horaz' Satiren, Gymnasium 98 (1991), S. 534–547

Otto Seel, Verschlüsselte Gegenwart. Drei Interpretationen antiker Texte, Stuttgart 1972, S. 13–93: „Horazens sabinisches Glück. Bemerkungen zu Horaz, sat. 2,6"

A. N. Sherwin-White, The Letters of Pliny. A Historical and Social Commentary, Oxford 1966

Ekkehard Stärk, Die Überwindung der Phlegräischen Felder. Vom träumerischen Umgang mit der Antike am Ausgang des 18. Jhs., Antike und Abendland 40 (1994), S. 137–152

Richard F. Thomas, Lands and Peoples in Roman Poetry: The Ethnographical Tradition, Cambridge Philol. Society, Suppl. 7, Cambridge 1982

Irene Troxler-Keller, Die Dichterlandschaft des Horaz, Heidelberg 1964 (= Diss. Zürich 1962), bes. I.3.2, d. h. im Kapitel „Musischer Lebensbereich" den Paragraphen „Die sabinische Welt der Ode I 17", S. 108–118

François Villeneuve (ed.), Horace, 3 Bde.: Odes et Épodes, Satires, Épîtres, Paris 1959^6, 1958^5, 1961^4

Ludwig Voit, Das Sabinum im 16. Brief des Horaz, Gymnasium 82 (1975), S. 412–426

K. D. White, Latifundia. A critical review of the evidence on large estates in Italy and Sicily up to the end of the first century A. D., BICS 14 (1967), S. 62–79

Walter Wili, Horaz und die augusteische Kultur, Basel - Stuttgart 1965^2, Kap. V: „Fundus Sabinus" (S. 38–44), Kap. XXII–XXIV: „Wenden der Seele, der Gesellschaft und der Kunst", „Das erste Buch der Briefe", „Caelestis sapientia" (S. 262–308)

Register

1 Namen, Sachen, Begriffe

2 Texte

a Horaz

(Die Belege für die Gedichte schließen auch Einzelverse und Teilstücke mit ein.)

b andere Autoren